中国制造
前沿大讲堂
THE FOREFRONT FORUM FOR MADE-IN-CHINA

新 望 ◎ 主编

红旗出版社

图书在版编目（CIP）数据

中国制造前沿大讲堂 / 新望主编. —— 北京：红旗出版社，2019.12
ISBN 978-7-5051-5038-6

Ⅰ.①中… Ⅱ.①新… Ⅲ.①制造工业—工业发展—研究—中国 Ⅳ.①F426.4

中国版本图书馆CIP数据核字(2019)第277032号

书　　名	中国制造前沿大讲堂		
主　　编	新　望		
出 品 人	唐中祥		
总 监 制	褚定华	责任编辑	朱小玲
总 策 划	丁德远	特邀编辑	翟长城
出　　版	红旗出版社	内文设计	张　敏
邮政编码	100727	地　　址	北京市沙滩北街2号
编 辑 部	010-57274497		
发　　行	北京华景时代文化传媒有限公司	电　话	010-83638551
印　　刷	北京文昌阁彩色印刷有限责任公司		
开　　本	710毫米×1000毫米　1/16		
字　　数	239千字	印　张	18
版　　次	2019年12月北京第1版	印　次	2019年12月北京第1次印刷
ISBN 978-7-5051-5038-6		定　价	58.00元

版权所有　翻印必究·印装有误　负责调换

代 序

坚定不移建设制造强国

李毅中

习近平总书记多次强调，工业是我们的立国之本，发展实体经济，就一定要把制造业搞好。坚定不移建设制造强国，推动工业由大变强，实现"两个一百年"奋斗目标，是我们肩负的历史使命。

一、我国工业取得了举世瞩目的辉煌成就

从规模上看，我国是世界第二大经济体。2018年，我国国内生产总值达90.03万亿元，约13.6万亿美元，占全球的16%；我国是世界第一大工业国，2010年开始工业增加值超过美国，2018年工业增加值为30.5万亿元，约4.5万亿美元，约占全球的24%；我国是全球唯一拥有联合国产业分类目录中所有工业门类的国家，共有41个大类、191个中类和525个小类。

从产量上看，我国有500多种工业品，有220种居世界第一，钢铁、煤炭、发电量、水泥、纺织品、汽车、手机、家电等稳居首位。我国是世界第一大出口国，2018年货物出口总额达16.4万亿元，约2.48万亿美元。2018年进口货物物流总额为14.1万亿元，约2.14万亿美元，居世界第二位，加起来超过30万亿元，约4.62万亿美元，占全球贸易量的11.75%，美国则占10.87%。

从质量上看，技术经济水平取得了很大进步，由跟跑、并跑，到现在在一些领域实现了领跑。《国家中长期科学和技术发展规划纲要（2006—2020年）》明确的国家科技重大专项共有16个，都取得重大突破，在掌握关键核心技术上迈出了一大步。我们在新一代信息技术、航空航天、高端装备制造、新能源、新材料等领域，有一批产品和技术达到国际先进水平。如5G技术现有专利数量占世界30.3%，航空方面有C919大飞机、歼-20，航天方面有大功率火箭、绕月工程、北斗卫星；再如"蓝鲸一号"在南海发现可持续开采可燃冰，"华龙一号"核电、"复兴号"高铁列车等，这些都是我们引以为傲的领域，都是国家名片。

二、正确认识当前我国工业存在的差距和短板

我国现在是工业大国，还不是工业强国；是制造大国，还不是制造强国。客观上，我国工业化比发达国家晚了七八十年。美国1955年实现了工业化，德国是1965年，日本是1972年，韩国是1995年，我国将在2020年基本实现工业化，到2035年实现全面工业化。总的来说，我国工业制造业还处在世界价值链的中低端，仍然存在发展不平衡不充分的状况，集中表现在以下几个方面。

一是科技创新能力还不强。当今不少核心技术、关键技术受制于人，关键零部件、关键元器件的自给率仅为1/3，最典型的是95%的高端芯片依赖进口。我国研发经费投入占国内生产总值的比重为2.19%，而美国是2.79%，北欧国家是3%，日本是3.4%。我国研发经费支出近2万亿元，但其中用在基础研发的只有5.5%，发达国家一般是15%~20%。同时，我国科技成果转化率较低，只有发达国家的一半。

二是工业产业结构尚需优化提升。2019年前三季度全国工业产能利用率为76.4%，比2016年的72.9%有了明显的提高，但国际公认的产能利用率应在80%~85%，低于75%是严重过剩，任务依然繁重。我国能源结构绿色低碳转型不快，2018年单位国内生产总值能耗是世界平均水平的1.4倍，是发达国家的2倍，二氧化碳排放量全球居首。

三是低端产品过剩、中高端产品不足。在2018年的"世界品牌500强"榜单中，美国有223个品牌入选，继续保持世界品牌数量第一，法国、英国、日本分列第二、三、四位，我国有38个品牌入围，位列第五位。论规模，中国在2019年《财富》杂志"世界500强"排行榜中超过美国，但论品牌却屈居第五位，这反映出我国在品牌建设上的差距。

四是工业效率有待提高。我国的工业增加值率为22%~23%，发达国家为35%~40%。2018年中国规模以上工业企业主营业务收入利润率为6.49%，美国近几年约为8.5%。我国劳动生产率为每人每年11.6万元，尽管每年以7%~8%的速度增长，但只有世界平均水平的40%，只有美国的10%。我国数字化、智能化正在起步，万名制造业人员拥有的工业机器人数量为60台，接近世界平均水平，但美国、德国、日本、韩国都在300台以上。

三、准确把握国情，防止工业占比过早过快下降

2018年中央经济工作会议明确指出，我国仍处于工业化发展阶段，却已经出现制造业占经济比重过快下降的问题，必须引起高度重视。相关数据显示，2006年我国工业生产总值占国内生产总值的比重是42%，高峰后一路下跌，2016年是33.3%，一年降低一个百分点；同期制造业生产总值占国内生产总值的比重从32.5%降到28.8%，好在2016年以后开始回稳。

在国际方面，美国2009年提出再工业化，重振制造业。美国实现工业化后，制造业占国内生产总值的比重从27.6%降到11.6%；德国、日本、韩国工业化后，制造业占国内生产总值的比重虽也下降，但比较平稳，近10年保持稳定。2016年，日本制造业产值占国内生产总值的比重是20.7%，德国是20.8%，韩国是27.6%，我国是28.8%，而韩国人均国内生产总值是我国的3倍。我国能否像美国那样，把制造业产值占国内生产总值的比重降到11.6%，然后再回归？这显然不行。我国国情决定了制造业是国民经济的主体，是立国之本、兴国之器、强国之基，必须在国民经济中保持一定比例。过早过快的下降，确实要引起警觉。近几年经过努力，脱实向虚的状况有了改变，但仍然存在着工业空心化、边缘化的状况，必须走出认识上的误区，把我国制造业和实体经济搞上去。

对我国工业化发展阶段必须有正确的认识。我国经济增长实现了从主要依靠工业带动转为工业和服务业共同带动，从主要依靠投资拉动转为消费和投资一起拉动。第一、二、三产业要协调发展，要充分发挥消费的基础性作用、有效投资的关键作用和进出口的促进作用。我国现在处于工业化的后期，而不是后工业化时代。要科学把握实现工业化并进入后工业化的历史进程，从国情出发，分阶段完成使命。2020年基本实现工业化，2035年全面工业化，经过努力，这个目标可以提前实现，但若认为我国现在已进入"后工业化"就脱离实际了。中国社科院工业研究所2017年6月发布的"工业化综合指数"显示，全国是84，长三角地区、珠三角地区、京津地区是93~98，长江经济带是86，东北地区是76，大西北和大西南是58，个别省（自治区）是50。这是科学的、符合国情的判断。

四、推进制造强国建设需要把握的几个重点

《中国制造2025》是建设制造强国的第一个十年规划纲要。推动制造业高质量发展，加快建设制造强国，要在4个方面持续发力。

第一，加强自主创新。只有实现核心技术、关键技术的自主可控，才能有效应对美国等西方势力的封锁打压。自主创新并不排斥借鉴吸收国外先进技术，要进一步扩大开放，开展国际交流合作。继续加大研发经费投入，到2020年占国内生产总值的比重达到2.5%，缩小与发达国家的差距，同时更要加强基础研发的投入。要推进"产学研用"相结合，在"用"字上狠下功夫。研发的目的全在于用，只有"有用"，才能进入市场。用户要自始至终参加研发全过程，"众创""众包"，加快成果的商业化、产业化。政府各部门要更好发挥引导作用，金融要更好地发挥支持作用，真正实现市场为导向、企业为主体。

第二，实施网络强国战略。发展数字经济，推进新一代信息技术和工业制造业深度跨界融合，数字产业化是手段，产业数字化是目的。跨界融合的实质是信息通信技术（ICT）与工业制造技术（IMT）的深度融合。10多年来，我国通信技术经历了从2G到5G的跨越和演进，互联网技术不断升级，但由于各工业行业千差万别，因此实现跨界融合需要对每个行业进行专门研究，开发应用场景、提出解决方案，从而提升高端制造技术能力。

第三，发挥有效投资的关键作用。补短板、强弱项、调结构，投资是供给侧结构性改革的重要手段之一。无论是优化存量，进行以绿色、智能为重点的新一轮技术改造，还是发展增量，建设高技术产业、新兴产业、现代服务业，都需要投资支撑。但是，连续多年工业投资乏力、增幅过低的局面要尽快改变。要稳预期、稳投资、稳外资，优化投资结构，提高投资效率，增加投资回报。通过有效投资，推进制造业转型升级，建立现代工业体系。

第四，不断改善营商环境。一是实施更大规模的减税降费，制造业应是重点。我国规模以上工业企业税费合计（含五险一金）约占主营业务收入的8.5%，负担过重。2019年制造业增值税从16%降到13%，还要加快增值税三档变两档。同时，对小规模纳税人、小型微利企业的税收优惠进一步放宽。二是支持民营企业的政策要落实见效。2018年11月，习近平总书记在民营企业座谈会上提出的支持民营经济发展的6个方面的重大政策举措，各地都在认真落实。在鼓励民间投资、保持合法权益、解决融资困难等方面应加大工作力度，使政策尽快落地。三是进一步激发国有企业活力。国企的出资人是国家，因此国有企业的经营自主权包括投资决策、选人用人、收益分配应体现国家意志,承担更多的责任。同时,国有企业也是微观经济实体,政府同样应坚持"政企分开",赋予国有企业包括中央企业经营自主权,建立适合国有企业的现代企业制度和法人治理结构,形成灵活高效的市场经营机制。

由新望博士主编的《中国制造前沿大讲堂》一书,汇集了多位知名专家学者有关中国制造的文章,是诸位作者多年理论研究和长期工作实践的宝贵成果。我读后深有同感,获得启发。应本书主编要求,我撰写拙文代为序,与读者共勉,敬请批评指正。

(作者系中国工业经济联合会会长、工业和信息化部原部长)

2019 年 12 月

目 录

上编：立国之本

中国制造业的成长发展之路　张燕生 / 2

中国制造业要占得先机　苏　波 / 9

从存量市场上看中国经济未来　许小年 / 18

未来30年中国工业化进程与产业变革的大趋势
　　　　　　　　　　　黄群慧　贺　俊 / 25

摘掉企业头上的所有制标签　陈清泰 / 43

中等收入群体倍增与建设高标准市场经济　刘世锦 / 50

中国工匠精神的传承与创新　杨志明 / 69

中编：强国之基

中国制造业由大变强的战略思路与对策　马晓河　/88

制造业强国三大基础要素：

　　新型信息技术、新材料和技术创新体系　干勇　/113

推进开放创新，服务高质量发展　隆国强　/124

制造业的转型升级　朱高峰　/131

新一轮信息革命与新型工业化　赵昌文　/142

中国好制造之路　秦朔　/152

金融支持我国制造业"爬坡过坎"的目标与路径分析

　　　　　　　　　　　　　　　宗良　于璞　/166

如何评估民营企业的投资价值？　陈志武　/180

下编：兴国之器

制造业高质量发展：挑战和选择　刘利华　/188

在全球价值链路径上建设制造强国　刘志彪　/197

智能制造及其发展生态　张相木　/212

赋能城市经济生态圈　新望　曹仰锋　/219

人工智能+制造、出行、物流、商业　吴甘沙　/228

中国制造供应链进入防守战：国家供应链安全保卫战
　　　　　　　　　　　　　　　林雪萍　/242

高附加制造：超越追赶的中国制造创新战略　陈劲　/256

上编

立国之本

中国制造业的成长发展之路

张燕生

根据中科院西北研究院的统计，2017年我国高端装备制造业销售收入超过9万亿元，在装备制造业中的占比提高到15%，复合增长率达到32.3%，实现了又一次跨越式增长，高端装备制造业的前景可谓是锦绣无限。看到成绩的同时，我们也要清醒地认识到中国制造业的"大而不强"问题。中国制造业就像孩子，我们是怎么把他养大的？中国制造如何由大变强？眼下存在哪些需要突破的障碍？

从1978年至2018年，中国的国内生产总值（GDP）增长了33.5倍，已经成为世界第一制造业大国，全球500多种工业产品中，中国有220种产品，产量位居全球第一。中国制造业的发展堪称世界的一个奇迹！过去40多年，我国制造业的经济增长，可简单地把它概括为一个字——快，我们叫"高速增长"，下一步就要解决如何强起来的问题。

一、中国制造业是怎么长大的

我国制造业的发展可以归纳为三种模式，即"领孩子""养孩子""挺长子"。

（一）制造业发展模式一："领孩子"

有一些地方的优秀制造业企业是靠吸引进来的，这种模式被称为"领孩子"的制造业发展模式，也就是用招商引资把其他国家和地区的"孩子"吸引过来，和本地的企业共同发展。

在我们最困难的时候，是中国台港澳企业、海外华人企业用"三来一补"的方式给我们送来了市场经济的"第一桶金"。什么是"三来一补"呢？他们从国外拿来机器、订单、材料，管理、工艺、销售、品牌等，拿来以后就在珠江三角洲地区的村子里找一块地，盖起来厂房，招一些农民工，开始做加工贸易，产品行销全球，我们挣其中很少的工缴费，我们就是这么起来的。

（二）制造业发展模式二："养孩子"

"养孩子"就是说我们一把鼻涕一把泪从生孩子到他长成幼儿，再到成长为少年，一直把他养大。"养孩子"要创造一个好的市场环境，政府和市场缺一不可。用市场竞争推动大家努力，政府要提供更好的公共产品和公共服务。

德国的制造业为什么能做出精良的产品？企业技术研发创新是什么东西在支撑呢？德国有一个叫"弗劳恩霍夫"的协会，这个协会有 2.2 万个研发工程师。几十个研究所，这个机构有责任去解决中小企业生产过程中缺材料、缺工艺、缺零部件技术瓶颈、创新瓶颈的问题。像这样的机构德国有 3 个，每一个都有几万个研发工程师，70% 的资金都是财政给的，都是公共经费。从这个角度来讲，关键技术、共性技术和公共技术都是政府公共产品和公共服务的一部分。我们"养孩子"非常成功的地方，比如说广东的佛山，青岛、宁波；我们民族工业的摇篮，像苏州、无锡，这种"养孩子"的地方有着内生增长动力非常强的草根经济、民营经济、中小经济。

(三)制造业发展模式三:"挺长子"

制造业可以分成三个层次:第一个是"国家队",像大飞机、高铁、云计算、芯片等都是"国家队",关系到国计民生、经济发展的命脉,我们称为"关键核心技术和产业";第二个是"地方队","地方队"就是本地经济中的一些榜样、"领头羊"、龙头企业;第三个是"民间队",就是草根经济、民营企业、中小企业。

我们现在"挺长子"最优秀的案例和样板就是深圳,在专利技术、商标、新注册企业数、风险投资、本地的创业者和外来的投资者等方面,绝大部分在全国名列前三位,还有很多的指标在全国名列第一位。它对全国甚至对全亚洲都有重要的示范作用。

二、中国制造业发展面临的一些障碍和困难

(一)供给侧结构性改革滞后于消费、需求的升级

在我国制造业发展上,现在排在前三位的省份是广东、江苏、山东,但是如果用结构性的变化、新旧动能的转换衡量,会发现广东明显比江苏、山东在结构转换上走得好。危机,危中有机,危机可以变成坏事,危机也可以变成好事,变成好事后锲而不舍地做,10年后就可以看到差距。

(二)科技创新现代金融开放驱动存在约束

科技创新现代金融开放驱动目前还存在体制机制的约束。东部沿海发达省份的研发强度目前已经达到2.4以上,江苏2.66,上海3.82,北京5.96,天津3.1,浙江2.43。如果这些省市持续10年以相当的水平投入创新,就会有大量的发明专利申请出现,即进入创新驱动阶段。时间越长,就会在全球的高技术项目中取得越来越多的突破。中部地区和西部比较发达的地区、东部沿海稍微落后一点的地区,这部分研发强度普遍是在1.2到

2.4之间，与第一阵营还是有很大的差距。

（三）科技创新和实体经济之间存在脱节

习近平总书记在两院院士大会上指出，科技创新如何为实体经济服务？如何为制造业转型升级服务？这是一个非常重要的课题。怎样能够把"国家队""地方队"和"民间队"都动员起来？沿着创新链，基础研究、基础应用研究、开发试验研究，沿着价值链，低端、中端、高端，沿着产业链、供应链，整个把它打通。

中国制造业大而不强的问题很突出。2016年数据显示，整个制造业中国的研发强度只有1.01，传统制造业在纺织、服装、箱包、鞋帽、玩具方面的研发强度只有0.5，很多先进制造业的研发强度仅超过1。制造业大而不强，就是因为过去40多年，中国制造业解决的一个问题就是从计划经济转到市场经济，下一步我们要解决一个问题，就是在市场竞争中怎么占领制高点。

同时，将日本和韩国优秀钢铁制造企业和中国的钢铁制造企业做比对，找出了其中的差距。浦项制铁和新日本制铁的董事长告诉我："第一，一些特种钢、高档的钢材你们做得还不如我们；第二，那种小批量的和那种个性化的定制型的东西，你们还做不出来，一些很精细的、质量高、需要技术、需要经验和需要这种研发创新支撑的东西你们做得还不够好。"

今后，一方面，中国的钢铁也好，有色金属还是电解铝也好，产品要做到全球价值链的高端，而且材料能够满足一些特殊的用途，比如满足一些特殊的、高性能的需要。另一方面，小批量就是管理怎么满足不同用户的特殊需要，这个方面对我们中国来讲是需要比较长的时间去努力解决的。

中国制造业由大变强，要过哪几道坎儿？

1.企业要勇于绝地求生

我们都希望孩子能好好学习、天天向上，但是孩子一般是不会听的，孩子在什么情况下能够听？只有当孩子愿意做这件事时。因此我们做家长的就要想，怎么能够让孩子愿意做？科技创新、制度创新和文化创新形成一个内生的动力，对中国制造业的转型是至关重要的。

美的是生产家电的企业，在2011年遇到了一个最大的麻烦——开工率不到50%，小家电产品大量积压，他们就响应国家号召，推动供给侧结构性改革，把核心业务砍了一半，把19万名员工减少到10万名，把有限目标、有限领域做大做强，满足人民日益增长的美好生活需要。如今效率大幅度提高，现在它并购了德国最好的工业机器人公司库卡。

2. 发掘混合所有制潜力

中国制造业做大做强做好，最重要的一点，就是要改善市场环境，其中，最重要的驱动力就是创新。创新的内生增长的最大驱动力是什么？我的看法就是有一个作用，一个好的混合所有制的结构，我国制造业中民营企业占比为61.2%，国有企业占比为27.8%，外商投资企业占比为11%。因此可以看到，在制造业这个领域，它是民营企业、国有企业、外企都在市场竞争中，用效率来取得胜利。下一步制造业要做大做强做好，这方面的改革还需要付出更大的努力。

3. 提升国际竞争力

习近平总书记在2017年7月17日中央财经领导小组第十六次会议和博鳌亚洲论坛2018年年会开幕式上的讲话中都强调了投资环境。负面清单管理和准入前国民待遇法无禁止皆可为，法律没有限制的领域企业都可以进入。

我认为我们要努力提升国际竞争力，努力轻装上阵，跑起来、快起来、好起来。一个更加开放的投资环境能够提高整体的效率，但可能有的时候会引发恶性竞争，应该辩证地看待两个企业的恶性竞争。不好的地方是恶性竞争经常会出现违反商业道德的情况，但是好的地方是在竞争残酷的领域，往往会产生世界最优秀的企业。

4. 加强知识产权保护

财产权保护、知识产权保护以及我们老百姓基本权利保护，都是下一步改革开放进一步推进的重点，也就是党的十九届四中全会决定中指出的"法无授权不可为，法定职责必须为，法无禁止皆可为"。法的责任很大程度上是为我们创造更好的财产权、知识产权和老百姓基本权利的保护，下一步目标就是要实现人的全面发展、社会的全面进步和经济的全面繁荣，要做到这一点，知识产权保护是至关重要的。

第一个是吸引人才。高质量发展的制造业一定是创新驱动的，创新驱动，人才一定是关键，为此要让人才愿意到你这儿来生活、发展，提供他所需要的绿色，所需要的宜居，所需要的智慧，所需要的开放。

第二个是结构调整，也就是怎么能够实现新旧动能转换，就是从传统的结构转向创新的结构。

第三个是"四新"的比例提升，就是新技术、新产业、新业态、新模式在制造业企业怎么能够得到更好的应用。现在看到一种现象，就是全世界的汽车厂商都处于战略胶着状态，总的来讲就是我们的新能源汽车到了颠覆性发展的新时期；另外就是智能汽车自动驾驶都可能对传统的汽车产业产生颠覆性的改变。怎么能够适应新的变化？我们对新零售行业发展的一些描述，代表了现在传统的零售业态正在发生深刻的变化。我们会发现，设备还是老设备，材料还是老材料，人还是那些老人，什么变了？业态变了，过去是生产出来可能畅销，可能滞销，可能破产，但现在是以销定产，老百姓需要哪一个款式，就生产哪个款式，老百姓需要生产多少件，就生产多少件。为什么这些老旧的设备、老旧的材料，还是那些老人却产生了新的业态呢？是因为这些新工业革命的技术、新工业革命的业态、新工业革命的创新成果，使传统的企业、传统的设备可以搭上新工业这班车。所以从这个角度来讲,绿色的、智慧的、定制的是新时代的标配。

中国的制造业企业必须牢牢把握发展实体经济这一坚实基础,牢牢把握扩大内需这一战略支点,牢牢把握"一带一路"倡议所蕴含的巨大商机,因为中国的制造企业现在面临的就是从代工到自主、从低端到高端、从山寨到创新脱胎换骨式的转型。我对未来中国制造的转型充满信心。

(作者系国家发改委学术委员会秘书长)

中国制造业要占得先机

苏 波

制造业是一个国家经济的主体,制造业是立国之本、兴国之器、强国之基,是一个国家综合实力的体现。

新中国成立70年来,全体中国人民经过不懈努力,从一个制造业非常薄弱的国家发展为世界第一制造业大国,但是我国还不是制造业强国。

一、我国工业化走过了怎样的历程

大家知道,新中国成立前,我国经济非常落后。我国是一个有着悠久历史的农耕国家,以农业为主,在西方两三百年前走向工业化道路的时候,我们还是闭关锁国的。

新中国成立以后,我国起步的工业化之路,是从"一五"计划开始的。"一五"计划最重要的核心内容,就是中国工业建设的156个重大项目,几乎填补了新中国成立前大部分的工业空白。涉及的领域包括机械、电子、冶金、石化、军工、建材、钢铁等,基本上是目前所有工业的成长之源。

改革开放40多年来,我国的民营经济从一个很弱小的群体成长为一个非常庞大的群体,也涌现出一大批有很强国际竞争力的企业。

华为经过几十年的奋斗,17万名职工当中有45%的人是从事技术研发的，它的营业收入当中，每年用15%的经费来搞科研开发。2017年，华为的产值超过了6000亿元，那么会投入900亿元左右从事研发。

另外，我还要说一个企业——特变电工。

这是新疆的一个街道小厂，通过兼并机械行业的衡阳变压器厂和沈阳变压器厂这两个变压器行业的排头兵，然后成长为全球最大的变压器生产厂商，而且现在在国际上，特变电工已经在东南亚、中东、欧洲占有巨大的市场。

还有我国的三一重工、中联重科在工程机械行业也名列前茅。

在新的技术领域，比如说无人机，大疆无人机现在占了全球民用无人机市场的70%。

我国这些民营企业确实在整个中国经济发展中做出了巨大的贡献。

2010年，中国超过美国，成为世界第一大制造国。2017年中国的制造业产值从2010年占全球制造业产值的19.8%，成长到占全球制造业产值的28.57%，美国占17.89%，日本占8.16%，德国占6.05%。在整个工业化过程中，制造业高速地发展，制造业产值占GDP的比重也比较高，这是应该的。制造业要做强，不是一味地去追求规模，一定要在制造业的高端领域下功夫，在制造业的质量、效益上下功夫。

中国的人均制造业增加值是发展中国家人均制造业增加值的2~10倍，这个数字非常惊人。

2017年的发电量比1978年增加了25.31倍；彩色电视机增加了4万多倍。1978年，我国的汽车只有14.9万辆，2017年就有2900万辆，占全球汽车总量近1/3，2017年全球的汽车销量达到9500万辆。

中国目前在制造业领域是联合国所划分的41个大类、191个中类和525个小类里面全世界唯一的各类产品都生产的国家，其中有220种以上产品的产量是世界第一位的，这也是很惊人的。

为什么中国制造业会发展得这么快？最根本的就是我国多年的创新投

入增加，使我国制造业的产品、创新产品数量出现了井喷式的增长，制造业的水平也在不断地提高，我国在一些重要领域的产品已经进入世界先进水平。

量子通信卫星、载人深潜都是我们国家比较领先的；另外就是通信装备，还有超级计算机。在世界500强里面，中国生产了多少台超级计算机呢？是227台，美国生产了109台；高速轨道交通就不用说了，高铁现在是我们国家最亮丽的一张名片；我国的电力设备实力雄厚，百万千瓦的火电机组也是世界领先的；我国的核电建设在全球也是很多的；我国水电的发电装机是全世界最多的；我国的海上石油钻探设备、海洋工程装备、可燃冰开采设备，在世界上非常有竞争力。

我国现在的主要问题是制造业大而不强，就是效益不高；国际化经营的能力不足，在航空工业、集成电路、高端数控机床、农业机械、高性能医疗机械与制造业强国有比较大的差距。

中国制造业70年来取得了举世瞩目的发展成就，但是我们离制造强国还有较大的距离。只有承认差距、承认问题，我们才能找准方向、迎难而上，才能不断地克服困难、缩短差距，一步一步地走向制造强国的道路。

目前，新一轮科技革命和产业变革方兴未艾，世界范围内金融危机爆发以来，西方发达国家纷纷再次回归制造业；东南亚发展中国家凭借人力资本优势，积极吸引劳动密集型产业转移，全球经济贸易环境错综复杂，制造业重新成为全球经济竞争热点。

我国劳动力成本上升，土地、能源等资源要素紧缺，资本脱实向虚，高新技术和高端产业领域人才结构性缺失等问题逐步显现，加快转变制造业发展方式迫在眉睫。

二、如何坚定不移推动制造强国建设

中国的高质量发展，就是要坚定不移地推动制造强国的建设。

现在，美国是世界上第一制造业强国，它在第一阵营；第二阵营中有德国和日本；第三阵营中有中国、英国、法国和韩国。

我国制定的制造业强国战略，是分三步走的战略。我们的目标，就是经过2015年到2025年10年的发展，能够进入世界制造业强国之列，进入第二阵营；再经过10年的发展，到2035年，能够进入制造业强国第二阵营的前列；再经过10年的发展，到新中国成立100年的时候，中国成为引领世界发展的制造业强国。

制造业强国的建设核心是五大工程、十大重点发展领域。

这五大工程中，第一个是智能制造工程。我们在强国规划里把智能制造作为未来新技术革命和产业变革的主线，所有制造业的发展要围绕这条主线去推进，最后形成制造业的数字化、网络化和智能化。传统的制造业就是机械加工，基本上完全靠机械控制，现在数字化、网络化、智能化不断地向前推进。首先要用数字化使我们的加工、设计、制造、管理优化，使过去的机械化变成数字化，然后在数字化的基础上把各种数据互相联网，在更大的范围内共享共用，然后利用数据的控制和互联网来操作，提高加工的功能。在数字化和网络化的基础上进一步智能化，就是要利用我们的新装备、新材料、新技术，利用大数据、云计算，利用互联网实现智能制造。所谓智能制造，就是使装备具有人的思考、管理等功能，具有人的智能。现在我们正在走这一条路，而且很快就会实现。

第二个是智能制造创新中心的建设工程。我们不能再走过去那种各自为政的道路，而一定要紧紧地围绕制造强国建设的重点领域和关键技术，组成由企业为主体的产学研结合的创新体系，建立这样的机制，然后围绕核心技术持续地推进创新，实现突破，提高我们的技术水平。这个创新中心的建设，也是借鉴了美国在再工业化方面的一些经验和做法，这几年工信部已经推进建设了七八个这样的中心。

第三个是工业强基工程。导致我国制造业发展落后的很大因素，一是重要的关键零部件。比如说，数字控制系统、液压件、气动元件、轴承、链条、弹簧等大家都认为不起眼的东西，在一些关键的设备上面，它的作用是巨大的。美国曾经有一架航天飞机坠毁，死了7个人，当时在百万人的观看之下失事，最后查出结果，是一个密封圈的问题。所以，这些基础元件非常重要，重要的基础零部件、基础工艺；一个东西如果要加工，没有合适的工艺是加工不出来的。

二是重要的关键材料，我国许多的新材料不过关，如发动机的叶片，一般的合金钢1800摄氏度早熔化了，镍基的合金钢的叶片根本承受不了那种高温环境。所以它需要用高耐热、高韧性、高强度的材料，然后经过高精密的加工才能实现。

三是基础研究，70年来我国发展太快了，做产品"萝卜快了不洗泥"，一些机理和研究，我们做得还不深透。比如说飞机制造，到西安西北工业大学去看，C919的翅膀、机身的一些强度试验就在那儿做。现在制造飞机机身大量使用合成纤维、碳纤维材料，为什么呢？飞机重量要轻，否则装油不多，载不了几个人。重量要轻，就要用既有韧性又有高强度的碳纤维，最新的380客机整个机身用了52%的碳纤维。因此，做深做细机理研究非常重要。

第四个是绿色制造。我们不能为了发展经济不顾环境，大量地排放，大量地污染，因为我们的能源有限。我们的水、气、土地、空气受到不同程度的污染，这也不是老百姓所希望的，所以我们要走绿色发展的道路。

第五个是高端装备。我国许多高端的数控机床、加工设备，比如说医疗器械、高端电子信息的制造设备还要大量进口。这些就是我们要重点推进的五大工程，要动员引导相关企业，在这些方面投入更多的人力、物力和资金，来提升水平。

十大重点发展领域是：新一代信息通信技术产业、高档数控机床和机器人、航空航天装备、海洋工程装备及高技术船舶、先进轨道交通装备、节能与新能源汽车、电力装备、农业装备、新材料、生物医药及高性能医疗器械。

其中，新一代信息通信技术产业包括通信技术5G；先进轨道交通装备，如高铁装备；电力装备，我们在全球是领先的。海洋工程装备及高技术船舶、节能与新能源汽车、机器人，在这些领域我们与世界发展基本上是同步的，在量的方面我们是领先的，但是在质量方面还有差距。

比如说，工业机器人，2017年全球工业机器人销售了38.1万台，中国销售了14.1万台，市场占有量达到了全球的37%，在量上占有绝对的优势，而且增长速度很快，每年达到30%到40%的增长率。但是我国在机器人的核心技术和关键零部件，包括电机、减速机等方面，与发达国家相比还有差距。

所以，在不断满足市场需要的同时，要不断地提高我国的发展水平，解决"卡关"的问题。

还有其他的一些产业和领域的发展，如航空装备、高端数控机床、农业机械、新材料、生物医药等是我们的短板，我们要在3个10年之内不断地攻关，力求达到世界先进水平。

目前，我国制造业正在以供给侧结构性改革为契机，进一步转型升级。我国面临着制造业研发投入、增值率、利润率、国际化率、人均产出率偏低，国际知名品牌较少，装备制造和核心部件受制于人，芯片等核心技术亟待突破等不利局面，还面临着提高创新能力、处理"僵尸"企业、产能过剩等现实问题。

我们该怎样破解？如何才能为制造业发展创造良好的市场环境，促进先进制造业和现代服务业深度融合，加快制造强国建设？

三、推动制造业高质量发展应该采取的措施

（一）积极推进制造业供给侧结构性改革

我国制造业发展不平衡、不充分，高端供给不足，高技术的产品、高端装备、新兴产业的发展不能满足中国整个经济社会和人们生活的需要，这是一个重大问题。

一大批过剩的产能不能退出市场，影响整个资源的使用效率。资源利用的效率、效益比较低，在投入最少的资源获得最大产出方面，我们还有很大的差距。所以，我们要不断地推进制造业的结构性调整，培养发展一批优强的大企业，在产业发展、技术进步和管理提升方面，建设一批先进制造业的产业集群，然后利用各个产业各自的优势，不断地提高集群发展的效能。

"一带一路"是我们国内大量制造企业走出去的好平台。还有大湾区建设、长江经济带、京津冀这些大区的建设，在这些大区的建设中，核心是经济发展、产业发展，这个产业里既有服务业，也有制造业。

所以，目前我们国家制造业的比重没有体现整个制造业的最终水平，我们还是要提高制造业的最终竞争力。

（二）提高创新能力

要不断地提升我国制造业的创新能力，这里面最核心的就是要建立联合创新的机制。

对于一些重大关键工程，要使用国家专项去推动和引导；对于一些以企业为主体去开发的项目，要不断地推进建立产学研用结合的创新体制和机制；对于大专院校、科研院所的大量的创新成果，要进行所有权的改革，允许个人持股甚至作价出售，推动其产业化；要加强关键核心技术的研发，跟踪世界新技术发展，在新一轮的产业革命和技术变革当中占领先机。

(三)优化人才供给

提高制造业协同发展水平,构建产业链与创新链、资金链、人才链协同发展的产业生态,包括产融结合、产业与科技的协同结合、制造业人才供给体系。

制造业的发展、创新能力的提高需要各种条件,但是最重要的是人才。美国2018年发布的《美国先进制造业领导战略》中三大任务里,有一个培养和培训适应高技术发展的劳动力,因为最终的创新还是要靠人,我国在这一方面的需求量非常大。我国高端的制造业人才需求很大,但是有些学校的培养步伐跟不上。

要在三个层次上培养人才:一是企业家资质人才的再培养,要有一套政策;二是高等院校的专业设置,一定要适应新时代制造业快速发展的需要;三是加强技术学院建设,培养一批高素质的蓝领工人,建议把1000多所大学里的普通大学、学院改成技术学院,专门从事高等级的专业技术人才的培养。我认为这些措施都是非常重要、非常必要的。

(四)扩大对外开放

中国主动地采取了许多大开放的政策,包括扩大放开准入,包括一些税的调整,包括保护知识产权。在这一方面,我相信中国未来会越来越开放。在全球化当中,中国是维护全球化的一个非常重要的国家,全球化战略不能够自我封闭,不能够破坏全球经济发展的秩序。中国要不断地开放,不断地发展。

(五)完善制度环境

为制造业发展创造良好的环境非常重要。要怎么正确地履行政府的职能?是过度地、深入地参与企业的日常经济活动,参与具体资源的配置,还是为企业发展创造良好的市场环境、政策环境和外部环境?我觉得肯定是后者。

我做过一个调研，结果我非常吃惊。

2012年8月8日，我在包头参加全国的稀土行业工作会议，刘永好的哥哥——刘永行，从上海专门飞到包头，他在包头有一个电解铝厂，现在他的企业生产的电解铝工艺最先进，耗能最低，产品质量也很高，但是因为没有得到国家有关部门的批准，所以算非法企业，银行也不给贷款，有时候税收各方面障碍很大。

我后来就组织人员去调研，到底问题出在哪儿？31个省（自治区、直辖市）的经信委的调研表格都是我设计的，调研完以后我大吃一惊。全国当年的电解铝产能达到了2800多万吨，当年就生产了2200多万吨，但是经过有关部门合法审批的只有460万吨。

由此我得出了一个结论：靠行政审批是推动不了行业发展的，是解决不了产能过剩的。

我国目前还在去产能，政府直接去产能的情况是比较多的，这个情况我觉得值得进一步研究。

政府到底应该做什么？以什么方式能够更好地发挥市场配置资源的决定性作用？如何使企业作为市场主体，有一定的决策权？

我通过3个命题介绍了我国制造业发展的现状和未来，也分析了制造业在新工业革命条件下所面临的复杂形势和挑战。可以看到，应对新工业革命，应该成为我国制造业未来发展的艰巨任务。同时，围绕落实中央提出的推进制造业强国建设，梳理出具体的举措，这些举措如果实施得好，会对我国制造业未来的发展起到重要的推动作用。

（作者系十三届全国政协经济委员会副主任，国家制造强国建设战略咨询委员会副主任、委员）

从存量市场上看中国经济未来

许小年

如何看待现在资本市场现状及其与实体经济脱节这样一个看似矛盾的现象？我的个人观点是，在资本市场上，我们已经形成了"路径依赖"。在经济学中，路径依赖指的是各种各样的陷阱，比如"凯恩斯流动性陷阱""中等收入陷阱"……它们导致我们陷入不良循环中，难以突破。目前资本市场的状况，在我看来，无非是新一轮的循环。

十几年前我就跟投资者讲，要看基本面，得到的反映是"看基本面我能赚钱吗？"事实证明，在市场面前学院派的表现超过平均值，但落后于市场的先行者。当然，基于基本面投资还是可以获得超额回报，但短期业绩肯定比不上"快枪手"。有些人往往喜欢看短期业绩，所以基本面投资始终没有在国内市场成为主流，这是非常遗憾的事情。

如果资本市场不能确立基本面投资和价值投资的主流，就必然造成资本市场与实体经济脱节。不看基本面，资本市场不可能更好地支持实体经济发展。

一、存量市场，企业创新是关键

目前，我国的企业基本面正在发生非常深刻的变化，尽管这些深刻的变化还没有反映在市场上，但是我认为，这些深刻的变化有可能给资本市场带来缓慢的、长期的改变，帮助我们脱离过去的周期循环。

在中国经济中发生的深刻变化是什么？是经过40多年改革开放，经济高速发展，工业化进程和伴随着工业化进程的资本积累已经基本完成了。中国经济增长进入了一个新的模式，不再依靠投资驱动。

在数据的表现上，前30年改革开放固定资产的投资增长大约是GDP增速的1.5~2倍。过去几年中，固定资产的投资增长基本和GDP同步，这个趋势反映出中国经济进入了新阶段，不再像过去那样靠增量来维持经济繁荣。现有的市场已经饱和，投资找不到新的市场，中国经济的故事要从工业化阶段、资本积累阶段、增量阶段转向存量阶段延续。因为增量没有了，像过去房地产销售那样的高增长不会再有了。

增量故事基本讲完了。在后工业化阶段要讲存量故事，主题是创新，创新在市场上可以转化存量需求。转到存量之后，其实宏观政策对存量几乎是没有影响的，宏观政策更多的影响在增量，因为宏观政策刺激需求。讲到宏观政策，马上会联想到"三驾马车"，"三驾马车"是增量，消费增长、投资增长、外需增长，对存量几乎没有作用。

影响存量的是什么？是企业层面的创新，这是为什么过去几年，我把更多的时间用在研究基层、企业、微观上。虽然我对于"寒冬已过"表示怀疑，但是我不怀疑中国的经济前景，正是因为看到了增量放缓甚至消失，转向存量的大背景，我在存量市场上看到了中国经济未来的希望。

二、投资可关注这三类公司

在存量市场上，在增量已经消失的情况下，企业的经营越来越困难，所以企业都在积极探索新的经营模式。这种探索，使我感到中国经济的未来是有希望的，由此联想到我们做投资，不妨把关注点从宏观政策转移到微观政策上，转移到企业的创新上；其中，尤其是一级市场，有非常多的投资机会。

在二级市场，由于它的惯性、路径依赖，还是运用传统的投资方法，或许在短期能够获得更高回报。而在一级市场上，我觉得投资者应该意识到，关键性的转变已经开始了。在一级市场上投资，不能再像过去那样追概念和"风口"，要立足企业核心竞争力，深入研究企业的价值创造能力，得到超额回报是完全有可能的。

很多企业感受到了冬天的寒意，危机促使它们开始探索新的方向和新的商业模式，所以进入冬天不是坏事。穷则思变，这正是创新的动力，这正是新企业涌现出来的大好季节。对于企业来说这个冬天长一点不是坏事，冬天越长，探索和寻求改变的企业越多。

我分享一下这几年在微观层面上看到的一些动向，不敢说是趋势，因为这些企业还是少数，但是我认为这些企业代表未来的方向。

（一）有完整研发体系的大公司

近几年，我一直关注有技术、有产品的大公司，这些大公司已经不再按照传统思路经营，而是在研发和创新上投入，投资这些大公司，无论是一级市场，还是二级市场，长期来看都可以获得超额回报。

后工业化阶段，当投资驱动模式结束，企业靠规模扩张、靠产能扩张循环发展的阶段已经结束时，中国的这些成熟公司未来会怎样？我们应该投资哪些公司？我非常仔细地观察，谁可以成为"中国的丰田""中国的三星"，如果找准了，应该是可以获得超额回报的。我们在各个行业都能够看到，行业集中度在迅速提高，强者更强。我看好大公司不仅是因为它们是行业重组的受益者，更重要的是，只有这些大公司才具备持续研发投入能力。这些大公司能力和意愿同时具备，并且主动朝这个方向努力，我是非常看好的。

比如华为，美国制裁华为，业务肯定受影响，但华为会因此倒下吗？

肯定不会。不仅仅因为华为规模大，而且因为华为已经建立起一套非常有效的研发体系。华为在 5G 技术上领先不是偶然的，背后是几十年如一日的研发投入。现在有越来越多的公司在向华为学习，特别是一些大型公司。有些公司已经建立起自己的研发体系雏形，像这样的公司我们没有理由对它们的发展感到悲观。

不可否认，对大公司而言，推出颠覆式创新的可能性极低。但是世界上创新分两类，一类是颠覆式创新，另一类是改进式创新。改进式创新大部分来自大公司，颠覆式创新来自新型科技公司。这两类创新都对企业效率的提高有着巨大作用。所以这两类创新我们都要关注，不必每天看下一个苹果在什么地方，下一个谷歌在什么地方。我们也要看到丰田、三星这样的公司，它们没有把惊天动地的新产品和新技术推到市场上，但是通过持续改进、常年的积累，到今天竞争力依然非常强，拥有畅销世界的产品。"中国的丰田""中国的三星"在什么地方？这是值得投资者关注的。

（二）应用技术强的中小型/初创公司

我关注的另一类公司，它们的规模并不太大，属于中小型，甚至是初创公司，但是它们技术领先，并且非常重要的一点是，可以把技术及时转化成产品。在市场上做投资，不仅仅看技术，还要看产品转化能力，看能不能把技术及时转化成产品，获得商业上的收益。这一方面我们国内已经有一些新星冒出来了。比如大疆，它不仅技术领先，它的创始人也有着非常敏锐的商业眼光，可以把无人机技术转化成商品在市场上销售。海康威视的技术产品，特别是安防产品很好。这些技术领先、产品转化能力强的研发型公司，也值得我们去关注。

大型公司强调研发体系的建立，中小型公司强调研发产品的转换能力。什么是研发体系？研发体系就是基础研究、应用技术和产品开发，三者兼备，紧密衔接。当然，这样的完整体系只有大型公司才能够建立起来，而中小型公司和初创公司则要强调从应用技术到产品的转变。

（三）管理模式有创新突破的传统公司

除了研发和创新型的企业外，还有一类企业非常有意思，它们在持续进行中国企业非常擅长的管理模式创新，比如海底捞。2018年海底捞上市了，这样一个做火锅生意的企业，现在的市值已经达到了千亿元。做火锅生意可以卖出千亿元，火锅可以做成独角兽，原因在什么地方？原因就是它有着独特的创新。

海底捞的创新是什么？看上去是人力资源，其实不是，而是管理体系。"店长师徒制"是海底捞成功的关键。看到海底捞，我眼前一亮，这是传统企业获得成功非常好的案例。上市的时候我对海底捞高管讲：我非常认可你们这样的公司，但是我只有一点不满，就是股票卖得太贵了，上市的时候市盈率60倍，这个我不买，一个做火锅生意的企业市盈率怎么可以为60倍？腾讯市盈率是30多倍，阿里市盈率是40倍，做火锅生意的企业的市盈率居然比科技公司还高，你这个估值怎么估的？我不买的结果是什么，这两天市盈率到了80倍。我必须承认我低估了它，错失了很好的投资机会。

像海底捞这样的公司，非常独特，解决了连锁餐饮业最大的难题，就是扩张。做一两家火锅店很火，这个一点不意外，但是如果能够在上市的时候拥有200家店，开店速度几乎是以翻番的速度往上涨，这就不容易了。店址、店长怎么选择？经过20多年积累摸索，海底捞总结出一套行之有效的自己培养店长的方法。用师徒制方法，店长可以带徒弟，徒弟学成之后可以出去自己开店，徒弟开的店的收益店长可以分享，这就是它非常独特的地方。这样就解决了合格店长缺乏的问题，同时还避免了师徒制的一大弊端——"教会徒弟饿死师傅"，所以师傅总是留一手。海底捞一开始也面临这样的弊端，后来通过把徒弟的店的收益提成给店长的方法，让店长毫无保留地教徒弟。不仅毫无保留，师傅还跟徒弟一块挑选新店址。用这样的方法，火锅店一个接着一个开了起来。

海底捞让我觉得，这才是"病毒式增长"。我们经常讲互联网生态病毒式增长，其实在传统行业照样有，而且它的增长速度比互联网公司增长还快。因为师傅和徒弟都像打了"鸡血"一样往前冲，使得扩张并没有带来经营效益下降，这是一个非常好的创新。

三、工业互联网的机遇才刚刚开始

我还在关注数字化和工业互联网。我认为，以消费互联网为代表的互联网前半段已经走完了。成为 BAT 这样的企业的机会已经几乎没有了，新的消费互联网公司产生，只不过是和原有的市场领先者争夺存量，最近的美团、拼多多都在争夺存量市场，而不是做增量市场。不是说增量市场不能做，可以继续做，但是难度比以前大得多。

我建议大家关注刚刚开始的工业互联网。工业互联网有它的应用领域，我做过调查和案例研究，包括服装个性化定制、家装个性化定制、模具行业 2B 的个性化定制，地方政府也非常积极地扶持产业集群区。工业互联网和消费互联网有很大差别，其中一个重要的差别是，工业互联网是细分市场，是在垂直领域精耕细作。一方面，不太可能做出微信、王者荣耀这样的爆款产品；另一方面，工业互联网对行业知识的要求非常高，没有行业知识做不了工业互联网，用消费互联网思路做工业互联网，我认为走不通。

BAT、华为这样的企业都在努力开拓工业互联网新领域，但是据我的观察，这些大型科技公司在开拓工业互联网市场方面，都没有取得很显著的成功，原因就是两者的思路不一样。消费互联网是先建平台，从上到下，工业互联网则相反，从车间开始，从企业数字化开始，逐渐做到云端，是从下到上的，是基于行业知识，不像过去一样讲 MAU，讲生态。消费互联网的成功概念在工业互联网没有用武之地。工业互联网的逻辑和思维与消费互联网完全不一样。

大公司是从云端往下做,更多的企业以数字化为开端从下往上做,逐渐"上云",我觉得在这个过程中会产生很多成功的公司。一些软件公司也抓住这个市场机会,咨询加软件、咨询加 SaaS,来开拓工业互联网市场。至于如何突破工业互联网细分市场狭小的弊端,可以在工业中找通用件。纵向市场受到限制的时候,横向打通,就可以克服细分市场规模有限的制约,达到比较大的规模。

以上是我最近看到的一些微观层面上出现的新动向,在这里跟大家分享。我把自己的关注重点从宏观转向了微观,从政策转向了企业创新。

总结一下,回到主题,寒冬已过吗?我认为没有,但是我想说,这个漫长的寒冬非常及时,有助于在寒冬中产生一些竞争力非常强的企业。这些立足创新的企业,是否足以改变投资人的习惯?是否能够打破我们二级市场上的循环?我不知道,但是起码我从中看到了一些希望。

(作者系中欧国际工商学院经济学和金融学教授)

未来 30 年中国工业化进程与产业变革的大趋势

黄群慧　贺　俊

与发达国家不同，当前中国的工业化进程，一方面，要完成自己的工业化进程，推进工业化从工业化后期向后工业化转变；另一方面，这个工业化过程又是工业化和信息化、智能化融合发展的过程，是在新工业革命加速拓展的背景下实现的工业化。这个双重叠加的任务要求我们在工业化战略中一定要牢牢把握两方面原则：一是必须遏制中国出现"过早去工业化"倾向，保持制造业在国民经济中的合理占比，防止制造业比重过快下降；二是抓住新工业革命提供的战略机遇，实现工业化和信息化、智能化融合的新型工业化，通过抢占 5G 和人工智能等新工业革命制高点深化工业化。因此，未来 30 年是中国深化工业化进程、实现工业现代化的关键时期。

一、防止"过早去工业化"是中国深化工业化的急迫问题

20 世纪 60 年代以后，工业化国家制造业就业人数急剧下降，总体约减少了 2500 万个岗位，欧盟国家制造业就业减少了约 1/3。同时，制造业和第二产业在三次产业增加值中的占比也逐步降低，这被认为是"去工业化"。20 世纪 80 年代，东亚一些高收入国家也开始自己的"去工业化"

过程，甚至一些中等收入的拉丁美洲国家和南非在推进激进的经济改革后也开始"去工业化"。由于这些国家还没有实现工业化，人均收入远低于工业化国家，所以被认为是"过早去工业化"，而且一些学者也认为这是上述国家陷入"中等收入陷阱"的一个重要原因。当一个国家和地区制造业增加值占GDP比重达到30%以后，制造业所带来的技术渗透效应、产业关联效应和外汇储备效应都已经得到充分体现，服务业效率提高能够承担支持经济增长的引擎，此时制造业占比降低被认为是"成熟去工业化"；但是，当一个国家和地区的制造业就业低于整体就业的5%时，就开始降低制造业在国民经济中的比重，这就是"过早去工业化"。由于制造业发展不充分，取代制造业的可能是低技能、低生产率、低贸易度类型的服务业，服务业无法作为经济增长的新引擎来替代制造业，无法保证经济的可持续增长。如果从工业化是生产要素组合从低级向高级的突破性变化的过程这个界定出发，"过早去工业化"的实质是没有实现生产要素组合的高级突破性变化，而工业化进程却中断。一般认为，"去工业化"呈现规律性的原因是由于制造业就业人数和人均收入呈现"倒U形"的关系，人均收入达到一定水平后，制造业就业人数就会下降。不仅如此，随着时间的推移，发达国家相对于早期工业化国家而言，制造业的就业峰值以及制造业达到就业峰值的人均收入水平都在不断下降，这意味着"去工业化"现象产生的条件要求更低，也就是呈现出在更低的经济发展水平出现了"去工业化"的典型特征事实。

近年来，我国产业结构发生了显著的变化，第二产业占GDP的比重已从2006年最高的47.6%下降到2017年的40.5%，同期第三产业占GDP的比重从41.8%提高到51.9%。其中，工业占GDP的比重从2006年的42%下降到33.9%，呈现一种"过快去工业化"倾向。虽然第二产业和工业比重下降、服务业比重提高是经济发展的一般规律，但我国工业比重的下降既有经济发展一般规律的作用，也有经济脱实向虚的不利影响。近几年，我国服务业占比提升速度的确过快。1978—2011年，我国服务业占比年均增长约0.6个百分点；2011—2016年，我国服务业占比年均增长约1.5个百分点。应该说，服务业占比快速增长是前所未有的。同样，世界上也少有如此速度的结构变迁，1985—2014年，我国服务业占GDP的比例增长了21.3%，而同期土地稀缺OECD（经济合作与发展组织）国家、其他东亚国家、印度、其他南亚国家、土地富足OECD国家、拉丁美洲、中东与北非、次撒哈拉非洲、世界平均和发展中国家平均变动分别为10.6%、7.5%、14.1%、9.1%、7.0%、12.5%、−0.3%、1.9%、6%和7%，中国是服务业占比增速最快的。对服务业占比过快上升不能持过于乐观的态度，这是因为相对于实体经济尤其制造业而言，服务业具有两方面缺陷。一是服务业资本深化程度不够，占比过快增长会使全社会人均资本降低，进而导致全要素生产率下降，影响经济增长速度。近些年，服务业占比提升而经济增速下降，出现了所谓的"结构性减速"，在一定程度上说明了这个问题。二是由于知识专用性的提升，服务业发展在一定程度上会加大收入分配的两极分化，占比过快增长不利于经济的包容可持续增长。因此，服务业占比过快上升对于经济增长而言可能并非"善事"。

因此，对于我国当前制造业下滑过快、服务业占比上升过快的"过快去工业化"倾向，应该高度重视并采取有效措施预防。按照世界银行的数据，2017年德国人均GDP为44470美元，制造业占GDP比重为20.7%；2016年日本人均GDP为38972美元，制造业占GDP比重为21.0%；2017年韩国人均GDP为29743美元，制造业占GDP比重为27.6%。而我国2017年的人均GDP仅为8827美元，制造业占GDP比重为29.3%，仅略高于韩国。我国作为一个还未实现工业化、处于工业化进程中的发展中国家，必须坚定不移地推动以制造业为核心的实体经济的发展，避免脱实向虚，并将制造业比重稳定在一个合理水平。考虑到我国人均GDP不到1万美元的发展水平，并参照德国《国家工业战略2030》制定的25%的目标以及韩国接近

28%的制造业比重，在2025年之前，我国制造业占GDP的比重应保持在大约30%的水平为宜，到2030年之后我国制造业占比至少应保持在25%以上。

二、新工业革命是深化我国工业化的机会窗口

从历史上看，科技和产业发展的一个重要表现形式是"革命"。人类历史上曾经发生过多次科技和产业革命，学术界大体上有两次到三次科学革命、三次到六次技术和产业革命等不同分类。1983年英国经济学家佩蕾丝按照技术经济范式的转变，将1771年以来的技术和产业革命划分为五次，即早期机械时代、蒸汽机与铁路时代、钢铁与电力时代、石油与汽车时代和信息与通信时代。

2008年全球金融危机以后，在发达国家纷纷推进"再工业化"的背景下，越来越多的人认为世界在经历第一次工业革命带来的蒸汽时代、第二次工业革命带来的电力时代后，进入了第三次工业革命带来的信息时代。德国则从工业化阶段入手，将信息时代细分为基于信息技术的自动化阶段和基于物理信息系统的智能化阶段，形成从"工业1.0"到"工业4.0"的4次工业革命分类。无论如何划分，学界达成的基本共识是：20世纪下半叶以来，以信息化和工业化融合为基本特征的新一轮科技革命和产业变革一直在孕育发展。从技术经济范式角度分析，这一轮科技革命和产业变革至少已显现出以下特征。

一是以信息技术的突破性应用为主导驱动社会生产力变革。20世纪90年代以来，计算机芯片处理技术、数据存储技术、网络通信技术和分析计算技术获得重大突破，以计算机、互联网、移动通信和大数据为主要标志的信息技术、信息产品和信息获取处理方法呈指数级增长，并在社会经济中广泛运用，与现实生活深度融合，由此带来诸如电子商务、智能制造、工

业互联网等生产生活方式的革命性变革。与此同时，能源技术、材料技术和生物技术等创新也取得程度不同的突破性进展，以信息技术为核心共同构成新一代高新技术群，为社会生产力革命性发展奠定了技术基础。

二是以信息（数据）为核心投入要素提高社会经济运行效率。人类的社会活动与信息（数据）的产生、采集、传输、分析、利用直接相关。随着信息技术的突破发展，云计算、大数据、互联网、物联网、个人电脑、移动终端、可穿戴设备、传感器及各种形式的软件等信息基础设施不断完善，在"云（云计算）+网（互联网）+端（智能终端）"的信息传导模式下，信息（数据）逐步成为社会生产活动的独立投入产出要素，而且可以借助数字物理系统等大幅提高边际效率，成为决定社会经济运行效率、促进可持续发展以及提升现代化水平的关键因素。信息基础设施的重要价值正日益凸显。

三是以智能制造为先导构建现代产业体系。现代产业体系创新发展的主要驱动力来自制造业发展，而制造业发展又可以为其他领域提供通用技术手段，推动技术创新。伴随芯片技术的突破发展、互联网设施的发展完善、传感器价廉量大的供给和先进制造技术的日臻完善，智能制造产业作为新一轮科技革命和产业变革的先导迅速发展。支持和带动了智慧农业、智慧城市、智能交通、智能电网、智能物流和智能家居等各个领域的发展。智能制造依靠数据、软件等核心要素投入，以工业互联网为支撑，以电子商务为平台，促进了信息技术与实体经济的融合，加快了对传统产业的改造，推动三次产业在融合发展中逐步转型升级，形成具有更高生产率的现代产业体系。

我国作为发展中大国，新一轮科技和产业革命意味着工业化和信息化的融合，而对发达国家则是再工业化与信息化的融合。新工业革命对于我国工业化进程而言，是一次重大历史性机遇。从经济增长理论角度看，新工业革命将有可能极大地提高全要素生产率，进而为经济增长带来新动能。

即使从总需求来看，由于新工业革命的发展需要，大数据、云技术、互联网、物联网、智能终端等新一代基础设施的巨大投资需求，也会直接提高经济增长速度。进一步看，由于新产业革命下分工协作方式发生了巨大变化，信息不对称程度降低，柔性生产、共享经济、网络协同和众包合作等分工协作方式日益普及，在保证规模经济源泉的基础上，又极大地拓展了范围经济，挖掘了经济增长的新源泉。可以说，新产业革命塑造的世界经济发展新动能已经初露端倪，未来更是潜力巨大。我国已经步入工业化后期，正处于经济结构转型升级的关键时期，而新工业革命催生了大量的新技术、新产业、新业态和新模式，为我国产业从低端走向中高端奠定了技术、经济基础和指明了发展方向，为我国科学制定产业发展战略、加快转型升级、增强发展主动权提供了重要机遇。我国综合国力已居世界前列，形成了完备的产业体系和庞大的制造基础，成为全球制造业第一大国，具有抓住这次科技和产业革命历史性机遇的产业基础条件。同时，我国具有规模超大、需求多样的国内市场，也为新一轮科技和产业革命提供了广阔的需求空间。近年来，我国电子商务取得快速发展，增速远远超越发达国家，就得益于这样的市场优势。因此，面对新一轮科技和产业革命，我国可以乘势而上，抢抓机遇，推进工业化和信息化的深度融合，实现跨越式发展。

三、5G 和人工智能是产业变革的主战场

从技术突破、产业组织结构变革和各国产业政策部署的最新趋势看，5G、人工智能技术的加快突破及其大规模的商业化应用已经成为新工业革命的主战场，也必然是中国深化工业化进程的主战场，同时也是中美在未来产业竞争的主战场。

（一）5G 技术的加速突破及其商业化应用

由 5G 引发的新一轮技术创新浪潮正在推动人类进入第六次科技浪潮或第四次工业革命的拓展期，5G 以及人工智能所驱动的 5G 商业应用，将成为未来国家间产业竞争的主战场，5G 也将成为制造业和整个国民经济最重要的基础设施和底层技术；而人工智能作为使能技术的加速突破和应用将大大提升 5G 的商业应用价值，大大提高工业的研发效率、生产效率、工程化效率和商业模式的创新突破，成为改变制造业形态和结构最重要的动力。5G 为中国网络强国建设提供了机会窗口。信息技术的发展已经经历了几十年的历程，5G 是信息技术路线的重要转换，为后发国家和企业实现技术赶超提供了重要的机遇。

一是 5G 网络是构筑万物互联的基础设施。5G 移动通信技术提供了前所未有的用户体验和物联网连接能力，将大大拓展信息消费空间，提升制造业生产效率和服务业创新效率。5G 网络将成为未来现代化产业体系最重要的基础设施。

二是 5G 应用可以加速一国产业结构变革和产业组织结构的重构。未来，5G 与云计算、大数据、人工智能、虚拟增强现实等技术的深度融合，将形成万物的网络结构，成为各行各业数字化转型的驱动力。5G 将为用户提供超高清视频、新一代社交网络、浸入式游戏等新的消费体验。此外，5G 将支持海量的机器通信，以车联网、智慧城市、智能家居等为代表的物联网应用场景与移动通信深度融合。更重要的是，5G 还将以其超高可靠性、超低时延的卓越性能促进多种类型的垂直行业应用。总体上看，5G 及其商业应用将成为创新、创业的重要基础设施和土壤，助推制造强国和网络强国建设，使新一代移动通信成为引领国家数字化转型的最重要的通用技术。

未来 5G 及其商业应用将成为中国经济增长的重要新动能。根据中国信息通信研究院的预测，5G 的发展将直接带来网络运营、通信设备以及信息平台和应用的快速增长，进而直接拉动国民经济增长，并通过技术扩散和应用带动关联产业的发展，从而间接拉动国民经济发展。根据中国信息通信研究院的测算，到2020年，估计5G网络建设初期电信运营商的网络设备支出将直接形成约920亿元的GDP。到2025年，主要来自用户购买移动终端、流量消费及各类信息服务的5G支出预计拉动国民经济约1.1万亿元，对当年经济增长的贡献率为3.2%。到2030年，主要来自用户购买移动互联网信息服务的支出、各垂直行业的网络设备投资和流量消费支出等，对国民经济的直接贡献将达到2.9万亿元，对GDP的贡献率将达到5.8%。

（二）人工智能的发展及其未来经济潜力

人工智能也称"机器智能"，最初在1956年美国达特茅斯学院学会上提出。目前，人工智能已成为一个包括分布式人工智能与多智能主体系统、人工思维模型、知识系统、知识发现与数据挖掘、遗传与演化计算、深度学习、人工智能应用等的庞杂知识和技术体系。该技术正被不断应用于社会经济各个领域。在生产制造行业，人工智能应用成为实现生产制造知识化、自动化、柔性化和对市场快速反应的关键技术，使传统制造转型升级为"智能制造"。从可应用性来看，人工智能大体可分为专用人工智能或者弱人工智能，以及通用人工智能或者强人工智能。当前，弱人工智能已经取得突破，强人工智能也处于快速发展过程中。人工智能的应用领域不断拓展，如生物识别分析、智能搜索、智能推荐、智能排序等，不断与其他技术融合，推动新技术、新产品和新业态的涌现。随着运算能力、数据量的大幅增长以及算法的大幅提升，弱人工智能将逐步向强人工智能转化，机器智能将从感知、记忆和存储进一步向认知、自主学习、决策与执行发展，成为渗透到整体经济社会体系的重要使能技术。

目前，主要工业国家都将人工智能作为战略必争领域，把发展人工智能作为提升国家竞争力、维护国家安全的重大战略，加大产业政策扶持和创新平台建设力度。未来，随着人工智能从专用智能向通用智能发展，从人工智能向人机混合智能发展，以及人工智能加速与其他学科领域交叉渗透，人工智能创新创业如火如荼，人工智能产业将蓬勃发展。随着人工智能技术的进一步成熟以及政府和产业界投入的日益增长，人工智能应用的云端化将不断加速，全球人工智能产业规模在未来10年将进入高速增长期。例如，2016年9月，埃森哲公司发布的报告指出，人工智能技术的应用将为经济发展注入新动力，可在现有基础上将劳动生产率提高40%；到2035年，美国、日本、英国、德国、法国等12个发达国家的年均经济增长率可以接近翻一番。2018年发布的麦肯锡研究报告预测，到2030年，约70%的公司将采用至少一种形式的人工智能，人工智能新增经济规模将达到13万亿美元。

（三）美国在5G和人工智能领域的战略角力

鉴于5G技术和人工智能技术具有重要的战略意义，美国出台了一系列政策和措施，一方面打压中国企业，破坏中国的供应链体系和技术体系；另一方面通过制度创新和政策加强强化其技术和产业优势。

美国政府和企业为重塑其在5G领域的领导力，试图以"开源、开放、白盒化"的技术路线，在5G时代重构全球ICT（信息与通信网络）产业生态，体现了美国的大国博弈战略意图，即促进CT（通信技术）价值IT（信息技术）价值转移，利用其底层硬件芯片（x86架构）和基础操作系统（Linux）的雄厚优势，重新夺回失去的通信产业领袖地位，这必将对我国基于5G技术的网络强国建设和国家安全体系建设构成严重的威胁。随着中国华为、中兴，韩国三星，欧洲诺基亚、爱立信等一批通信设备企业的崛起，美国在全球电信行业的国家竞争中节节败退。5G技术发展和网络建设，关乎美国产业的核心竞争力。为此，特朗普政府和美国企业加快推进通信设备技术的"开源、开放、白盒化"。该技术路线特别针对我国华为、中兴等传统电信运营商的一体化技术和业务优势，通过推进通信设备产品的模块化和标准化，促使通信设备的关键性能和功能由美国企业具有优势的底层芯片和基础软件定义，而不是由华为等一体化通信设备企业定义。可以预期，在美国的技术路线下，整个通信设备产业链的价值重心将由下游一体化设备供应商向上游的芯片和基础软件转变（类似于20世纪80年代以后PC的产业链价值重心由整机厂向芯片和操作系统转变），从而实现美国利用技术路线转换重夺全球电信产业领导权的目标。

具体来说，特朗普政府的5G技术战略的核心内容：一是推翻了奥巴马时期制定的电信业"网络中立"管制政策，松绑基础运营商，优化市场结构，刺激新一轮ICT投资和经济增长，提前布局5G产业。2017年12月14日，美国联邦通信委员会废除奥巴马时期的网络运营商中立政策（即禁止运营商进入下游垂直领域），重新赋予电信运营商对垂直领域的经营权利，不再监管原网络中立"三禁令"（禁止封堵、禁止流量调控、禁止付费优先）所强制规范的宽带接入。特朗普政府放松电信管制政策，将极大地刺激美国运营商和互联网企业的投资动力，从而有效促进美国ICT产业融合发展，鼓励业态创新，激发美国5G产业创新的活力。

二是积极推动5G技术路线及相应的技术标准朝着"开源、开放、白盒化"的方向发展，促进全球5G价值链的核心由中国具有优势的CT（通信技术）领域向美国具有优势的IT（信息技术）领域转移。美国主导的5G生态，以英特尔的底层硬件芯片（x86架构）和开源的基础操作系统（Linux）为基础，试图实现5G技术的"开源、开放、白盒化"，这将极大地促进ICT设备产业的垂直分解，从而对目前主流的、以设备供应商的一体化解决方案为主导的商业模式造成严重冲击。

三是以Linux基金会为基础，构建开放的产业生态，整合包括中国企业在内的运营商和装备企业，形成以美国为主导的5G产业生态。Linux基金会于2007年由开源码发展实验室与自由标准组织联合成立，其目的是协调和推动 Linux 系统的发展，以及宣传、保护和规范 Linux。该基金会已经成为全球 ICT 领域供应商、开发者、用户开展协同创新的最主要的开源生态发展平台，集合了涵盖电信、金融、云服务、车联网、医疗、零售等所有 5G 及其应用场景的 800 多家会员企业，覆盖了八成全球信息技术 100 强企业。由于该基金会具有的强大影响力，我国的中国移动、腾讯、百度、华为等已经成为其白金或金牌会员。可以说，我国的运营商、互联网企业和设备企业已进入被美国 5G 产业生态整合的状态，需要引起政府管理部门和企业的高度关注。

在人工智能方面，2019 年 2 月 11 日，美国国家科技政策办公室发布了由总统特朗普亲自签署的《美国人工智能倡议》。在白宫网站上，《美国人工智能倡议》被视为"行政命令"，并以《维护美国人工智能领导力的行政命令》为题向全美民众发布。《美国人工智能倡议》开篇这样写道：人工智能（AI）有望推动美国经济增长，增强我们的经济和国家安全，并改善我们的生活质量。美国是人工智能研发和部署的全球领导者。美国在人工智能领域的持续领导，对于维护美国的经济和国家安全以及以符合我们国家的价值观、政策和优先事项的方式塑造人工智能的全球演变至关重要。

该命令发布了强势的五大原则：（1）美国必须在联邦政府、工业界和学术界推动人工智能方面的技术突破，以促进科学发现、经济竞争力和国家安全。（2）美国必须推动制定适当的技术标准，减少人工智能技术安全测试和部署的障碍，以便能够创建新的人工智能相关产业，并通过当今的行业采用人工智能。（3）美国必须培养当前和未来的美国工人，他们具备开发和应用人工智能技术的技能，为今天的经济和未来的工作做好准备。（4）美国必须培养公众对人工智能技术的信任和信心，并在其应用中保护公民自由、隐私和美国价值观，以便充分发挥人工智能技术的潜力。（5）美国必须促进支持美国人工智能研究和创新的国际环境，为美国人工智能产业开辟市场，同时保护美国在人工智能方面的技术优势，保护美国的关键人工智能技术免受战略竞争对手和敌对国家的收购。

《美国人工智能倡议》指出,根据本命令第3节确定为执行机构的机构应追求6个战略目标,以促进和保护美国人工智能的进步:(1)与工业界、学术界、国际合作伙伴和盟国以及其他非联邦实体合作,促进对人工智能研发的持续投资,以实现人工智能和相关技术的突破,并迅速将这些突破转化为有助于我们的经济和国家安全的资源。(2)增强对高质量和完全可追溯的联邦数据、模型和计算资源的访问,以增加此类AI研发资源的价值,同时保持符合适用法律和政策的安全、隐私和机密性保护。(3)减少使用人工智能技术的障碍,以促进其创新应用,同时保护美国的技术、经济和国家安全、公民自由、隐私和价值观。(4)确保技术标准最大限度地减少恶意行为者攻击,并反映联邦在创新、公众信任和公众对使用人工智能技术的系统的信任方面的优先事项,制定国际标准以促进和保护这些优先事项。(5)通过学徒培训下一代美国人工智能研究人员和用户,技能课程包括科学、技术、工程和数学教育(STEM),重点是计算机科学,以确保包括联邦工作人员在内的美国工人能够充分利用人工智能的机会。(6)根据2019年2月11日的国家安全总统备忘录(保护美国在人工智能及相关关键技术方面的优势)(NSPM)制订并实施行动计划。整体来看,该计划通过重新分配资金、创造新资源以及设计国家塑造技术的方式来促进美国的人工智能产业,即使它变得越来越全球化。不仅美国,AI领导者的全球竞争已经正式拉开帷幕。自2018年以来,加拿大、日本、新加坡、中国、阿联酋、芬兰、丹麦、法国、英国、欧盟委员会、韩国和印度等国家也都发布了促进AI应用与开发的战略。

四、全面构建促进制造业高质量发展的战略和政策体系

围绕我国深化工业化进程、构建现代化产业体系、建设制造强国的目

标，未来我国要围绕制造业高质量发展来构建我国的发展战略和政策体系，具体至少要从以下3个方面着力。

（一）及时调整制造业战略导向和政策实施方式

根据新的国际竞争环境以及中国制造业自身创新发展的要求，围绕制造业高质量发展，新的中国制造业总体规划应当在以下这些方面做出重点调整。

第一，在总体战略导向上，要弱化"对标"或"赶超"欧洲、美国、日本，强化突出通过统筹部署构筑中国制造业的核心能力，为全球制造业发展做出中国的原创性贡献。强调在新工业革命浪潮中"构筑中国制造业核心能力"的政策导向，对外体现了中国通过原始创新与全球工业国家共同推动人类技术进步和产业发展的愿景，对内容易凝聚各级政府和广大企业形成实现中国制造业更高质量发展的战略抱负。

第二，在总体发展思路上，弱化重点产业和领域选择，突出新一轮工业革命背景下的通用技术创新和产业统筹部署。新技术浪潮和新工业革命是当前世界各国面临的共同挑战。为了更加有效地应对技术变革，美国、德国、日本、英国、法国等工业强国都颁布了系统的规划和产业政策。但与"中国制造2025"不同，这些国家的战略和政策在文本的具体表述方面，都不涉及政府重点支持特定产业和领域发展等内容。我国新的制造业总体规划应借鉴美国、德国、日本等国家的经验和普遍做法，在战略任务的拟定方面，一是强调推进制造业数字化、智能化、网络化应用所涉及通用技术和使能技术的原始创新和技术突破；二是强调对于新技术创新和应用（而非产业）的统筹部署。例如，在促进5G技术创新和应用方面，应当避免使用支持特定5G领域的发展等表述，而强调通过促进5G应用场景发展、基础设施投资、参考架构建设等内容，完善5G创新链和产业生态的任务导向。

第三，在具体的重点任务上，相对弱化技术创新导向的智能制造、绿色制造和高端制造，更加突出管理创新导向的服务型制造和制造业品质革命。在当今新工业革命的背景下，中国制造业高质量发展的方向无疑也是制造业的智能化、绿色化和高端化，这需要我们不断通过科技创新、提高科技创新能力，大力发展智能制造、绿色制造和高端制造，促进中国制造业抓住当今世界新工业革命的重大机遇。但是，对于中国大多数制造业的发展而言，德国"工业4.0"所倡导的数字物理系统（CPS）还相对遥远，很多产业的技术基础还不具备，而推进制造业与服务融合的服务型制造以及推进中国制造业品质提升的任务则相对更有紧迫性和现实意义。在当今时代，制造服务化也是制造业转型升级的一个重要方向，制造企业从注重生产和产品逐步向注重"产品＋服务"的趋势发展和演进，这极大地促进了制造业附加值的提升，进而促进了制造业的全要素生产率的提升和高质量发展。另外，与发达工业国家不同，中国的制造业品质问题还没有实质性全面解决，通过制造业品质革命全面提升制造业产品和服务的品质，还是中国成为制造强国所必须补上的重要一课。

（二）着力完善现代制造业创新体系

一是加快促进产业政策向创新政策转型，将政策资源配置的指向由特定的产业逐渐转向技术创新。目前，我国产业政策的基本指向仍然是产业或产业领域，如"中国制造2025"提出了十大重点产业领域。而反观美国、日本、德国等国家的产业政策，其税收、财政等结构性措施，都是指向这些产业或领域特定的技术研发环节。产业政策与产业挂钩还是与这些产业的技术创新挂钩，会产生完全不同的效果。如果是与产业挂钩，就会诱导企业扩大生产性的投资，而这也正是近年来我国光伏甚至工业机器人等新兴产业产能过剩的重要原因。

二是在制定政策时根据不同的政策工具的优缺点进行灵活组合。目前我国的产业政策存在过度依赖税收优惠和财政补贴的问题。而事实上，每一项政策工具都有其优势和局限。例如，税收优惠可以降低政府对企业创新活动的信息要求，但税收优惠通常是与企业的研发支出挂钩，所以税收优惠会激励企业更多地把资源投向可测度的研发支出方面，而不能保证企业的创新效果和研发效率；财政补贴可以解决税收优惠的激励扭曲问题，但补贴对政府的创新识别能力和企业的道德风险都有很高的要求；市场化程度更高的产业基金可以在一定程度上提高资金的使用效率，但由于参与产业基金的私人资本要求最高的投资回报，因此产业基金不能有效促进投资周期长、投资风险大的通用技术和共性技术投资。基于此，合理的产业政策体系一定是一个能够有效发挥不同政策工具互补性的政策组合。

三是加快部署与战略性前沿技术、通用技术和共性技术的技术经济要求相适应的科技设施和机构。随着我国产业结构的日益完备和技术水平向国际前沿的逼近，旨在促进产业发展的公共政策资源应当更多地配置到公共服务体系建设，而不是税收优惠和财政补贴。创新驱动导向的公共服务体系主要包括科技基础设施、共性技术研发服务和技术扩散服务3个组成部分。其中，构成科技基础设施核心的国家实验室，其主要功能是围绕国家重大科技和产业发展使命，依靠跨学科、大协作和高强度资金支持开展战略性研究。共性技术由于既不属于典型的科学，也不属于典型的技术，因此常常成为科学向技术转化的"死亡之谷"，共性技术服务机构的功能正是解决竞争前技术，即共性技术的供给不足问题。如果说国家实验室和共性技术研发机构的主要作用是向产业提供战略性技术和共性技术，技术扩散服务体系的作用则主要是促进已经形成的先进适用技术（主要是工艺技术）向广大企业的扩散和应用。

四是努力弥补我国在公共科技服务体系建设方面存在的不足。这方面不足主要表现在科技服务体系的特定主体和功能缺失。例如，目前我国的国家实验室主要依托于高校，国家实验室缺乏相对独立的组织结构和人员，这使得国家实验室实际上成为高校学科建设的平台，任务导向型、战略性的前沿技术研究主体在中国的创新体系中名存实无。在共性技术研发方面，2002年前后开始实施的科研院所改制使得中国国家层面的共性技术研发机构从有到无。因此，"中国制造2025"提出的建设一批制造业创新中心，应能够采用兼顾公益性和效率性的治理体系，切实发挥共性技术研发和供给的功能。除了提供战略性前沿技术和共性技术的服务外，公共服务体系还应当承担促进技术扩散的功能。而后者恰恰是我国产业创新体系的空白，也是近年来我国工业生产效率下降的重要原因。建议通过建设"制造业创新网络"、进行中小企业技术咨询师和管理顾问认证等做法，为中小企业提供质量管理、现场管理、流程优化等方面的咨询与培训，从生产工艺而不是生产装备的层面切实提高我国的生产制造水平和效率。

（三）加快制订出台我国的《5G总体规划》

2014年以来，我国先后发布了《5G愿景与需求白皮书》《5G概念》《5G无线技术架构》《5G网络技术架构》等文本，这些政策性文本为牵引我国5G技术领先发挥了重要作用。但与此同时，与新时代我国5G发展的要求相比，这些政策性文本仍存在以下不足：一是政策内容不能反映最新的国际竞争形势；二是这些政策性文本或是概念性框架，或是具体的技术规范，就如何部署5G基础设施投资、落实中央经济工作会议提出的"加快5G商用步伐"等关键内容尚缺乏明确的、可操作的指导。制订出台《5G总体规划》，加快把我国的5G技术竞争力转化为网络强国竞争力，具有必要性和紧迫性。建议我国《5G总体规划》的战略要点包括以下4个方面的内容。

第一，针对美国的技术打压和市场封锁，策略性地营造更加有利于中国5G发展的国际竞争环境。一是针对美国CSIS（美国战略和国际问题研究中心）报告提出的"美国与'志同道合'的国家共建5G安全的共同路径"，从而封锁和孤立中国5G企业的策略，抢先建立"国际5G安全联盟"和"全球5G安全实验室",开展国际社会共同认可的信息安全评估,形成国际社会公认的信息安全标准,为华为、中兴等通信企业"走出去"扫除障碍。二是以《5G总体规划》出台为契机,宣示我国将弱化传统产业政策中的产业和领域选择等内容,转向强调5G产业部署、构建5G服务体系及提升中小微企业效率等他国更容易接受的内容。更为重要的是,通过向欧洲、美国、日本等国企业开放5G市场、非歧视性政府采购、加强知识产权保护等可行性措施,形成中国5G和全球共建共享、互联互通、共同发展的开放形象和政策接口,树立新时代中国制度型开放的新标杆。

第二,在明确我国5G网络提速提质发展导向、理顺5G投融资体制的基础上,进一步确立我国5G网络基础设施的中期和长期投资目标,带动上下游产业生态系统的完善。一是实施"网络先行"战略。相对于美国在底层技术的科技优势,我国5G的核心优势是基础设施规模优势和市场应用优势。因此,应提高5G基础设施的投资规模和质量,增强我国垂直应用孵化效果,提高产业生态的发育程度。二是建立工信部、国资委、发改委关于中国5G发展的部际协调机制,构建有利于促进中国5G基础设施科学投资和高质量发展的国资绩效考核体制和投融资体制,更好地体现5G网络的战略性和公益性。三是借鉴美国废除运营商网络中立(如批准AT&T通过收购时代华纳而进入网络内容提供领域)的经验,试点国有运营商、民间资本共同投资进入智能制造、电力、交通、医疗等5G应用前景相对明朗的垂直领域,开拓运营商新的盈利增长点,提升5G投资动力和能力。四是在《5G总体规划》中明确中国5G基础设施投资和部分应用领域的投资规模目标和投资里程碑,形成中国构建5G强国的预期、承诺和信心。

第三,加快中国5G的商业测试和应用场景培育,形成5G对下游应用的"效率提升效应"和"赚钱效应",从而将5G投资和应用由"概念""愿景"转化为市场内生动力。除了试点运营商进入垂直领域,一是鼓励中央企业、BAT等互联网企业以及华为、海尔等技术领先的制造业企业加快 5G 应用，集中全国各个环节的 5G 创新主体和力量，在中国有竞争优势的领域和战略必争领域（如车联网、智能制造、智能终端、智能电网、智慧医疗等领域）开展应用示范工程。二是依托冬奥会、第二届进博会等重大活动，加大对 5G 商业应用的政府采购力度，带动技术攻关，树立中国 5G 商用引领的国际形象。三是鼓励运营商、5G 应用企业对接地方中小企业信息化公共服务平台，提升中小企业的运营效率和产品开发能力。

（作者：黄群慧系中国社会科学院经济研究所所长，国家制造强国建设战略咨询委员会委员；贺俊系盈科律所股权合伙人）

摘掉企业头上的所有制标签

陈清泰

现在，每个企业包括上市公司的头上都贴上了"所有制标签"，形成了一条很深的"所有制鸿沟"。

"所有制歧视"割裂了市场，国有企业和银行更倾向于在体制内进行交易，跨所有制的人才、技术、商品以及产权等生产要素流动都遇到了非经济因素的阻挠，降低了整体经济效率。

一、改革开放 40 多年中国产业发展的三个阶段

第一个阶段是中国产业再发展的起步阶段。党的十一届三中全会以后，党和国家的工作转向以经济建设为中心。政府聚焦刚性的计划体制，推进改革。先后推行了"指令性计划"和"指导性计划"相结合，计划经济为主、市场调节为辅的"有计划的商品经济"。

与此同时，对国有企业实行简政放权，减税让利政策，最后大多数企业实行了利润递增包干。企业开始有了自主权和自主钱，调动了企业的内生动力。同时，对"傻子瓜子""雇工七个人以上是不是剥削"开展了大讨论，逐步放开个体私营经济。

这些重大的体制性改革调动了企业的积极性，工业经济实现了恢复性

增长，居民吃穿用凭票的问题得到解决。

第二个阶段，从1992年到2010年前后，这是中国经济发展的追赶期。

1992年，邓小平南方谈话后，破除了姓"资"姓"社"和"计划与市场"关系的困扰，在全国掀起了第二次思想解放。在这个基础上，党的十四大做出了决定中国发展方向的重大决策，即建立社会主义市场经济体制。

1993年，党的十四届三中全会通过的《中共中央关于建立社会主义市场经济体制若干问题的决定》，对社会主义市场经济体制的基本框架做了规定。

1994年，财税、金融、投资、外汇等市场化改革为经济体制转型打下了基础。

此时，较大比例的公有制、国有经济能不能与市场经济融合，成了一个突出问题。因此，党的十四届三中全会决定把企业制度改革放到重要地位，指出"以公有制为主体的现代企业制度是社会主义市场经济体制的基础"，"产权清晰、权责明确、政企分开、管理科学的现代企业制度"是国有企业改革的方向，还明确了现代企业制度的基本特征。国企现代企业制度改革至今还没有到位，由此可以看出它的难度。

20世纪90年代中后期，40%的企业亏损，众多企业停工或半停工。严峻的形势成为推动改革的倒逼力量。

这期间，一方面，开展100家企业建立现代企业制度试点，具备条件的在境内外资本市场上市。另一方面，实行战略性改组，抓大放小，组建大型企业和企业集团；对困难企业实施下岗分流，减员增效和再就业工程；分离企业办社会职能，从零开始建立社会保障体系；推动兼并破产；淘汰落后产能；调整企业资产负债结构；在东北等老工业基地实施三年脱困计划，形成了一场波澜壮阔的改革大潮。

经过这一轮改革，国有企业分流职工约2000万人，剥离不良资产1.4万亿元，社会保障制度开始建立。通过改组、联合、兼并、租赁、承包、出售和股份合作制等形式放开搞活了上万家国有中小企业，保住了大量就业岗位。国有企业的布局和组织结构得到改善。中国联通、中国石化、中国石油等一批大型公司在境内外上市，充实了上千亿元资本金，改善了资产负债结构，为进入21世纪的10年辉煌奠定了基础。

进入21世纪，20世纪90年代的改革红利开始释放，2001年中国加入世界贸易组织（WTO）又给中国经济转型和发展加了一把火，形成了"三驾马车"拉动产业发展的局面。

一是基础设施建设大规模展开。一段时期，每年新增发电装机3000万～4000万千瓦。铁路每年新建3000～4000千米，高速公路每年新建5000～7000千米，万吨级泊位每年增加100多个。无线通信机站每年建设约10万座。

二是消费结构升级的拉动。住房商品化改革刺激了购房需求，仅商品房每年建设面积就达20多亿平方米，几乎占全球的一半。私人轿车从限制转向鼓励，迅速释放了潜在需求。一段时间汽车产销量年增30%~40%。从2002年到2017年的15年间，汽车产量增加了8.8倍，平均每年净增170万～200万辆。

三是进出口贸易拉动经济增长。我国对外贸易进出口总值从2001年到2010年的9年间增长5.8倍。

这阶段有一个影响长远的进步就是中外合资合作迅速发展，我国的产业深度融入全球体系。

第三个阶段，2010年之后开始的向创新驱动转型期。

2010年之后，我国经济发生了一系列趋势性变化：从2011年开始，越过了年度投资的峰值期，劳动人口进入绝对数递减阶段，第三产业比重开始超过第二产业，消费占GDP比重超过50%，服务业在GDP中的占比超过了一半，进出口的增长势头减弱，资源环境的约束已十分强劲。此时，投资出口拉动增长的能力减弱。经济由高速增长转向中高速增长。如何防止掉进中等收入陷阱的问题引起政府部门和国内外专家关注。向创新驱动转型势在必行。

全球金融危机之后,政府在推出4万亿元投资计划的同时,在几条战线上推进经济增长动力转型与产业的创新和升级:国家制定包括新能源、新材料、生物工程、信息技术、移动互联网、节能环保、新能源汽车七大战略性新兴产业发展规划,引领未来产业发展;把科技创新摆在国家发展全局的核心位置,并不断改善创新发展的政策环境;2016年全国科技创新大会破解了一些阻碍创新的体制障碍;对传统产业淘汰落后、压缩过剩;倡导以数字化、信息化、智能化改造和提升制造业;倡导"互联网+"和大众创业、万众创新。

这一系列举措较快发挥了作用,供给侧结构性改革快速启动,产业结构升级速度加快,各种创新创业活动日趋活跃,信息化水平快速提升,较好地降低了增长速度回落带来的风险,为经济增长动力转型开了一个好头。

二、三个阶段中的三种现象值得重视

第一,中国跟上了全球互联网大潮。在2000年前后,BAT三家互联网公司相继设立,在中国的互联网中建起了浏览平台、交互平台和电子商务平台,推动形成了一轮互联网热潮,各类互联网公司如雨后春笋。国家顺势而为,及时提出工业化要与信息化融合,推进"互联网+",发挥信息化对生产力的"乘数效应"。信息化很快从城市到农村,向经济社会各个领域渗透,所到之处无不改变了面貌、提高了效率,大大提高了全社会对信息化的认知度。2009年开始,中国互联网普及率超过世界平均水平,为我国迎接新一轮工业革命赢得了主动。

第二,在旺盛的需求和追求GDP冲动共同作用下,在钢铁、水泥、电解铝、电力、造船等传统产业中，各个地方和企业竞相扩大投资、增加产能，已经到了刹不住车的程度。2003年12月，国务院下文给各地分配压缩指标，还由国务院领导与各省市分管领导签订"责任状"。之后，一直到2014年政府5次下达压缩指令，但钢铁产量却增长了2.7倍，电解铝增长了7.8倍，水泥增长了1.9倍。去产能的速度远远赶不上增产能的速度，众多行业产能超常规过剩。2015年，中央不得不下决心推动供给侧结构性改革。企业主要资源投向了产能扩张，技术能力没能同步跟进，是我国产业普遍大而不强的重要原因。

第三，2003年，国务院国有资产监督管理委员会成立，集中统一管理国有企业，在推进国有企业做大做强方面取得很大进展。与此同时，政府显性或隐性采取差异化政策，要求开放市场的呼声越来越高。2005年，国务院颁发"非公经济36条"，提出要进一步放宽民间资本进入的行业和领域。2006年12月，国资委宣布在石油、石化、电力、电信、煤炭等七大行业国有企业绝对控制；在钢铁、汽车等九大行业保持控制地位。2010年5月，国务院再次发布鼓励民营经济发展的"新36条"。这期间，"国进民退"还是"民进国退"的争议不断。从这些现象的背后可以看出，所有制的割裂阻碍了生产要素的市场化配置。

三、贯彻公平竞争审查制度，消除所有制鸿沟

（一）产业政策与竞争政策

20世纪90年代以来，我们一直把产业政策放到经济管理的重要位置。如果对近30年产业政策做一个评估，可以说，在经济体制转轨的初期，有失有得，得大于失。

所谓有得，一是以产业政策接盘，使刚性的计划管理逐渐退坡。二是

一些普适性政策，如兼并破产、减人增效、完善社会保障体制、研发费用加计扣除和加强产权保护等改善了企业发展环境。三是在市场失灵领域设立16个重大专项等促进了产业水平的提升。

随着市场化程度的提高，产业政策有得有失。所谓有失，一是行政性垄断未能减退，市场壁垒依然存在；二是"所有制歧视"未能消除，市场主体的不平等被固化；三是企业市场进入和投资决策的权力未能到位；四是区域市场分割依然存在，没有明显减退。

促进产业发展有两大政策，一个是产业政策，另一个是竞争政策。如今，我们已经进入创新驱动发展阶段，政府已经没有信息优势，最需要的是有效的市场竞争。目前，一些产业政策抑制竞争的负面效应已经成为增长动力转型的障碍。当前，要把竞争政策放在基础地位，认真贯彻国务院发布的公平竞争审查制度，使产业政策限定在市场失灵的领域，不阻碍竞争。

（二）消除所有制鸿沟，进一步解放生产力

进入21世纪，"国进民退"与"民进国退"的争议一波又一波。这是个伪命题，国家追求的是所有资本都能最大限度地发挥效能，把经济总量做得最大，而不是"谁进"或"谁退"。各类资本都是国家发展的宝贵资源，都应有公平的权利、受公平的保护。

争论的焦点是竞争的公平性。人为认定各类所有制成分在经济总量中的占比和由哪种所有制成分保持"控制地位"，并通过差异化政策来保障实现，这违背了公平与效率原则。除少数极特殊领域外，各类企业所占比重应当是市场竞争的结果，不能将人为规定的占比放到超越经济发展的高度，不惜扭曲市场、降低效率，刻意实现。

消除所有制鸿沟对各类所有制企业都是一次解放。20世纪90年代初"姓"资姓"社"问题的突破，为建立社会主义市场经济体制扫清了障碍，

极大地激发了经济增长潜力。今天，在向创新驱动转型的时期，特别需要释放亿万人民求富创业的内在动力、扩大中等收入群体，如果能摘掉企业"所有制标签"，消除"所有制鸿沟"，将是生产力的又一次解放，为奔向高收入国家奠定基础。

（作者系国务院发展研究中心原党组书记）

中等收入群体倍增与建设高标准市场经济

刘世锦

一、中国经济开始转入中速平稳增长期

从我们一直采用的经济增长阶段转换的角度看，从2010年一季度开始的增速回落，到2016年三季度开始触底，逐步进入中速增长平台。触底是一个试错过程，不可能一蹴而就。从过去两年多的情况看，构成高增长重要来源的基建和房地产投资的历史需求峰值已过，在增速回落的过程中，仍在寻找与中速增长相适应的新均衡点。这样的均衡点找到后，整个经济的中速增长平台才能基本稳下来，进入一个较长的稳定增长期。

从目前情况看，2019年经济仍有一定的下行空间，决策层提出了稳增长的任务。在这个题目下，可以看到几种不同的选择。

一种是继续沿用老办法，主要是通过扩大基建投资来稳增长。这种办法看起来轻车熟路，但面临着杠杆率上升、投资空间缩小、效率下降等难题。

另一种思路是将近期的增长回落归结于去杠杆以及从紧的宏观政策，主张通过宽松的货币政策和"更加积极"的财政政策维持已有的增长速度。

还有一种是主张尊重增长阶段转换的规律，适当降低增长预期，在保持适度货币政策和财政政策的同时，聚焦于实质性深化改革，以拓展新的

增长来源，争取中速平台上有活力、可持续、韧性强的增长。

在讨论这几种不同选择之前，有必要讨论增长目标问题，并区分3种不同的增长率。

在以往长时间的高速增长阶段，GDP指标被置于优先地位，先定GDP指标，再由此决定其他指标。尽管这种方法存在问题，但在那个阶段还算过得去。进入中速增长阶段后，潜在增长率下降，如果继续实行GDP挂帅，问题就会突出。正如人们所看到的，有些地区为了追逐过高增长速度，使杠杆率高企，短期内风险加大，中长期更难有可持续性。

党的十九大报告提出由高速增长转向高质量发展，在增长目标及其实现机制上要有相应调整。高质量发展并非一个抽象概念，可以体现为由一组指标构成的目标体系。其中具有标志性的是就业，还可以包括风险防控（杠杆率）、企业盈利、居民收入增长、财政收入增长、资源环境可持续性等指标。就业的社会意义不言而喻，从宏观经济角度说，充分就业体现了一个社会对资源的有效利用。在许多国家，就业被当成经济发展的主要或首要目标。企业盈利、居民收入和财政收入增长，体现了经济发展成果及其分配格局。而风险防控、资源环境可持续性则体现了经济增长的韧性和可持续性。

如果高质量发展的目标体系处在一种适宜状态，与之相对应的增长速度就是一个合适的速度。在增长目标的形成机制上，应当由以往的"速度决定质量"转变为"质量决定速度"。速度和质量有可能出现冲突，需要寻找的是其内在逻辑上的协调性、一致性。事实上，短期内与高质量目标体系相适应的增长速度，从中长期看也是可争取到的比较高的增长速度，因为避免了大起大落，有效利用了增长潜能和机会。

还需要讨论的是区分3种不同的增长率。忽视这种区分不仅会产生理论上的问题，更重要的是导致政策上混乱。

潜在增长率。经济学将潜在增长率解释为资源得到充分或最大化利用后的增长率。有观点主张实现充分就业的增长率就是潜在增长率。潜在增长率在一定程度上是一种理想状态，或者说是一种可实现的理想状态，可以将其理解为在已知或可利用的技术和资源配置方式条件下，资源得到充分利用后的增长率。

如果这样定义潜在增长率，现实中将会看到两种情形，可实现的和不可实现的潜在增长率。前者指可利用的技术和资源配置方式都得到利用；后者则指由于体制政策和其他原因，至少部分可利用的技术和资源配置方式未能得到利用；或者说，只是部分利用了这些技术和资源配置方式。这样，我们就可以将前者理解为真实意义上的潜在增长率，而后者则可称为"可及增长率"，也就是可实现的潜在增长率。再加上实际增长率，我们就有了3种增长率概念。

提高经济增长率，就是要缩小乃至消除三种增长率之间的差距，使实际增长率等于潜在增长率。对可及增长率与潜在增长率之间的差距，可称为"差距1"，缩小这一差距主要依赖于体制变革和实施结构性政策；而可及增长率与实际增长率之间的差距，可称为"差距2"，主要通过货币政策、财政政策等宏观经济政策加以调整。

中国现阶段面临的挑战是，潜在增长率在合乎规律地下降，与此同时，差距1依然存在，有时候还在扩大；差距2表现为所谓"产出缺口"，既可以是正的，实际增长率大于可及增长率，也可以是负的，实际增长率小于可及增长率。由于高增长的诉求强烈，实际增长率低于潜在增长率的情况并不多见。"通过深化改革缩小差距1"的呼声始终存在，有时还相当高涨，但往往难以落地。相反，"通过放松宏观政策使实际增长率到达或超过可及增长率"的呼声，则容易得到回应。于是，我们经常看到以缩小差距2掩盖或替代缩小差距1的倾向。

回到当下的政策选择，尽管表述方式不一，"放松宏观政策"的呼声再次响亮起来。一段时间以来，对降杠杆问题存有争议。降杠杆不可能一蹴而就，对其长期性、复杂性要有足够估计。但杠杆率过高依然是不争的事实，在稳杠杆的基础上将杠杆率降低到合适水平的目标不能放弃。必须明确，过松的宏观政策并不能改变潜在增长率，也不能缩小甚至还可能扩大差距1。而解决差距1的问题，恰恰是下一步在高质量发展的背景下稳增长的关键所在。

二、中等收入群体倍增与新增长动能

"潜在增长率"是一个动态概念。进入中速平台后，在高速增长阶段作为主要增长来源的基建和房地产投资、汽车以及其他重要消费品，相继越过历史需求峰值，开始寻找"比历史需求峰值低一些，比成熟增长阶段高一些"的新均衡点。这些需求对中速增长的存量稳定仍有重要作用，但对增量贡献已经很小了。出口也在经历大体相同的变化，对外投资的重要性相应上升。根据可借鉴的国际经验和中国实际，中速平台上的增长速度有很大可能稳定在5%~6%，也可能是5%左右。

由于中国经济规模已经很大，即使保持这样的增长速度，每年经济的新增量依然位居全球前列。支撑这样的新增量并非易事。扩大并稳定中速高质量发展的增长来源是一个重要挑战。从这个角度说，中等收入群体应该有更快的增长。

从目前的增长态势看，2020年能够实现全面建成小康社会的目标，而中等收入群体倍增应该成为全面建成小康社会后的另一个重要的发展目标。从国际经验看，只有实现这个目标，中国方能稳定跨越"中等收入陷阱"，进入高收入社会。

目前中国的中等收入群体大概有4亿人，也就是说，还有10亿左右的人没有达到中等收入群体的标准。换言之，这部分人的收入接近或达到中等收入水平，将会成为中国经济今后相当长一个时期最为重要的增长来源。最近有个流行说法，10亿人尚未坐过飞机，5亿人尚未坐上马桶。在中国经济发展的这个阶段，可以说落后就是潜能。如果能够实现中等收入群体倍增目标，中等收入群体将会从目前的4亿人增长到8亿~9亿人，占到总人口的60%以上。

实现中等收入群体倍增目标有两个必要条件，一是人均收入需要保持一定增速，二是收入差距要逐步缩小。与这两个条件相关的改革和政策调整需要体现出两个特点：效率导向，提高全要素生产率；更强的普惠性和包容性。

着眼于中等收入群体倍增的目标，下一步应重点发掘如下几个方面的增长新动能。

第一，低效率部门的改进。迈克尔·波特在分析日本竞争力时提出，日本存在着一个面向全球市场竞争、效率很高的出口部门，还有一个主要面向国内市场、缺少竞争、效率低的基础部门，这种效率差异很大的二元结构，成为制约日本发展的不利因素。就中国而言，这种情况不仅存在，而且更为突出。中国基础部门主要由国有企业经营，市场准入和竞争严重不足，效率低下成为自然而然的结果。这些年来，这些领域也在推动改革，时有反复，大的格局并未改变。部分企业的切身体验和实证研究都表明，中国的能源、物流、通信、土地、融资等基础性成本要高于美国1倍以上。

第二，低收入群体的收入增长和人力资本提升。收入分配差距过大对经济增长的意义是，相对于分配差距适度，收入过低人群本来可有的需求空间得不到利用，从而降低了经济增速。反过来说，如果低收入群体的收入能够提高，接近或达到中等收入水平，将会形成很大的需求增长空间，直接提供增长动能。相关研究表明，近年来中国收入分配差距有所减小，但仍处在较高水平。正在进行的脱贫攻坚战对经济增长的意义在于直接提高了消费需求。可以想象，如果贫困人口能够稳定脱贫，如果农村人口能够顺利地转入城镇，如果城乡低收入群体能够逐步进入中等收入群体，将会释放出很大的需求潜能。这部分需求潜能是中国经济下一步增长中空间最大且易于获取的。

提升低收入群体的人力资本是另一项重要任务,从长期看更为重要。贫困是人力资本严重不足导致的。而人力资本严重不足,部分是由于从儿童营养保障到医疗、教育、就业等条件的匮乏,部分则由于相当多的机会不均等。从全社会角度看,提升低收入群体人力资本的空间最大,经济和社会效益也显而易见。在中国人口结构发生重要变化、劳动年龄人口和就业人口总量下降、老龄化速度加快的背景下,提升低收入群体人力资本尤为重要。

第三,消费结构和产业结构升级。消费结构升级是中国经济需求增长的常规动力。商品消费增长趋于平缓,但也不乏体现消费品质提高的亮点。与此同时,包括医疗、教育、文化、娱乐、养老、旅游等在内的服务性消费进入快速成长期。在一线城市,服务性消费比重已经达到一半左右。消费结构升级带动产业结构转型升级。近年来的一个重要现象是产业内分化加剧,市场份额和利润向头部企业集中,即使在一些发展不错的行业中,多数企业日子并不好过,这也是一个时期以来中小企业困难增多的重要原因。产业分化、重组推动优势企业、优势行业加快发展,高技术含量、高附加价值行业比重上升。制造业转型升级与生产性服务业的发展密切相关。制造业服务化、服务制造化相互推动,带动了研发、设计、咨询、物流、金融、商务服务等生产性服务业发展加快。为制造业升级服务的生产性服务业与为消费结构升级配套的消费性服务业,大多具有知识密集的特点。知识密集型服务业正在成为拉动消费结构和产业结构升级的新主导产业。

第四,前沿性创新。在以往较长时间内,中国的创新主要是外来技术本地化的适应性创新。近年来的一个重要变化是在全球创新前沿"无人区"的创新增加,由过去的主要"跟跑"转为部分"并跑",再到少数领域"领跑"。前沿性创新较多集中于互联网、大数据、云计算、人工智能等数字技术领域。在这一领域,与过去历次技术革命不同,中国总体上与先行者的差距不大,部分领域还处在领先位置。中国的优势还体现在消费市场巨大、产业配套比较完整等,易于形成商业模式和实用技术,由商业模式创新拉动技术创新。前沿性创新能够拓展潜在增长率边界,并对已有生产能力进行革命性改造,如互联网与各类实体经济的结合。中国在前沿性创新上的最大短板是基础研究滞后。如果没有一大批诺贝尔奖级研究成果形成的土壤,在前沿性创新上将缺乏后劲。尤为重要的是,要形成有利于新思想脱颖而出的自由探索环境。能否补上这块短板,将是中国建成创新型国家无法回避的重大挑战。

第五,绿色发展。把绿色发展作为一种增长动力,与对绿色发展的理解直接相关。在传统认识中,通常把绿色发展等同于污染治理、环境保护,理解为对传统工业化模式缺陷的修补或纠偏。这样看来,绿色发展确实没有多少增长动力,甚至被看成经济增长的代价。如果从传统认识中跳出来,换一个角度,把绿色发展看成与传统工业化模式相竞争并更具优越性的一种新发展模式,绿色发展对经济增长的意义就大不相同。绿色发展将重新定义产出与投入、收益与成本,力图将人类经济活动与自然之间相互冲突的关系,转化为相互融合和促进的关系,以更低的成本、更优的资源配置,提供更有利于人全面发展的产品和服务。形象地说,绿色发展不仅是在做减法,更重要是在做加法和乘法。

上述五大增长新动能中,前两个是高速增长期遗留下来的,很大程度上是差距 2 的产物。后三个则拓展了中速平台上潜在增长率的边界。接下来的问题是这些增长来源在多大程度上能够转化为实际增长率。

三、"高难度增长"时代的来临

细致分析一下,上述新增长动能所依托的要素和体制条件各有不同,但"门槛"和高度都显著提高了,要把其中的潜在增长率充分释放出来并不容易。

前两个增长动能本来应属于高速增长期的，之所以拖下来，是因为其中的体制政策难题未能得到解决。就低效率部门的改进而言，涉及国资国企改革、民营经济发展、产权保护、市场公平准入和竞争、农村土地制度改革等。低收入群体收入增长和人力资本提升，则涉及农民工进城、住房制度改革、基本公共服务均等化，还有农村土地制度改革、城乡生产要素双向流动等问题。看到这个问题清单，就不难理解将其中的增长潜能释放出来的难度所在。

后三个增长动能大多属于新潜能、新体制，但也受到旧体制的羁绊。消费结构和产业结构升级涉及产业分化重组中市场出清、低效资源退出和社会保障体系托底等，而知识密集型服务业的发展则需要更加大胆地对外和对内开放。前沿性创新和绿色发展，不论是社会认知的重要性、所需要的要素品质，还是体制机制政策的精致度，都明显超过以往。

概括地说，这些增长新动能有一些与过去的增长动能很不相同的特点。第一，对制度质量的要求相当高，"半拉子"市场经济是无法适应的，必须下决心解决市场经济建设中的"卡脖子"问题，才能过好这一关。第二，虽然也会有一些热点，但像以往基建、房地产、汽车等大容量支柱产业基本上看不到了，增量更多以普惠式方式呈现。第三，增长大多是"慢变量"，做了很长时间的努力未必见到大的成效，"立竿见影"的情况不多了，对耐性、韧劲、战略定力的要求明显提高。

如果说过去几十年的经济高速增长是"吃肥肉"，进入中速平台后的高质量发展则是"啃硬骨头"，增长的难度非同以往。这意味着，高质量发展也是高难度增长。当然，发掘上述增长新动能的难度各有差异，前两个难度更大，更为紧迫；后三个则要求更高，带来的压力更大。这种差异将可能使下一步的增长出现不同的组合。

一种可能性很大的组合，是把前两个增长动能放下，重点集中到后三个增长动能上。这种避难就易的战略，好处是可以利用后三个增长动能大多是新体制、新机制，参与者大多是新主体的优势，类似于改革初中期的双轨并行战略；但与以往不同的是，如果不解决前两个增长动能的问题，高成本、市场容量不足、对大量社会资源的低效占用等，将会使后三个增长动能的释放空间大打折扣并陷入困境。

另一种可能性是在既有体制架构内扩展 5 个增长动能可利用空间。这是另一种避难就易的战略。在这种战略下，前两个增长动能的利用空间将非常有限，还存在着在现有水平上后退的风险。后三个增长动能空间看起来大一些，但脆弱性、不确定性也相当大。总体上看，很难为未来中速平台上 5% 左右的增速提供支撑。

还有一种有想象力的前景，就是通过前沿性创新，特别是覆盖面很大的颠覆性创新，把前两个增长动能的潜能释放出来，类似于"打败小偷的不是警察，而是移动支付"。比如，通过全新技术改变能源、通信、物流等基础部门的供给方式。然而，且不论这类技术能否出现，即便出现了能否真正打破行政性垄断，还是一个遥远的话题。此外，如果收入分配差距过大的格局未变，技术进步还可能加大这个差距，而这正是近年来发达国家民粹主义盛行的重要原因。

从国际经验来看，一些国家进入工业化阶段后，曾经历了一段时间的经济高速增长，后来由于部分行业的低效率、利益集团的阻挠、严重的两极分化等，长期徘徊于中等收入阶段，有的出现倒退，落入所谓"中等收入陷阱"。从中等收入阶段到高收入阶段，表面上看是越过所谓"中等收入陷阱"，实质上是翻越制度高墙。全球范围内走上工业化道路的国家不少，能够过这一关的却不多。中国如果过不了这一关，上述增长新动能将会是看得见、摸不着的，就不能断言已经避开了"中等收入陷阱"的风险，即使勉强进入高收入阶段，也可能出现长期停滞乃至倒退的局面。

四、与增长新动能相配套的发展战略

有效发掘上述增长新动能,需要制定相配套的发展战略,提出相应的体制政策变革要求。

(一)效率变革战略

效率变革的目标,是实质性改变现阶段突出的低效率领域的状态。这些领域包括基础产业等行政性垄断问题不同程度存在的部门、要素无法自由流动导致增长潜能受到抑制的城乡融合地带、退出机制不完善的低效产业部门等。简单地说,就是要填平既有的"效率洼地",达到现有技术条件下能够实现的效率水准。

第一,完善产权保护。重要的是建立起稳定的法治保障环境,使各类市场主体的合法权益得到切实保护,不因偶然事件或具体政策调整而变化。要有一大批通过法律解决产权纠纷、保护合法权益的案例,逐步建立社会各界对保护产权法律体系的信心和预期。民营经济在经济体系中的地位、作用和长期愿景,应有理论政策创新,有符合现实、顺应规律的"新说法"。

第二,进一步推动国有经济战略性调整,有效发挥国有资本的应有作用。首先是布局结构调整,把有限的国有资本集中到符合新时代国家发展战略需要、提供不同类型公共产品的领域。分散布局、固守不变只能是削弱而不是增强国有资本的应有作用。国有资本要大踏步地从过剩产业、低效领域、其他资本更适合发挥作用的地方退出,集中到社会保障、公共产品领域中"卡脖子"的技术或产品、国家安全、环境保护等领域。其次是产权结构和治理结构调整。加快实现由管企业到管资本的转变,把资本层面和企业层面分离开来,国有资本管理部门通过市场经济中资本运行的常规方式调整优化国有资本布局。最后是投资结构的调整,区分战略性投资和财务性投资在国有资本应当发挥作用的领域进行战略性投资,其他领域则在必要时进行财务性投资。

第三，促进各类企业公平竞争。把所有制与企业挂钩是市场经济发展初期的现象。随着市场经济的逐步深化，各种所有制你中有我、我中有你，逐步融合，要想找出某种纯粹所有制的企业越来越困难，混合所有制成为市场经济成熟后的常态。把国家的强制力和信用等元素与某类企业直接挂钩，就会使国家作为宏观经济调控者、市场秩序维护者和企业所有者的身份混在一起，与其他企业形成事实上的不平等。所以，应当明确市场经济中企业作为法人实体与其所有者的正常关系，摘掉企业头上的所有制的"帽子"。企业不再按照所有制进行分类，而是按照规模、行业、技术等分类，同时对投资者另行分类，以此作为企业公平竞争环境的要件之一。

第四，按照负面清单改革市场准入制度。低效率领域主要与"半拉子"要素市场有关，生产要素不能自由而充分地流动，严重制约资源优化配置。要突出重点，主攻打破基础产业行政性垄断、城乡生产要素相互流动、低效企业退出等难题。这几块硬骨头啃不下来，低效率洼地不可能填平。改革的方向、目标、重点是明确的，关键是下决心、有行动，一个行动胜过一打纲领。尤其要调动地方、基层、企业的积极性、创造性，鼓励先行先试，总结并推广好的案例，一个好的案例也胜过很多原则和说法。

（二）人力资本提升战略

中等收入群体扩大的主要来源是低收入群体。提高低收入群体的收入，出路主要不在搞再分配，而是提升人力资本。提升人力资本的重点，是通过反贫困和均等化的基本公共服务等，改善居住、医疗、教育条件，大幅度提高劳动者体力和智力水准。同样重要的是增加这一人群横向和纵向流动机会，促进机会均等。

第一，加快农民工进入和融入城市的进程。户籍制度改革的实质是为农民工提供均等的基本公共服务。进城务工人员为城市发展创造了大量社会财富，为他们提供基本公共服务并非"施舍"，而是他们的"城市权利"。重点是要解决好进城务工人员的住房问题，不仅对他们安居和融入城市至关重要，同时也能带动大量消费需求。

第二，建立反贫困的长效机制。要巩固脱贫成果，着力构建脱贫不返贫的长效机制。立足提高贫困人口自我发展、创造财富的能力，从各地实际出发，因地制宜，发展具有自身特色和竞争优势的产业，形成稳定的增收渠道。通过改善基本生存发展环境，尤其是医疗、教育、文化等条件，重点提高年青一代人力资本，创造更多更好的就业创业发展机会，实现贫困的代际阻隔。把仍然存在的贫困人口纳入低保系统，守住反贫困的底线。

第三，健全完善社会保障体系。在就业、医疗、养老等方面，建立覆盖全国的"保基本"社会安全网。加快实现全国统筹、异地结转，增加便利性，促进劳动者的合理流动。以更大力度把更大份额的国有资本转入社保体系，增加社保资金供给，缩小社保资金缺口，同时促进国资产权结构、治理结构的改革。

第四，促进机会公平。把提高中等收入群体比重纳入政府政绩考核指标体系。提高政府财政支出中用于扩大中等收入群体的比重，借助这一途径扩大内需。改变有些城市把低收入劳动者挡在城市之外的做法。在大体相当的条件下，在就业、升学、晋升等方面，给低收入群体提供更多机会，逐步改变低收入群体所处的"形式上平等、事实上不平等"的状况。

（三）消费和产业升级战略

消费升级和产业升级依然属于"追赶型增长"的内容。在这一阶段，由于增长更大比重依赖于消费，消费的重要性增大；与此同时，消费增长更多地通过消费结构升级实现，对消费类别、品质、便利性的要求超过以往，并将这种要求转化为对供给侧的刺激。在此意义上来说，产业升级是对消费升级的反应。如果没有足够的市场需求激励，产业升级难以推进和成功。同时，产业升级依托于供给侧条件的改进，需要更多的中高级生产要素的支撑和优化组合。

第一，推动服务业对内对外开放。知识密集型服务业是现阶段发展的重点。与制造业不同的是，这类产业更多依赖不可编码的知识，新技术往往需要通过"干中学"等方式才能掌握和运用，对外开放的深度将超过以往。另外，国内知识密集型服务业的发展也受到诸多不当准入限制，抑制了增长潜能。对外开放要加大力度，但首先要对内放开，对外开放与对内放开相互促进，以利于提高国内相关产业的学习能力、吸收能力和竞争能力。实践证明，在对外开放的同时对内能够充分放开，中国产业和企业往往是有竞争力的。一定要增强新发展阶段中国产业和企业的开放自信。

第二，通过优胜劣汰带动产业升级。适应产业分化重组加快的态势，政府一方面应创造各类企业公平竞争的环境，另一方面要推动不再具有竞争优势的企业退出。这就需要在财政、社保、银行、法律等相关领域进行必要改革和调整。

第三，用挑剔性消费倒逼品质提升。国际经验表明，消费结构升级，特别是服务型消费的增长，将会使消费者对产品和服务从品质到体验的要求明显提升，在许多领域，挑剔型消费成为一种常态，从而激励生产者不断提高产品和服务的质量。政府应当因势利导，相应提高产品和服务的质量标准，鼓励生产者之间围绕挑剔型消费而展开的竞争，逐步形成更高层级上消费与生产的循环流程。

第四，推动制造业和服务业的融合发展。不论是制造业的服务化，还是服务业的制造化，二者的融合发展都显示了一种内在关联。促进这种融合发展，从人才、技术到企业内部结构调整等，都需要政府在要素培育、市场环境等方面给予支持。

（四）前沿性创新战略

对中国这样的后发经济体而言，能够跻身前沿性创新行列，进入科技发展的"无人区",既是一种机遇,同时也面临着更多挑战。在这样一个并不熟悉的领域,把握创新规律、明确优势和短板、准确定位、抓住时机至关重要。

第一,坚持以企业为创新主体不动摇。强调以企业为创新主体,不仅因为企业处在市场竞争第一线,而且因为这些年来传统的基础研究、应用研究、产业化应用界限已被打破,许多市场第一线遇到的问题,也是基础研究的前沿问题。以企业为创新主体,既可以把技术转化为有市场竞争力的产品,也在相当大程度上能够推动科学前沿重大问题的突破。由国家集中资源开展的创新项目,应聚焦于公共产品范围内的"卡脖子"问题。新形势下这种"集中力量办大事"的有效运行机制,还有一个探索过程。如果不能从传统计划经济的思维和运行机制中摆脱出来,也可能为抵制改革、重回老路留下空间。

第二,促进创新要素流动聚集,形成一批区域性创新中心和创新型城市。创新要素并非均匀分布,那些能够吸引更多创新要素的地方,才会拥有更多创新成功的机会。从国内外经验来看,创新活动集中出现在若干区域创新中心或创新型城市。但这些区域创新中心或创新型城市并非人为指定的,而是在竞争中形成的。能否成为区域创新中心或创新型城市,关键在于能否形成吸引聚集创新要素的体制政策环境,包括保护产权特别是知识产权,为创新活动提供有效激励;稳定企业家、科研人员的预期,使他们能够有长远打算;促进创新要素流动,吸引创新要素的聚集并得以优化配置;提升人力资本质量,相应改革教育和研发体制;深化金融改革,为创新提供全链条的金融支持等。

第三,加快补上基础研究薄弱的短板。对基础研究短板制约我国长期创新发展的风险,补上这一短板的长期性、艰巨性,对营造有利于科学发现的自由探索环境的重要性,都要有足够认识。通过理念、制度和政策的改革创新,加快形成既适合中国国情又吸收国际上先进做法,最大限度地调动人们在科学发现和技术创新前沿创造力的环境。在创新活跃地区,可设立若干个高水平教育研发区,在招生、人员聘用、项目管理、资金筹措、知识产权、国籍身份等方面实行特殊体制和政策。

(五)绿色转型战略

绿色转型与前沿性创新互为补充,绿色转型可以看成广义创新的组成部分,而创新也构成了绿色发展方式的内在要素。要立足转换发展方式,从理念、目标、政策到生态资本核算、产业链构造等,全方位推动绿色发展。

第一,转变提升对绿色发展的理解,逐步形成全社会的新共识。不能把绿色发展仅仅看成污染治理,绿色发展包括绿色消费、绿色生产、绿色流通、绿色创新、绿色金融在内的绿色经济体系的发展;不能把绿色发展看成迫于压力的权宜之计,对传统工业化发展方式的修补,而是更符合可持续发展要求的新发展方式;不能把绿色发展与经济增长相对立,看成对经济增长的拖累,而是重要的消费新动能、创新动能和增长新动能。认识到位了,推动绿色发展才能名正言顺、理直气壮。

第二,加快推动生态资本度量、核算、交易。迄今为止,生态资本依然无法度量、核算,更难以交易。绿色发展大都是政府提供的公共产品,或环保等非政府组织开展的公益活动,而难以成为企业和个人市场经济条件下正常的经济活动。推动绿色转型,必须过生态资本度量、核算、交易这一关。应将此作为绿色创新的重要内容,鼓励支持相关研究、试点和推广工作。经过持续不懈的努力,逐步使生态资本与其他资本形态一样,能够按照市场经济的通行规则比较成本收益,优化资源配置。

第三,积极探索并形成绿色发展的行动目标和激励机制。把绿色发展的可行指标作为政府工作的考核指标,把绿色发展收益作为经济社会发展成果的重要内容。在成熟的生态资本核算方法实施之前,借助财政、税收、价格和标准等手段,尽可能将原本外部化的绿色发展收益和传统发展方式成本内部化,使绿色发展有利可图,传统发展方式则承担本应承担的成本。

五、建设高标准市场经济

一方面，提出并实施以上发展战略，都对体制政策环境提出了与以往大不相同的要求。不认真地解决体制上的"卡脖子"问题，不下决心啃硬骨头，新的增长潜能就激发不出来，即便比过去降低的增长速度也未必能够维持。另一方面，中美经贸摩擦和其他方面的冲突还可能出现乃至加剧，全球经贸金融规则和治理结构正面临重大变革。面对这些挑战，有一个问题是不能回避的，即市场经济的未来发展问题。中国在发展市场经济这条路上已经走了40多年，是停滞徘徊，还是继续向前走？停是停不住的，不进则退，而倒退是没有出路的。向前走，需要提出一个新的目标，就是建设高标准的市场经济。为此要说清楚几个问题。

第一，中国改革开放以来取得巨大成就依靠的是什么？对此，国内外有不同的看法和说法。在中美经贸摩擦中，也有人在这个问题上给中国泼脏水。那么，靠的是搞国家资本主义、国企行业垄断、计划经济色彩较重的发展规划和产业政策、政府补贴、不尊重知识产权甚至偷盗技术，还是建立和完善社会主义市场经济体制、使市场在资源配置中发挥决定性作用、坚持和扩大对外开放、积极发展多种所有制经济特别是民营经济、保护产权特别是知识产权、在合法引进技术的同时加快推动创新？

5年前，人们很难想象互联网经济能发展成当今这个样子。面对大数据、人工智能、机器人等科技的快速发展，5年、10年后的中国制造、中国服务究竟是何种状态，同样是难以想象、更难以规划的。把那种计划经济色彩相当重的产业规划当成中国过去或未来成功的核心要素，实在是对中国发展的莫大曲解。

第二，中国是要建设低标准、不完善的市场经济，还是要建设高标准、高水平、高质量的市场经济？中国的市场化改革进行了40多年，取得了很大成就，但尚不完善。目前，商品市场大部分实现了市场化定价，可以说是"大半个市场",要素市场化尚在途中,是"半个市场"。总的来说,目前的市场经济仍然是较低水平、不完善的。当前,我们对内要从高速增长转向高质量发展,还要实现高水平对外开放。国际经贸谈判中有些人抓住中国市场经济体制不完善之处做文章,有些国家不承认中国的市场经济地位。在这种态势下,中国当然不能戴上这顶低标准、不完善的市场经济的"帽子",必须也能够朝着完善市场经济、建设高标准市场经济的方向前行。

第三,在建设高标准的社会主义市场经济体制的过程中,面对诸多焦点和难点问题,是别人要我们改,还是我们自己主动要改?转向高标准市场经济,就是要以产权保护和要素市场化为核心,在重点领域和关键环节深化改革,其中涉及一些焦点和难点问题,包括打破行政性垄断、公平竞争、国资国企改革、产业政策转型、改革补贴制度、保护产权特别是知识产权、转变政府职能、维护劳动者权益、保护生态环境和绿色发展等。对这些问题,党的十八届三中全会、四中全会、五中全会和党的十九大都指出了改革的方向、重点和方法,并不是别人逼着我们改,而是我们从长计议、战略谋划,从中国国情出发做出的主动选择。由于更了解情况,知道改什么、如何改,我们自身推动的改革,才能改得更为彻底、更有成效。

第四,是通过把中国特色和市场经济相互融合增强我国的竞争优势,还是把计划经济遗留的、具有过渡性的、应被改掉的那些东西当成体制优势?每个国家都有自己的历史文化传统,由此形成的市场经济必定各有特色,美国、日本、欧洲的市场经济形态就各不相同。中国有较强的政府能力、较大规模的国有资本、较高的社会共识、超大型经济体的市场规模等,如果我们能把这些要素和市场经济的规则有机融合,就会转化为重要的竞争优势。

当前,我国正处在增长阶段转换、发展方式转型、体制转轨的过程之中,有些东西是计划经济遗留下来的,有些东西是转型期具有过渡性的,有些东西则是符合市场经济规则正在成长的，还有一些东西属于"新瓶装老酒"。必须把自己真正的特色优势与计划经济遗留下来的、具有过渡性的、要改的东西区分开来，不能把后者当成体制优势加以固守。

第五，在全球市场经济体系的竞争中，中国只是当一个后来者，还是要走到前边当引领者？近现代市场经济在全世界的发展已有数百年的历史，加入者有先有后。历史已经证明，市场经济是人类经济繁荣、社会进步的共同选择，也是我们所倡导的构建人类命运共同体的经济基础，并非西方国家的专利。全球市场经济体系的发展与全球化进程密切相关，这些年来全球化进程推进较快，全球市场经济体系也在相应发展、调整和变革。近期全球化进程遭遇逆流，美国总统特朗普的诸多做法实际上使市场经济基本规则倒退。

中国是市场经济和全球化的受益者，也是贡献者。我们加入市场经济体系较晚，但蓬勃发展的中国经济已经给全球市场经济体系的发展创造了很多很有价值的新元素。全球经济体之间的竞争，说到底是各自市场经济体系的竞争。下一步，中国应该也完全可以对全球市场经济体系发展做出更大贡献，完全有理由把发展高标准市场经济、高水平对外开放的旗帜举得比西方国家更高，走到全球市场经济体系竞争和发展的前列。这方面，一定要吸取以往的一些教训，不能把体现人类经济社会发展共同规律的好东西让给别人，而使自己处在被动地位。

把这几个问题说清楚了，合乎逻辑的结论是中国应该确立"双高"目标，即建设高标准的市场经济、实行高水平的对外开放。确立这样的"双高"目标，不论是应对中美经贸摩擦和下一步国际经贸规则变局，还是在国内稳预期、提信心，都可以使局面豁然开朗，赢得主动。

从国际上看，中美经贸摩擦仍具有很大的不确定性，世界贸易组织改革势在必行，国际经贸、投资、金融规则可能出现深度调整，主要经济体之间有可能走向自贸区零关税。面对这种局面，如果我们确定了高标准市场经济、高水平对外开放的目标,就能够在新一轮国际经济治理结构博弈中占据制高点,不会像有些人所说的那样成为"出局者",而是成为引领全球市场经济发展方向的领局者。

在国内,稳定预期、理顺关系,当务之急是落实好党的十八届三中全会、四中全会、五中全会和党的十九大关于改革开放的要求,切实加快推动国资国企、土地、金融、财税、社保、政府管理、对外开放等重点领域的改革进程。把这些要求真正落实到位了,就能够在建设高标准市场经济方面迈出很大的实质性步伐,在一个更高平台上争取到新的有利于国际国内发展的环境,赢得新的发展机遇期。

(作者系十三届全国政协经济委员会副主任,中国发展基金会副理事长)

中国工匠精神的传承与创新

杨志明

中国进入新时代，中国工匠精神的传承与创新翻开新的一页。经济走向高质量发展需要高技能人才的协同发展，中国将迎来技工时代，在基本建成现代化国家的过程中，将建设知识型、技能型、创新型的现代产业技术工人队伍。

用国际化的眼光看，工匠精神是世界制造强国和正在走向世界强国的国家所达成的共识。中国倡导的工匠精神与德国优秀工匠、工程师的专业精神、日本"一生专注做好一件事"的精工精神、瑞士将精制产品作为国家"名片"等都有相同之处。

中国工匠制作技艺举世闻名。千百年来中国工匠制作的精美物品多被收藏，英国大英博物馆、法国罗浮宫博物馆、俄罗斯艾尔米塔什博物馆及纽约大都会博物馆、中国故宫博物院等的藏品中都有中国工匠的上乘之作，可以说，中国工匠制作在世界非物质文化遗产中独树一帜。当代中国工匠群星璀璨，精良技艺惊艳世界，从被誉为当代"宫廷造办处"的北京工美集团复兴"燕京八绝"的工匠到世界技能大赛及中华技能大赛中脱颖而出夺冠的新工匠，一个个传承与创新的工匠新星冉冉升起。纵观改革开放40多年的风云变幻和新中国成立70年波澜壮阔的发展，中国工匠创造了无数的中国奇迹，特别是在进入21世纪之后，一些令人难忘的工匠故事犹如电影中的精彩片段常浮现在我们眼前。

中国农民工已从当年"放下镰刀、拿起瓦刀"当建筑工,"放下锄头、拿起刻刀"当制造工的劳动大军,发展成为"组装宝马奔驰汽车,苹果、华为手机"的现代产业工人。目前,农民工正从工业化、城镇化快速发展中的劳动大军成长为产业工人的主体。2018年,全国农民工总量达到2.88亿人,其中外出农民工1.72亿人,相当于欧盟劳动力总和。我国农民工规模之大、流动性之大、贡献之大、技能提升潜力之大,超过历史上任何一次农业劳动力的转移,在世界范围内前所未有。当前,中国制造业升级进入加速期,我们进入"大智移云"时代,新业态、新技术"无中生有"和传统产业"有中出新"交织演进,新技术革命使先进制造业快速提升,这不仅仅是设备、管理、技术的提升,更重要的是劳动者素质的提升,特别是农民工技能素质的提升,他们将在中国产业升级中发挥无以替代的人力资源支撑作用。

一、弘扬工匠精神

工匠精神在中国自古有之,中国是世界上最早进行职业分工的国家,据史料记载比欧洲领先1000多年。2700年前,在山东,当时的齐国宰相管仲制定制度,将职业分为"士、农、工、商",并采用世袭制度沿袭下去,这里的"工"就是工匠。后来英国经济学家亚当·斯密说过,人类的进步就是靠明细的社会分工,职业分工可以提高劳动效率和技能技术,这就成就了中国手工业是世界上最发达的,历史上出土的众多极其精美的文物印证了这点。中国匠人的技艺一直传承到近代,虽然也受到工业文明和现代化进程的冲击,但由于中华文明的延续,使得中国工匠精神仍然得以延续至今,凝聚着中华文明的工匠精神跨过时间隧道,留给世界惊艳的造物技艺。

中国工匠精神，狭义地讲，是指工匠对自己的产品精雕细琢、精益求精、以忘我劳动而追求极致的精神；广义地讲，是指中国工匠在传承中不断吸收现代营养成分，推陈出新，也可称为创新。20世纪，美籍奥地利经济学家熊彼特在"创新论"中第一次将发明和创新区别开来。他讲，新材料、新工艺、新产品等属于发明的范畴，而用于商业后，将分散的生产要素重新组合产生新效益的活动都可以称为"创新"。中华民族精耕细作的基因和中国人的勤劳智慧，孕育着中国深厚的工匠文化，工匠的创新发明，就如一粒粒明珠镶嵌于历史长河中，不仅出现过像鲁班这样的大师级工匠，也有绘制敦煌壁画、建造故宫这样的世界级杰作的民间工匠。伴随着历史文化旅游资源的开发，从明清时期建造的一个个气势恢宏的晋商大院、徽商庭院到现代的港珠澳大桥、鸟巢、无锡灵山梵宫、尼山圣境儒宫、北京紫檀宫、广东黄花梨艺术博物馆等精美建筑，无一不折射出工匠精神。这些都印证着中华民族的基因里，有工匠精神代际相传的潜质。当今中国制造走向中国精造乃至中国创造，需要的就是将工匠精神发扬光大。

中国工匠的传承和欧洲既有相同之处也有不同之处。由于工业革命和社会文明的差异，欧洲人早在18世纪就对中国的明清家具产生了浓厚兴趣。究其原因，主要是欧洲人对工业革命后各种中断的优秀手工艺进行反思并开始重视精致的手工艺品。20世纪初，欧洲工业革命中机器制造的猛烈冲击，使欧洲家具制造的传统手工艺体系不复存在，以机器和流水作业生产出来的家具充斥着市场。但有一些优秀的设计师很快意识到农业文明时代千锤百炼的手工艺中包含着杰出的设计思想和精湛的手工制作技艺，是现代工艺生产所不能取代的。当时在法国和比利时等国出现的"新艺术运动"或"工美新文化运动"就主张在家具与室内装饰设计方面，艺术应与技术结合才能更富有生命力。1919年在德国魏玛创立的包豪斯设计学院就是世界现代工艺设计的发源地，对世界艺术与设计结合的推动有着独特而卓越的贡献。包豪斯设计思想在欧洲乃至世界产生了深远影响。鉴于此，欧洲博物馆开始收藏手工精品作为艺术品。遍布的机器制造和精致手工艺的快速消失唤醒了人们对经典传统手工艺的保护和传承，从而促进了对非物质文化遗产的创建和保护。

2014年5月，习近平总书记在河南中铁工程装备集团考察时提出"三个转变"，即"推动中国制造向中国创造转变、中国速度向中国质量转变、中国产品向中国品牌转变"。面对德国"工业4.0"，"中国制造2025"迎头赶上，这就需要培育造就一大批大国工匠，建设一支宏大的中国工匠队伍。

从2016年至2019年，李克强总理连续4年将"工匠精神"写入国务院政府工作报告。2016年国务院政府工作报告提到要"鼓励企业开展个性化定制、柔性化生产，培育精益求精的工匠精神，增品种、提品质、创品牌"。"工匠精神"首次被写入政府工作报告。2017年国务院政府工作报告进一步强调："要大力弘扬工匠精神，厚植工匠文化，恪尽职业操守，崇尚精益求精，培育众多'中国工匠'。"这是"工匠精神"第二次被写入国务院政府工作报告。2018年国务院政府工作报告强调："全面开展质量提升行动，推进与国际先进水平对标达标，弘扬工匠精神，来一场中国制造的品质革命。"2019年国务院政府工作报告再次强调："培育和践行社会主义核心价值观，广泛开展群众性精神文明创建活动，大力弘扬奋斗精神、科学精神、劳模精神、工匠精神，汇聚起向上向善的强大力量。"

2017年中共中央、国务院印发《新时期产业工人队伍建设改革方案》，2018年中共中央办公厅、国务院办公厅印发《关于提高技术工人待遇的意见》，2019年国务院发布《国家职业教育改革实施方案》。中国补技能短板进入加速期，2019年从失业保险基金中拿出1000亿元用于技术工人技能提升培训，中国工匠从社会地位和物质待遇上都将会有飞跃性的发展，这对于解决经济扩张中形成的技能水平总体偏低、"粗制粗造"时有发生、急功近利、短视浮躁等突出问题有重大作用。

我国经济结构转型、发展服务业，需要大量农民工到第三产业就业。农民工正面临着由原来总量不断扩大的人力资源优势向技能素质不断提升的人力资本优势转变。2002年到2012年经济扩张的"黄金十年"中，农民工大量进城的外溢和城市大量用工的内需交错在一起，这种供需耦合的突出特点是大批农民工来不及学习技能就被吸引到中低端岗位上去。但这种状况已经消失，2013年以来，经济增速放缓，新增农民工数量下降，与经济转型中出现的新业态以及技能提升要求交错在一起，这次交错恰恰是产业升级倒逼农民工技能提升和从事新业态，而不能简单看作产业转换间的就业需求平衡。

当前农民工缺乏技能成为现代产业工人的主要障碍。中国农民工进城之前没有多少资金，进城之后主要依靠劳动力，这在20世纪80年代农民工初进城、经济刚刚开始起飞的阶段是适应的，但是在产业升级中，缺乏技能的弊端逐渐凸显。当前，农民工的技能水平总体偏低，多数从事中低端劳动，就业稳定性差、合同期短、流动性大，难以融入城镇。2018年受到政府补贴的技能培训的农民工人数约占农民工总数的40%，加强农民工的职业技能培训成为经济结构战略调整的需要。

不少大城市尤其是特大城市实施积分制落户政策，"高技能先落户、低技能后落户、少技能难落户"，缺乏技能的农民工往往成为城市过客。当前，农民工总体上已进入以技能促进就业、以公共服务促进融入城市阶段，解决农民工特别是新生代农民工的技能缺乏问题是当务之急，是解决农民工问题的关键所在。一旦农民工掌握了技能，他们在城市面临的诸多问题就会迎刃而解。

科学家产生创新想法，工程师设计图纸，工匠制造出产品，三者缺一不可。工匠作为将设计转化为实物产品的执行者，至关重要。一些复杂的结构可能用先进的机器也难以实现，而人是最具柔性的，可以发挥创造力来解决复杂问题。尽管技术升级加快，高技能工匠仍不可或缺。机器取代了旧工种，必然产生操作机器的新工种，能够驾驭机器的高级技工将更加珍贵。事实上，拥有工匠精神的劳动者，能够在制造中不断改进工艺、在改造中努力突破极限。海尔在智能生产工厂里设立了"创客空间",既承担"制造"的功能,更具备"创造"的可能。

总的来讲,工匠精神是中国工匠2000多年来在生产活动中技法传承、改进积累和追求极致的过程中提炼而成的精神总和。简单地讲,工匠精神是品牌和敬业的总和。工匠精神是我国"质量立国"之本,创造中国品牌之基,也是走向世界的中国名片之魂。

二、复兴工匠文化

弘扬工匠精神,尤其需要复兴工匠文化,唤醒全社会尊重工匠、认识工匠、厚待工匠、崇尚工匠的风气。《新时期产业工人队伍建设改革方案》强调产业工人是创造社会财富的中坚力量,是创新驱动发展的骨干力量,是实施制造强国战略的有生力量。新时代赋予工匠新的内涵,产生新的工匠实践,也创造了新的工匠文化。

当今的中国工匠制作出一批批精美绝伦的物品,渗透着中国工匠精神,延续着文化传承与技术创新。木匠是中国民间匠人中较早形成系统思维的工匠。中国木匠对器物的构思和精工制作,传承着中华民族精耕细作的基因和中国人民的勤劳智慧,孕育着中国深厚的工匠文化。中国家具发展史是一部木匠"智造"的历史,也是一部技艺传承文化的历史,更是一部大师辈出、工匠荟萃的历史。无论是享有盛誉的明清家具,还是当今受到世界大国政要赞叹的G20杭州峰会上的桌椅,以至百姓家中的精致家具,无不渗透着中国木匠的精工制作的传承与创新。家具榫卯结构是中国木匠"智造"的发明,这种精密的内部结构勾连接合,使得中国传统的木结构能够超越当时的建筑排架、框架等,不但可以承受较大的荷载,还可以承受晃震,甚至抵消一定的震动能量,被誉为"东方第一木塔"的山西省应县木塔屹立千年,大风吹不倒,地震摇不倒,就是这种中国榫卯斗拱结构的功劳。

当前我国经济转型中产业升级加速，呼唤传承创新工匠精神。这看似是一种回归，实际上是经济新常态下中国制造走向"中国精造"所需要的人力资源支撑。

改革开放以来，我国已有上百家企业跻身世界500强，同时拥有1.4亿名技工，约占工人总数的30%，而德国、日本仅高级工技师就约占工人总数的50%。因此，中国制造呼唤技能人才，在弘扬工匠精神中复兴工匠文化恰逢其时。

第一，建设品质消费文化。我国消费市场快速发展，卖方市场下的数量型消费文化，正在被买方市场下质量型消费文化替代。丰富的产品供给和日趋激烈的市场竞争驱动企业追求品质、品牌。中国传统家具精致的器型和内在的榫卯结构，尤其是雕刻的人文故事，既传承着中国文化，又绿色低碳环保，被世人所认可。可以说，明清时期中国家具就是世界名品，其精品多被世界上的大型博物馆收藏。如今，上万家中国家具企业中不乏知名品牌，现在也具备了推进中国家具品牌国际化的条件，使中国传统技艺和现代精工制造相结合的中国家具成为世界品牌，这也是中国在世界的一张名片。在买方市场下，口碑好的品牌，消费者往往对其产品精工细做和服务顾客至上的理念非常认可。从消费文化的角度看，复兴工匠文化首先要有品质消费的氛围，这意味着要厚植优胜劣汰的市场竞争土壤，涤荡假冒伪劣，抑制粗制滥造，提升精工精制。

第二，鼓励消费者的挑剔行为。美国管理学家波特在研究日本产品精细化的原因时讲过，日本妇女在购物时近乎苛刻的挑剔行为，是日本厂商改进产品质量的外在压力。要鼓励大众逐步养成"讲究"的消费习惯。在一定意义上讲，"讲究"的民族，才更有工匠精神，才能积淀工匠文化。有"讲究"，才会有精神；处处"将就"，工匠文化也就无从谈起。中国传统家具起于汉唐，延绵到现在，最令消费者信服的是从设计、选料、加工到打磨、抛光一系列工艺过程中的"讲究"。历史上有名的百年老店传承的就是精工和讲究，如今北京工美集团制作国礼也是设计精美，选料精良，精制而成。从赠送联合国的和平尊、英国女王的寿比松林、哈萨克斯坦前总理的明式交椅以至G20杭州峰会上给拉加德女士特制的小凳等，一件件超凡脱俗、简约、精美的中国工匠制品，一道道精湛的传统技法与现代技艺的融合，无一不是中国工匠技艺传承和创新的典范。每件精选优质硬木，由优秀技师乃至名师手工精细雕刻，古风古韵，又融入现代审美风格，新潮浸入，风情别样，具有极高的实用价值和收藏价值。

第三，倡导支撑工匠精神的精工文化。精工制作和服务极致才能使产品成为名品，才能在国际上占有一席之地。百年同仁堂恪守"炮制虽繁必不敢省人工"就在于此，精工标准的刚性与适应市场的弹性是一致的。德国、日本的精工制作支撑其成为世界品牌强国。但也有人把精工看成呆板，缺乏灵活性，其实不然。德国制造的基石正是遵循标准精工制作，一丝不苟，做出的产品受世人追捧，这都是我们复兴工匠文化需要学习和借鉴的地方。20世纪德国在青岛修建的基督教堂的钟表迄今还在运转，当年这个钟表企业的继承人在看钟表时说："根据目前的使用情况，这些齿轮没有任何问题，还能再用上百年，真要维修时，恐怕要到我的曾孙一代了。"

近代以来，众多宫廷造办处的工匠回到家乡，制作精品，与本地匠人结合在一起，创立了雄浑厚重的京作、精巧细腻的苏作、开放包容的广作等具有区域特色的精制家具，传承下来许多精工制作的文化遗产。京作是中国传统家具最主要的代表。狭义地讲，指清朝盛世时宫廷内务府造办处奉旨承办制造和采办的家具；广义地讲，在北京及周边地区，以宫廷制式为代表的选用优质硬木、工艺讲究的家具。京作既有宫廷御用的挑剔讲究，又有当时名家荟萃的精工制作，到现在推陈出新，贯穿着精工文化的主线。

倡导中国传统家具的精工制作，尤其要改变那种所谓把聪明劲儿用在灵活性上、对应遵守的标准随意变通的行为。这样看似可以一时得利，最终会毁坏市场声誉，被市场淘汰。

第四，倡导崇尚工匠精神的价值文化。复兴工匠文化就要重构尊重和奖励工匠的价值文化。中共中央办公厅、国务院办公厅印发的《关于提高技术工人待遇的意见》强调要创新技能导向的激励机制，进一步鼓励辛勤劳动、诚实劳动、创造性劳动，增强生产服务一线岗位对劳动者的吸引力。充分发挥政府、企业、社会的协同作用，完善技术工人培养、评价、使用、激励、保障等措施，实现技高者多得、多劳者多得，增强技术工人的获得感、自豪感、荣誉感。

三、建立工匠制度

人们越来越感觉到，弘扬工匠精神的底气是工匠文化，基石是工匠制度。无数事实证明，只有建立工匠制度，才能激励更多的工匠乃至名匠辈出。建设中国工匠大军，离不开工匠制度的支撑。工匠制度所产生的具有稳定性、公平性、长远性的魅力，恰恰就在于此。

中国工匠制度古来有之。战国时期，秦国武器之所以比其他国家精良，就在于在每件武器上都刻上工匠的名字。从掌印的工师到每个制作的工匠，通过兵器上刻的名字可以找到每位兵器制造者，并看出其技能优劣情况。这种制度激励和保障众多工匠能够大批量制作高质量兵器。元代建立了匠户制度，明代国家专门对匠人进行统计，虽给匠人增加了提供上层社会乃至宫廷使用的制作数量，但也将匠人作为人力资源使其得到全社会认可。清代改革匠役制度，使得民间手工艺人可以放手发展。民国时期，著名教育家黄炎培创办了职业教育社，社会上也涌现出"王麻子剪刀"等众多老字号。尤其是新中国成立以后，企业普遍建立八级工匠制度，出现倪志福等一批名匠。

构建工匠制度，支持众多普通工人转为"技能大军"，将推动我国进入从"速度为王"转向"品质至上"的时代,从产品转向精品的时代,从中国制造转向中国"智造"的时代。

第一,建立工匠制度要借鉴"他山之石"。德国、日本、瑞士等成为制造强国,就是靠先进工匠制度给予支撑,培养了一大批技术工人和高技能领军人才队伍。在德国,知名企业和学校共同培养人才的"双元制"职业技术教育,为德国培养了庞大的技工大军,让德国制造在世界站稳脚跟。德国初高中毕业生上技校的情况与中国的情况相似,但与中国不同的是,德国学生选择职业教育并不是先找学校,而是先找企业和学校联手设置的学徒工岗位。不论是传统的机械制造工艺,还是新兴媒体数码设计,德国都将其纳入政府职业教育大纲中。即使在当下自动化快速发展时期,德国也是根据企业未来发展需求量身打造技工,培养了一批批"科研学徒"。像宝马等大企业,每年都会设置学徒工岗位;而众多中小企业,大多是家族管理传承,子承父业,代际相传。近代以来,日本工匠先后经历了明治维新后"脱亚入欧"向欧洲工业革命学习和模仿、第一次世界大战后"脱欧归日"的自我发展阶段和第二次世界大战后"脱日入美"向美国学习和模仿的阶段。日本将传统的手工业者的匠人精神传递到规模化的机械制造,再加上日本极为严苛的产品标准,使日本精工世界有名。瑞士的工匠制度不仅体现在多年以来的精工制作,更多的是全社会对工匠无比尊重的氛围使瑞士的工匠制度得以延续。瑞士军刀、钟表、陀飞轮等都是瑞士精工制作的典型产品,特别是钟表业在瑞士已有500多年的历史,瑞士钟表以制造精良著称,产品既包括巨大的教堂钟楼的大型钟,也包括小巧的怀表和各类腕表。

第二,工匠成长要有精神和物质激励。当年八级工匠是企业的技术大拿,与工程师的地位和收入不相上下。世界大多数国家高技能人才的待遇都达到社会平均水平之上。德国技工的收入不比大学生差,而且更好找工作;高级技工更是企业之宝,他们的收入更高,享受高品质生活。建设中国工匠大军,亟须将那些因种种原因错过上职业中专、技师学院，而在实践中勤学苦练、潜心钻研，不仅手中有好技术而且出精品的人才，通过技能竞赛，给予他们名副其实的技术职称，并对那些既能传承技术又能推陈出新，创新产品、创造效益的人物，多加宣传。他们应该受到全社会关注、赢得尊重。

提高高技能领军人才的经济待遇。鼓励企业为高技能领军人才制定职业发展规划和年资（年功）工资制度，科学评价技能水平和业绩贡献，合理确定年资起加点和工资级差。试行高技能领军人才年薪制和股权期权激励，鼓励各类企业设立特聘岗位津贴、带徒津贴等，参照高级管理人员标准落实经济待遇。对于参与国家科技计划项目的高技能领军人才，鼓励所在单位根据其在项目中的实际贡献给予绩效奖励。落实中央财政科研项目资金管理等政策，制定间接费用统筹使用内部管理办法，对高技能领军人才进行绩效奖励，提高高技能领军人才创新创造的积极性。对于解决重大工艺技术难题和重大质量问题、技术创新成果获得省部级以上奖项、"师带徒"业绩突出的，取消学历、年限等限制，破格晋升技术等级。

第三，提升新生代农民工技能，满足产业转型升级需求。当前，我国农民工总体上已进入以技能促就业阶段，解决农民工特别是新生代农民工的技能缺乏问题是当务之急，也是促进农民工融入城市的关键所在。农民工掌握了技能，他们在城市面临的诸多问题就会迎刃而解。可以说，农民工融入城市，一技在手，全盘皆活。年轻而富有活力的新生代农民工是我国宝贵的人力资源，要加大对新生代农民工的人力资本投入，提高他们的技能素质，使其更能适应我国新型工业化对人力资源的新要求。从一定意义上讲，这不仅适应产业结构的转型升级，而且也有利于"中国制造"转向"中国精造"，进而向"中国创造"的转变。

第四，激发青年人学技术的热情。基本途径是加强和创新职业技术教育，推行工学一体、校企合作的新型学徒制，提高技术工人待遇，完善职称评定制度，推广专业技术职称、技能等级等与大城市落户挂钩的做法，让职业院校成为市场之需、学技之所、成才之路、创业之基的工匠摇篮，让更多年轻人看到学技术的红利，技术入股，走技能成才、技能创业之路。

国家职业教育改革的10个突破：一是经过5~10年时间完成由政府举办为主向政府统筹管理、社会多元办学的格局转变，由追求规模扩张向提高质量转变，由参照普通教育办学模式向企业社会参与、专业特色鲜明的类型教育转变，一大批普通本科高等学校向应用型转变，建设50所高水平高等职业学校和150个骨干专业（群）。从2020年起，不再从应届毕业生中直接招聘教师，对有3年以上工作经验的进行公开招聘。二是推动建设300个具有辐射引领作用的高水平专业化产教融合实训基地。"双师型"教师（同时具备理论教学和实践教学能力的教师）占专业课教师总数的比例超过50%。三是从2019年开始，在职业院校、应用型本科高校启动"学历证书+若干职业技能等级证书"制度试点（以下简称"1+X证书制度试点"）工作，新"五子登科"（列出招生计划的单子，有了财政列支的生均经费的票子，拿到大学毕业的本子，戴上职业技师的帽子，找到发挥技能的位子）。四是积极招收"五种人"，即初高中毕业未升学学生、退役军人、退役运动员、下岗职工、返乡农民工等接受中等职业教育。制定中国技能大赛、全国职业院校技能大赛、世界技能大赛获奖选手免试入学政策，探索长学制培养高端技术技能人才，其中支持设立退役军人教育培训集团（联盟），推动退役、培训、就业有机衔接。五是自2019年开始，围绕现代农业、先进制造业、现代服务业、战略性新兴产业，推动职业院校在10个左右技术技能人才紧缺领域大力开展职业培训，畅通技术技能人才职业发展通道。六是加快推进职业教育国家"学分银行"建设，从2019年开始，探索建立职业教育个人学习账号，实现学习成果可追溯、可查询、可转换，为技术技能人才持续成长拓宽通道。七是建立共建共享平台的资源认证标准和交易机制，进一步扩大优质资源覆盖面，适应"互联网+职业教育"发展需求，运用现代信息技术改进教学方式方法，推进虚拟工厂等网络学习空间建设和普遍应用。八是推动校企深度合作，企业可利用资本、技术、知识、设施、设备和管理等要素参与校企合作，促进人力资源开发，学校可从中获得智力、专利、教育、劳务等方面的报酬，政府对进入目录的产教融合型企业给予"金融+财政+土地+信用"的组合式激励，并按规定落实相关税收政策，试点企业可按投资额一定比例抵免该企业当年应缴教育费附加和地方教育附加。厚植企业承担职业教育责任的社会环境，推动职业院校和行业企业形成命运共同体。九是推动企业和社会力量创办高质量职业教育，到2020年初步建成300个示范性职业教育集团（联盟），带动中小企业参与。探索民办职业教育负面清单制度，建立健全退出机制。十是国家新增教育经费要向职业教育倾斜，中等职业院校生均财政拨款水平可适当高于当地普通高中，高职教育生均财政拨款水平达到12000元。完善政府、行业、企业、职业院校等共同参与的质量评价机制，年度报告向社会公开。

建立工匠制度，就是要搭建让技能成就青年未来的平台。让青年人看到，学本事才有回报，做好活儿才有发展，有技能才能拥有出彩人生。这样，建设中国工匠大军指日可待。

四、匠心独运出人才

匠心通常指能工巧匠巧妙的心思。中国历代名家匠心独运，各有巧妙之处。现在讲的"工匠精神"从根本上说也是出于一颗匠心的坚守，体现着华夏劳动智慧和中国工匠"智造"，古往今来，独具匠心出人才。

匠人要有"七心"：（1）要有学技术的初心。（2）要有靠技术成才的信心。信心是工匠对从业预期目标的心理认可，是成才之路的奠基石。匠人的成才需要踏着自信心的阶梯一步一步攀登，淬炼心智，耐得住寂寞、经得起波折、受得住赞誉、去得掉浮躁。有了自信心才能在重复性劳作中坚守，才会在反复磨炼中有发现，才能发现差异中有创新，才能在创新中寻求到匠人的乐趣，体现出匠人的价值。这种自信也是避免在起伏中"自己被自己击倒"的定力。自信并不是天生的，也不是任何人都具备的，但它是成为匠人乃至名匠必不可少的。（3）要有恒心。尤其在遇到市场低迷的外部变化和技术升级的内部变化时，更需要有坚守恒力的匠心。闻名于世的中国家具榫卯结构也可以说是匠心传承。凸为榫，凹为卯，中国木匠的技艺就体现在不用铁钉、木料全靠榫卯连接的功夫。木匠雕刻出精细的榫卯，用力一拍，榫穿进卯，严丝合缝，浑然天成，几十年、几百年都牢牢地连接在一起。张铁成是奥运徽宝的玉雕国手，获得过中国玉器"百花奖"特等金奖。他做玉雕专心致志、心无旁骛，坐在玉雕机前仿佛进入另一个世界。雕制奥运徽宝时，他将自己封闭起来，把对奥运的期盼之情全部倾注和凝聚在精雕细琢中。专注是一种态度，更是一种境界。如果你对一件事特别感兴趣，再累也不觉得枯燥，让专注、执着融进血液里，才能保持不满足的心态和追求独具匠心的持久，才能不被社会上纷繁喧嚣的环境所干扰，追求匠人内心的淡定与从容。有了真正的专注和热爱，才能体会到匠人用心制造的巧妙之处，既然选择了工匠人生，那就要风雨兼程，匠心筑梦，让匠人在人生中露脸，得到褒奖。（4）要足够虚心。匠人眼要放高，心要放低，唯有如此才能更深地理解与感悟制作的奥妙。（5）要有耐心。耐得住寂寞才能守得住宁静，要抓住一切能提升自身创新能力的机遇，用心去做，往往就会有意想不到的收获，坚守下去就会有精彩的人生。各种失败的打击会不断蚕食我们的精力，耐心在匠人漫长的从业生涯中往往比激情更重要，恒心更能考验匠人的毅力。（6）要有巧心。创业初期，匠人饱受人们的质疑似乎是不可少的，很多时候是独自面对工具反复操练，在反复琢磨中发现了差异，产生了激情，有了激情就会消除枯燥、寻找创新，用娴熟的技艺武装起来的独门手艺不仅能精确地表现匠人的心思，还能生动地体现顾客不断变化的心思。（7）要有持续的进取心。不断追求、不断改进、不断创新是匠人成才的轨迹。

五、让工匠出彩

2019年8月27日,第45届世界技能大赛闭幕式上传来喜讯,中国获得16枚金牌、14枚银牌、5枚铜牌和17项优胜奖,获得参加世界技能大赛以来最好成绩。世界技能大赛被喻为"世界技能奥林匹克",是最高级别的世界技能赛事,引领和代表着当今职业技能发展的世界先进水平,比赛在一定程度上反映出一个国家的技能培养水平与发展趋势。

2016年1月17日,来自一线的农民工技师巨晓林在中华全国总工会第十六届执行委员会第四次全体会议上,被选举为中华全国总工会副主席。来自陕西省岐山县的巨晓林是中铁一局一公司接触网技师,他勤学苦钻技术,写出改进施工方法规操,创新接触网工艺培训教材等并取得实效,成为知识型、技能型、创新型劳动者的先进代表。

2018年,中共中央办公厅、国务院办公厅印发了《关于提高技术工人待遇的意见》,核心是提高技术工人物质待遇和社会地位,可以说农民工技工是这一重大政治措施的最大受益者,鼓励他们以技能入股和合伙办企,乃至实行期股期权激励也是顺理成章的,目的就是打开工匠技能提升的通道,给他们向上发展的机会,经过努力和积累,可以进入中等收入群体。

中国木匠不懈追求精致和完美,将文化、艺术、技能融进家具的每一个部分,将人文情怀和创造能力发挥到极致。2011年,中国首次组团参加世界技能大赛,我看到中国作为家具大国竟无人参加木工项目,感慨很多。联想起我1966年至1969年学习木工的经历,就和人社部有关司局讨论谋划,选择有实力、管理水平高的河北邢台职业技术学院创办细木专业,选择素质尚好、思维敏捷的学生进行速成培训,熟悉国际竞赛规则。2016年10月,我到邢台职业技术学院做了中国农民工发展及中国木匠发展的报告,讲了中国家具和农民工新工匠的发展历程,与准备参加世界技能大赛木工项目的学生进行交流,告诉他们要有信心夺回本属于中国的世界木作技能高地。以前我们错失过多次参加大赛的机会，对世界竞赛规则熟悉有个过程，应该像20世纪60年代中国乒乓球队那样，以后发优势迎头赶上。经过紧张的强化培训，在2017年第44届技能大赛中，中国第一次组团参赛，他们就崭露头角，获得了优异成绩，自此，中国木工项目竞赛选手站上了世界技能大赛的舞台，也令世人刮目相看。

2017年10月，我在德阳东方汽轮机厂看到技师工作室里多数是新生代农民工在搞具有世界水平的精密电焊。2018年5月，我到郑州中铁装备制造车间，看到组装跻身国际隧道工程建设先进水平的中国盾构机的，也是职业技术院校培养的新生代农民工技工。由此看来，"中国制造2025"和"工业4.0"也有新生代农民工的用武之地。农民工进城就是这样，男男女女、老老少少一齐上阵，边学边做。2018年9月，我到青岛海尔中央空调智能护理工厂，看到组装磁悬浮智能空调的大都是新生代农民工技工，尤其是企业为激发他们的改良和创新热情，在生产线旁特设"创客中心"和"培训道场"。一项项颇有经济效益的技术创新，在他们手上得以实现，提高劳动效率带来的经济效益也让人刮目相看。

从经济转型来看，中国进入后工业发展阶段，工业经济转向服务经济，第三产业占GDP比重超过第二产业，购买服务将追赶购买产品，而购买服务中的家庭服务、外卖、快递、呼叫等新业态，正是农民工劳动参与率最高的行业。

从新型城镇化来看，农民工作为城市经济发展的主力军，给快速发展的城市化带来了中青年活力，农民工市民化的发展支撑着中国新型城镇化的发展，支持中国劳动参与率继续保持世界第一。走入新时代，农民工将成长为知识型、技术型和创业型劳动者，新兴产业业态多、成长速度快。新型城镇化给农民工带来改变生活的新期待，也带来改变自己的新动力。农民工发展将从技能素质提升拓展到文化素质提升，从改变劳动生产和生活条件到逐步融入城市、享有公共服务。

正如诺贝尔经济学奖获得者罗纳德·科斯在《变革中国》中感叹道：中

国人的勤劳，令世界惊叹和汗颜，甚至有一点恐惧。看看我们的身边，好像真正彻底休息的人还真不多，但凡手脚能动、头脑灵光的中国人都不屑于坐吃山空。农民工扛起现代产业工人的重任，无论是从已经扛起的并跟着技术进步走的制造业、建筑业等支柱产业，还是正在做起的快递、外卖、家庭服务、呼叫服务等新业态，经济转型开辟了农民工就业的新天地。千年大计雄安建设已经开启，国之大事冬季奥运会比赛设施建设正在推进，建设者中很多都是农民工。和煦的春风吹绿了大地，吹响了农民工建设的号角，一大批农民工早早地进入了万千建设项目，让城市的春天充满了生机，充满了活力。

党的十九大开启了弘扬工匠精神、建设中国工匠大军的新时代，要重点实施三大计划。一是农民工技能提升计划，每年培训2000万名农民工，其中有100万名高技能人才。由人社部的"春潮行动"、农业农村部的"阳光工程"、扶贫办的"雨露计划"、科技部的"星火计划"，对每年的新转移劳动力进行技能培训，从2014年到2020年，可培训1.6亿人，占未接受培训的农民工的70%，使大多数农民工实现从普通工人转为技工的华丽转身。特别是有针对性地为这批非科班出身的"乡土"技能人才举办技师培训班，对这些掌握高技能的农民工，补上必要的职业技术文化课，乃是补短板的实招、解难题的真招。二是技能人才培训计划，从失业保险结余资金中拿出1000亿元用于1500万人次的职工技能提升和转岗转业培训。三是高技能人才振兴计划，实行高技能人才和工程技术人员同等待遇，设立首席技师、特级技师、技能专家，使大国工匠引领能工巧匠，形成中国工匠大军。创新职业技术教育发展，攻克目前中国职业技术教育招生难、经费缺、待遇低的"三难"问题，带来新气象，也给因种种原因未上过职业技术院校而在实践中通过师傅带徒弟或自己进取掌握好技能的中生代群体，通过劳动技能竞赛获得奖励和职业技术职称的方式带来新希望，从人才存量的"富矿"中挖掘人才。

（作者系中国劳动学会会长，人力资源和社会保障部原副部长）

中编 强国之基

中国制造业由大变强的战略思路与对策

马晓河

制造业是指对采掘的自然物质和工农业部门生产的原材料进行加工和再加工,为其他产业部门提供生产资料、为社会提供日用消费品的产业部门。按照现有统计口径,我国制造业包括原材料加工制造业9个行业、消费品加工制造业14个行业和装备制造业8个行业等,共有31个行业。制造业是中国经济增长的主要源泉,无论是制造业总量变动还是结构变迁都直接或间接地影响着国民经济的各个方面。到2014年我国制造业创造的增加值约为202272.9亿元,占当年GDP的31.8%。制造业为我国经济发展从低收入阶段迈向中等收入阶段做出了卓越的贡献。目前,我国经济发展已进入中上等收入国家行列,下一步还要向发达的高收入国家行列迈进。毫无疑问,我国仍然需要制造业的发展,而且需要一个更加健康、更具竞争力的强大制造业。"中国制造2025"指出,没有强大的制造业,就没有国家和民族的强盛。到2025年中国要迈入制造业强国之列,2035年达到世界制造强国阵营中等水平,到2049年进入世界制造业强国前列。为此,必须把握新一轮世界科技革命趋势,深入分析我国制造业现状、面临的困境,探索寻找中国制造业由大变强的战略路径。

一、我国制造业的现状及特点

经过 40 多年的改革开放，我国制造业取得了迅速发展，制造业总量规模不断扩大，结构加快转型，技术进步带动作用不断增强，所有制结构得到很大改善，对国民经济增长贡献作用日益突出。目前，我国制造业规模已跃居世界第一位，成为名副其实的世界制造大国。

（一）规模迅速扩张催生世界制造大国

中国制造业具有大国特征。改革开放 40 多年来，我国制造业发展是在总量扩张与结构转换共同作用下实现的，制造业增加值呈现加速增长的趋势。从改革开放初期到 1990 年，国家调整了重工业优先发展战略，支持发展以轻工业为主导的加工制造业，这一时期全国制造业增加值由 1173 亿元增长到 5012 亿元，按可比价格计算增长了 4.3 倍，年均增长 6.2%。1990 年到 2000 年，在轻工业制成品由卖方市场转变为买方市场后，推动制造业向重加工制成品和高加工度制成品转型，这一时期全国制造业增加值由 5012 亿元增长到 27750 亿元，按可比价格计算增长了 4.5 倍，年均增长 12.5%。进入 21 世纪后，随着城镇化、信息化深入推进，制造业重化工化和高加工度化趋势更加明显，机械、电子、交通运输设备等迅猛发展带动了制造业总规模的扩张。这一时期全国制造业增加值由 27750 亿元增长到 202272.9 亿元，按可比价格计算增长了 4.8 倍，年均增长 13.4%。

制造业对我国经济增长起着举足轻重的作用。通过分析发现，我国制造业与 GDP 高度相关，两者相关系数高达 0.998。从 1978 年到 2014 年，我国制造业增加值由 1173 亿元迅猛增加到 202272.9 亿元，增长了 41.43 倍，年均增长 10.97%，明显快于同期 GDP 的平均增长速度。按照部门因素法分析，36 年来我国经济增长中有 36.07% 来自制造业。

如果分阶段看，我国制造业对经济增长的贡献作用是先上升，之后缓慢下降。按照部门因素法分析，1978 年到 1990 年我国 GDP 年均增长 9.01%，其中制造业占 20.3%，为经济增长贡献了 1.83 个百分点。1991 年到 2000 年，我国 GDP 年均增长 10.43%，其中 32.9% 来自制造业，对经济增长贡献了 3.43 个百分点。2001 年到 2014 年，GDP 年均增长 9.8%，其中 32.5% 来自制造业，对经济增长贡献了 3.19 个百分点。制造业快速增长、对经济发展贡献大，既与我国的储蓄率不断提高直接相关，也与我国出口导向型经济密切相关。在一个长时间区段里，不断增长的储蓄必然转化为投资，投资有相当一部分转化为制造业产能，制造业产能在国内无法完全消费的情况下，又有相当一部分形成出口，由此推动了制造业进一步扩张。1980 年我国工业制成品出口占制造业增加值比重仅为 10.5%，2000 年这一比重上升到 66.8%，2014 年高达 67.7%。

从出口货物贸易结构来看，我国制造业已经在出口结构中占据绝对地位。1980 年我国工业制成品在出口货物贸易中所占比重还不足 50%。20 世纪 80 年代中后期其比重超过 50%，之后便一路上扬。1990 年工业制成品占出口货物贸易的比重为 74.4%，2000 年占 89.8%，2010 年占 94.8%，2014 年达到 95.2%。这意味着进入 21 世纪后我国出口货物绝大部分都是制造业提供的。

再从产品规模来看，我国制造业产品产量大大增加。同 1978 年相比，到 2014 年我国成品钢材产量增长了 49.98 倍，达到 11.26 亿吨；水泥产量增长了 36.95 倍，达到 24.76 亿吨；布产量增长了 7.1 倍，达到 893.7 亿米；服装产量增长了 38.7 倍，达到 271 亿件；化学纤维产量增长 154 倍，达到 4389.8 万吨；汽车产量增长了 158.2 倍，达到 2372.5 万辆；集成电路产量增长了 3384 倍，达到 1015.5 亿块。还有家用电器、计算机产量增长更是迅猛。到 2014 年家用电冰箱产量为 8796 万台，房间空气调节器为 14463 万台，彩色电视机为 14128.9 万台，微型计算机为 35079.6 万台，移动通信手机为 162719.8 万部。目前，我国是全球第一制造大国，在我国 22 个工业产品大类中有 7 个大类产量、220 种产品位列世界第一，是名副其实的制造大国。

（二）结构转型推动重化工化和高加工度化

中国制造业发展具有阶段性特征。自 1978 年改革开放以来，无论是传统制造业还是现代制造业，在改革开放的推动下都实现了规模扩张。但是从时间序列上分析，制造业中各个行业在不同时期发展程度是不同的，对制造业总体的影响程度也不一样。

改革开放初期，我国调整了优先发展重工业的战略，实行以消费品为主体的轻工业优先发展政策，对轻工业实行了"六优先"的优惠政策，促进了食品、纺织、服装、鞋帽等快速发展；而冶金、煤炭及炼焦工业、石油工业、机械工业等发展相对较慢。于是，制造业结构便发生了变化，轻加工制造业产值占工业产值的比重迅速上升，重加工制造业产值占工业产值的比重明显下降。从 1978 年到 1990 年，我国轻加工制造业产值占工业产值的比重先由 42.68% 上升到 1985 年的 45.22%，之后又上升到 1990 年的 46.96%，12 年间上升了 4.28 个百分点；而同期的重加工制造业产值占工业产值的比重则先由 30.06% 下降到 27.24%，然后再进一步下降到 24.56%，下降了 5.5 个百分点。在这一时期，轻加工制造业内部也发生了一些变化，这就是 20 世纪 80 年代中后期，随着城乡居民收入的增长和生活水平的提高，社会对耐用消费品的需求快速增长，这又带动了冰箱、电视机、洗衣机、收录音机、空调等轻加工制造业迅猛发展。

进入 20 世纪 90 年代后，耐用消费品制造业继续发展，但此时出现了两个转折性变化，一个是包括耐用消费品在内的制成品市场开始由卖方市场变为买方市场，这就迫使生产者完善或改造工艺路线，以增加产品品种和提高产品质量。另一个是城乡居民的基本生活需求得到满足之后，住行需求开始增长，这又带动了重加工制造业快速发展。由此在工业结构中，重加工制造业比重开始迅速上升，轻加工制造业比重不断下降。1990 年到 2000 年，我国轻加工制造业产值占工业产值的比重由 46.96% 下降到 39.8%，重加工制造业比重由 24.56% 上升至 29.52%。为了进一步说明制造业结构变化，我们按制造业行业来进行分析。在20世纪90年代后半期，在制造业产值总额中，食品加工制造产值所占比重由12.99%下降到11.32%，纺织、服装、鞋帽、皮革、毛皮、羽绒等制造业产值所占比重由14.77%下降到11.89%，比重下降的行业还有印刷业、化学原料及化学制品制造业、化学纤维制造业、橡胶制品业、非金属矿物质制品业、黑色金属冶炼及压延加工业、金属制品业、通用设备制造业、专用设备制造业等行业，其产值所占比重由37.95%下降到33.32%，产值所占比重上升的行业有木材加工业、家具制造、造纸及纸制品业、文教体育用品制造业、石油加工炼焦及核燃料加工业、医药制造、塑料制品业、有色金属冶炼及压延加工业、交通运输设备制造业、电气机械及器材制造业、计算机、通信设备及其他电子设备制造业、仪器仪表及文化办公机械制造业等，这些行业产值所占比重由34.28%上升到43.48%。在制造业结构变动中，结构比重下降幅度较大的是纺织业、农副食品加工业、非金属矿物质制品业、黑色金属冶炼及压延加工业；而结构比重上升幅度较大的行业有通信设备计算机及其他电子设备制造业、石油加工炼焦及核燃料加工业、电气机械及器材制造业。可见，此时期出现了一个新的趋向，一些装备制造业快速发展开始替代劳动密集型消费品制造业，制造业结构变动的主要力量开始由劳动密集型行业向资本技术密集型行业转移。这意味着制造业开始转向高加工度和资本深化发展阶段。

进入21世纪，制造业结构转型或者说向资本技术密集型行业转移并未停止，反而还有加快趋势。为了在统计资料口径上获得可比性，这里我们把制造业划分为消费品制造业、能源原材料制造业和装备制造业三个大类进行分析。消费品制造业产值占制造业总产值的比重从20世纪90年代中期后出现了下降趋势，能源原材料制造业在21世纪是先升后降，装备制造业一直处于上升趋势。从各个行业内部分析，制造业内部结构也有分化现象。在消费品制造业内部，大部分行业产值占制造业总产值的比重都是下降的，只有木材加工、家具制造和文教体育用品制造业是上升的。能源原材料制造业也是比重下降行业，上升行业仅有黑色金属冶炼及压延加工业、有色金属冶炼及压延加工业等。装备制造业不同，绝大部分行业产值占制造业产值的比重都是上升的，只有仪器仪表制造业由于统计口径的变化导致下降。由此可见，这一时期制造业已经加快了转型升级步伐，装备制造业发展步伐明显快于其他制造业。

制造业结构加快转型，高加工度化和重化工化趋势明显，还可以由我国货物出口结构得到进一步印证。20世纪90年代初期，机械及运输设备占我国货物出口的比重还不足10%，到2000年就提高到33.1%，2010年已达到49.5%，这意味着我国出口贸易中机械及运输设备出口几乎占了一半。

（三）技术进步带动作用不断增强

制造业技术进步具有渐进式特征。在我国制造业规模扩张、结构转型过程中，技术进步效果明显。一方面，制造业从中低端向中高端演化越来越明显；另一方面，正在产生具有国际竞争力的优势产业和高端产品，如载人航天、载人深潜、大型飞机、北斗卫星导航、超级计算机、高铁成套装备、百万千万发电机组装备、万米深海石油钻探设备等都位居世界前列。衡量制造业技术进步的方法有多种，如制造业的科技进步贡献率、劳动生产率、企业研发投入、人均固定资产水平、装备制造业占制造业的比重等。这里我们选择人均固定资产水平、企业研发投入、装备制造业占制造业的比重等来衡量制造业技术进步。众所周知，企业乃至产业技术进步主要表现在工艺路线改造、设备更新、新产品推出、人力资本提高等方面，而这些活动表现在生产要素配置上便是企业或产业的资本深化，即资本有机构成不断提高。在研究中，我们选择了28个制造业行业自1987年以来的人均固定资产净值变化情况，1987年以来，除了少数几个行业外，绝大部分行业人均固定资产净值水平都提高了10倍以上。2000年以后，在28个行业中有19个行业人均固定资产净值增长都超过1倍，其中化学原料及化学制品制造业、橡胶制品业、非金属矿物制品业、黑色金属冶炼及压延加工业、有色金属冶炼及压延加工业、专用设备制造业等行业超过2倍。人均固定资产净值水平的不断提高，意味着我国制造业结构正在由劳动密集型向资本密集型和技术密集型迅速转化。再从研发投入来看，20世纪90年代以来，我国研究与试验发展（R&D）经费支出占GDP的比重直线上升，由1997年的0.64%提高到2013年的2.01%。到2014年，我国研究与试验发展经费已经达到13312亿元，占GDP的比重为2.09%。技术进步表现在企业方面就是有研究与试验发展活动的企业所占比重明显在提高，新产品开发项目在增加。2004年有研究与试验发展活动的企业占全国企业比重为6.2%，2013年达到14.8%，新产品开发项目数也由76176个增加到358287个，分别提高了1.38倍和3.7倍。

进入21世纪以后，企业创新活动还发生了积极的结构性变化。这就是引进国外技术的经费支出稳中有降，而用于引进技术的消化吸收经费在明显增加，购买国内技术的经费和技术改造经费在显著增长。同2004年相比，2013年全国规模以上工业企业引进国外技术的经费支出降低了0.9%，而用于引进技术的消化吸收经费增长了146.1%，购买国内技术的经费和技术改造的经费分别增长了159.9%和37.9%。

另外，我们再以消费品制造业、能源原材料加工制造业、装备制造业三大类分别观察，看看全国按行业分规模以上制造业企业研发活动都集中发生在哪些领域。在当前我国制造业企业研发活动中，有一半以上都发生在装备制造业领域。在研究与试验发展经费投入中，装备制造业占54.91%，消费品制造业和能源原材料加工制造业分别占10.46%和30.21%；企业开展的研发项目数装备制造业占56.27%，消费品制造业和能源原材料加工制造业分别占11.37%和27.84%；企业的有效发明专利装备制造业占69.01%，消费品制造业和能源原材料加工制造业分别占6.91%和21.87%。

以上数据说明了我国制造业企业技术创新活动在不断增加，而技术创新最活跃、表现最集中的是在装备制造业方面。这反映了我国产业结构和制造业结构转型升级的内在规律。

（四）市场形象和竞争力正在改变

中国制造业品牌效应具有后起性特征。一个明显的变化是，在科技进步和管理制度创新推动下，中国制造价格低廉但质量低劣的形象正在改变，已培育出一批具有国际竞争力的优势产业和竞争力强的品牌企业。比如，2015年进入世界500强的企业中，中国上榜企业达到106家。位居第228位的华为技术有限公司生产的通信设备和手机享誉世界，在通信领域全球排名前50的制造商中有45家采用华为的通信设备，其余5家使用美国生产的通信设备；在2016年AnandTech对世界13款旗舰手机机型的综合评价中，华为开发生产的智能手机Mate8分值最高，单项功能好于其他机型。我国的新能源特别是太阳能在技术水平、实际应用、尖端实验等方面都位于世界前列，太阳能工厂、太阳能路灯、太阳能酒店、太阳能无人机、太阳能电动车、太阳能住宅等都在市场上有极强的竞争力。再如，深圳大疆的小型无人机，科技含量高，销量占世界市场第一，可用于航拍、搜救、遥感测绘、森林防火、电力巡检、影视拍摄等领域，美国好莱坞大片拍摄大多采用大疆的无人机；比亚迪K9电动巴士远销日本、丹麦、美国、德国、英国、荷兰、波兰等100多个国家，每辆80万美元；中国拥有完全自主产权的C919大型客机，至2015年6月15日国内外用户总订单数达到500架；2015年年底国内通车1.9万公里的中国高铁更是享誉世界，许多外国人到中国都要体验高铁，土耳其高铁、新马高铁、泰国高铁、印尼高铁、美国加州高铁都由中国或将由中国承建；海尔在世界白色家电品牌中排名第一，全球市场占有率达到7.8%；深圳汇顶科技股份有限公司开发的指纹识别技术，是世界上除苹果之外仅有的一个厂家，识别率与苹果难分伯仲；

小米科技有限责任公司成为世界第三大手机制造商,仅次于三星公司和苹果公司。

(五)逐步形成多种所有制并举的格局

由于统计口径并不太一致,这里只能以类似的统计比较结果来说明问题。1980年,我国规模以上工业中,国有及控股企业8.34万个,占各类工业企业总数的22.1%,集体经济企业29.35万个,占77.8%,其他所有制企业只占0.1%。到2014年,国有及控股企业数已经减少到1.783万个,占各类工业企业总数的比重下降到4.9%,私营企业占56.4%,外商及港澳台商企业占15.4%,集体企业占1.02%。从产值份额来看,1980年国有及控股企业的工业总产值占75.97%,私营企业占0.02%,其他经济(包括外商及港澳台商企业)占0.47%。2014年国有及控股企业占规模以上工业企业主营业务收入的23.38%,私营企业占33.76%,外商及中国港澳台商企业占32.7%。也就是说,无论是按工业总产值还是主营业务收入统计,目前对我国工业发展的贡献排序都是私营企业占比最高,然后依次是国有及控股企业和外商及中国港澳台商企业,国有企业独大的格局已不复存在。

从现有的统计资料分析,不同类型的企业在不同制造业领域投入的实际资本有明显差别。首先从制造业整体投入来看,法人资本投入最多,占制造业资本金总投入的35%。其次是个人资本占22.42%。再次是外国投资者资本占15.96%;而国家资本仅占10.14%。同时从企业自身来看,凡是国内企业,无论是国家资本、集体资本,还是法人资本、个人资本,在能源原材料加工制造业投入的资本金最多,其次是装备制造业,在消费品制造业投入最少;外国投资者向装备制造业投入资本金最多,其次是能源原材料加工制造业,对消费品制造业投入最少。从不同类型企业的横向比较来看,投向消费品制造业领域资本金最多的是国内法人资本和个人资本,这两类资本占消费品制造业资本金总投入的65.2%。投向能源材料加工制造业领域资本金最多的是法人资本、个人资本和港澳台资本，这三类资本占能源原材料加工制造业资本金投入的 73.86%。在装备制造业领域，法人、外国投资者和个人投入的资本金最多，三者占装备制造业资本金投入的 78.59%。上述制造业企业资本的不同投向，说明了在现阶段国内企业投资重心在资本密集行业领域，外国投资者的投资重心是资本和技术密集行业领域。显然，后者的技术优势要高于前者。

二、我国制造业转型升级面临的挑战

我国制造业有做大的体制优势，可以利用各级政府、国有企业、市场机遇和经济促进策略在短期内将体量做得很大。但是，要将制造业做强做优，目前并不具备特别的优势。要想实现《中国制造 2025》提出的"三步走"战略目标，还面临着几个亟待解决的问题。

（一）面临低端制造及产能过剩的矛盾制约

当前，我国制造业的总体产能利用率明显低于 80%，有许多行业产能利用率只有 70% 左右，其中钢铁、水泥、电解铝、平板玻璃、炼焦、汽车、家电、电话单机、手机、卷烟等工业产品的产能利用率大多在 50% 到 70% 之间。如果将庞大的在建和拟建生产能力计算在内，我国的产能过剩将更加严重。比如，目前我国制造业总产量，服装动辄上百亿件、皮革鞋靴几十亿双、水泥几十亿吨、钢材十几亿吨、平板玻璃几亿重量箱、集成电路 800 多亿块、移动手机十几亿部，房间空调器、家用电风扇、微型计算机、彩电、组合音响等产量都是几亿台。如此巨大的工业制成品产量，单靠国内市场是无法消化完的，还必须出口国际市场。值得关注的是，我国的产能过剩只有少部分行业是相对过剩，大部分行业都处于绝对过剩状态，无论是消费品制造业还是能源原材料加工制造业和装备制造业都普遍存在产能过剩。

造成制造业产能过剩的原因是多重的，一是需求结构失衡，长期低消费率、高储蓄率推动高投资，高投资支持制造业的高产能；二是既有财税体制和干部考核机制不合理，刺激了制造业超常规发展；三是地方政府的干预和保护，诱惑各类市场主体过度进入制造业领域，形成制造业过度投资。在以往的国际环境条件下，我国庞大的制造业产能还可通过出口来消化。但是，自全球金融危机之后，国际形势发生了巨大变化，国际经济形势的复苏好转与中国的外需发生了偏离。一方面，发达国家公共需求压缩和私人消费疲软，对中国需求增长乏力；另一方面，比中国还落后的中低收入国家正在向中国学习，以比中国更低廉的成本发展劳动密集型产业，并向发达国家大量出口劳动密集型产品，在全球市场上对中国形成了供给替代。在此情况下，中国面临严重的制造业产能过剩危机。

中国产能过剩最为严重的是低端制造行业。多年来，在各级地方政府直接干预下我们把过多的资源投向制造业进而投向容易发展的领域，使得这些领域投资拥挤，产能疯狂增长。相反，发展难度较大的高附加值、高技术含量、低排放制造业领域资本进入不足，市场空间需要进口来补充。当前和今后，我国遇到的矛盾是，产能过剩行业过多挤占了本应用于发展高端制造业的资源，要化解产能过剩矛盾我们不得不拿出额外资源，这从两方面制约了中国制造业由大变强的进程。

（二）成本全面上升，竞争力明显下降

改革开放以来，中国制造业首先是利用大量低廉劳动力从发展劳动密集型产业起家的。当时，传统农业部门存在着数以亿计的剩余劳动力，对制造业来说社会劳动力供给是无限的，发展劳动密集型制造业具备明显的低成本比较优势。进入20世纪90年代特别是21世纪以后，劳动力绝对数量迅速减少，可供给制造业的劳动力数量不断下降，由此导致制造业劳动力以及社会劳动工资快速上涨。1990年以来，我国城镇就业人员实际工资

增长了 8.39 倍，制造业就业人员实际工资增长了 7.84 倍。分阶段看，城镇就业人员年平均工资增长速度还有加快趋势。在 20 世纪 90 年代，城镇就业人员工资增长了 104.79%，年均增长 6.73%，其中制造业就业人员工资增长了 110.41%，年均增长 7%。进入 21 世纪后，2000 年到 2014 年城镇就业人员实际工资增长了 3.59 倍，年均增长率为 11.5%，其中制造业增长了 3.2 倍，年均增长 10.8%。与此同时，土地、能源、水、原材料以及环境成本也在上升。比如 1990 年以来，我国工业生产者购进价格指数上涨了 129.62%，年均增长 3.68%。

制造业成本的迅速上升直接引起自身市场竞争力的不断下降。据全球商业咨询机构 AlixPartners LLP 发布的一项研究显示，2005 年，在制造业成本竞争力排序方面中国领先，其后是印度、越南、俄罗斯和墨西哥。到 2010 年，全球经过洗牌，墨西哥成为成本最低的地区，其后是越南、印度、俄罗斯，最后是中国。我国制造业产出是靠大量劳动投入和高物耗获得的，产出效率也不高。从中间投入贡献系数看，中国一个单位价值的投入仅能获得 0.56 个单位的新创造价值，只有发达国家平均水平的一半。从产业附加值率看，目前我国工业附加值率仅为 22.3%，而美国为 49%，日本为 48%，德国为 37%。更令人担忧的是，2010 年以来由于工业成本上升过快，还使我国工业成本利润率出现下降。全国规模以上工业企业成本利润率曾从 2000 年的 5.56% 提高到 2010 年的 8.31%，但在 2011 年下降到 7.71%，2012 年又降至 7.11%，2014 年继续降至 6.4%。特别是进入 2011 年以后，我国工业企业成本继续快速上升，而工业品出厂价格连续 40 多个月下跌。2011 年至 2014 年工业品出厂价格指数分别为 106、98.3、98.1 和 98.1。成本上升产品价格下降导致了企业利润率下滑，2011 年至 2014 年工业企业主营业务收入利润率分别为 7.3%、6.7%、6.1% 和 5.9%，连续 4 年呈下滑趋势。

（三）原发创新能力和科技支撑力不强

多年来，虽然我国制造业科技进步取得了显著成就，但不可否认的是，同发达国家相比我国制造业在技术创新方面还有很大差距。从技术创新层面讲，目前在世界制造业领域，美国是"大脑"，德国、日本是"心脏"，中国仅仅是"肢体"，我们既缺"脑"也缺"心"。长期以来，我国制造业主要依靠技术引进，通过再创新和集成创新等推动产业或企业技术进步，原始创新能力不强，主要表现在以下几个方面。

第一，研发投入强度仍然较低。从2000年以来，我国研究与试验发展经费已经由896亿元增加到2014年的13312亿元，占GDP的比重也由0.9%提高到2.09%。即使如此，我国研发经费投入占GDP的比重与发达国家仍有较大差距。目前，美国、日本、韩国、德国等国家的研发经费投入占比分别是2.79%、3.45%、3.36%、2.82%。我国研发经费投入占比分别只是美国、日本、韩国、德国的74.9%、60.6%、62.2%、74.1%。

第二，人才匮乏。我国人才短缺既是结构性的也是系统性的。首先是高端、专业、关键性人才奇缺。目前，我国拥有3000万名科技工作者，而高端管理和科技工作者占比却很低。我国每万人劳动力中研发人员数量仅相当于日本的1/7，德国、法国、英国的1/6、韩国的1/5。2012年，全国有硕士学位的研究与试验发展人员中只有38.6%的人在企业工作，博士人员中只有13.6%的人在企业工作，这些比例与发达国家差距甚大。美国在企业工作的博士人数占比超过35%，而我国的博士绝大多数留在院校和科研机构。我国人才短缺还表现在技术工人无论是数量还是技能素质都无法满足制造业转型升级的需要。目前，我国城镇企业1.4亿名职工中有技术工人7000万人，其中初级技工所占比例为60%，中级技工比例为35%，高级技工比例仅为5%。而在发达国家高级技工占技术工人的比例通常要超过35%，中级技工占50%左右，初级技工占15%。我国高级技工比例和中级技工比例明显偏低，初级技工比例明显偏高。

第三，关键、核心技术储备严重不足。美国、日本等发达国家在长期的技术创新活动中积累了大量的技术和专利，形成了强大的"专利池"。据统计，1986—2010年，美国累计授权发明专利高达327.9万件，而我国截至2012年年底发明专利累计授权量仅为111.1万件，为美国的1/3。2013年、2014年我国发明专利申请授权量大幅度上升，但和发达国家相比发明专利质量有待提高。目前，发达国家在光学、运输、音像技术、医药技术、半导体、发动机等关键技术领域的发明专利授权仍保持优势。比如，我国已成为全球汽车产量和销量第一大国，但空调、电动转向、电子制动、悬挂系统、发动机控制等核心零部件，全都掌握在美国、日本等发达国家企业手里。同发达国家比，我国的专利转化率也非常低，目前我国专利转化率不足10%，远低于发达国家70%~80%的比重。我国的科技成果转化指数也处于最低水平。以2008年数据为例，美国的成果转化指数为100，瑞典、法国、日本和英国分别为77、59、40和40，而我国仅为1.6，略高于韩国1990年的水平。

第四，基础机械、关键零部件和基础配套能力薄弱。多年来，由于对共性技术研究和关键零部件研发重视不够，我国制造业基础机械、基础元器件和关键零部件的供应能力不足，成为各类主机和重大技术装备发展的制约因素。比如，在机床、发动机、仪器仪表等基础机械产品领域，国内企业每年大量生产和出口中低档发动机、机床、中小型集成电路，同时每年大量进口高档数控机床、大型集成电路、先进发动机、关键零部件和高端原材料。目前，我国95%的高档数控系统、80%的芯片、几乎全部高档液压件、密封件和高端发动机都要依靠进口。又如，我国工业机器人所用的精密减速器、控制器、伺服系统及高性能驱动器等核心零部件大部分依赖进口。我国每年生产13000万千瓦发电机组（发电设备），但发电设备所用的耐高温、高压管材需要大量进口；超临界、超超临界机组的耐高温、高压的优质管材、板材也需要进口。还有，我国急需的航空发动机主轴承，属于高端精密件制造，是我国的"短板"，西方发达国家根本不单卖给中国，要么卖整机，要么拒绝卖出。简言之，核心制造是根本买不回来的，只能走原始自主创新之路。

研究与试验发展投入强度低、人才匮乏、关键核心技术储备不足、基础技术配套能力弱等一系列问题的形成，既与我们过度追求快速增长的方式选择有关，更与我们不完善的市场制度和缺乏创新激励的政策安排直接相关。

（四）发展方式粗放，缺乏可持续性

40多年来，我国制造业虽然实现了高速发展，但过度依赖低成本、高投入也带来了严重的结构性矛盾和资源环境问题。结果就是社会资本过度进入制造业领域，造成制造业无序扩张和粗放式发展，过度消耗资源能源，生态环境破坏严重，产业可持续发展能力差。我国土地、水、林木、矿石、能源资源都十分稀缺，木材、煤炭、矿石、石油等能源资源供求缺口在日益扩大，每年都不得已进口大量资源。目前，我国每生产一单位工业增加值或GDP，所消耗的能源和原材料要比发达国家高得多。比如，我国生产每万元GDP能耗是美国的1.43倍、日本的1.92倍、德国的2.2倍、英国的2.49倍，钢材消耗是美国的7倍、日本的3.1倍。2012年，我国GDP占世界总量的11.4%，但却消耗了全球23%的能源、11.7%的石油、30%的煤炭、25%的钢铁、40%的水泥。2013年，我国全社会能源消费41.69亿吨标准煤，其中工业消费约占69.83%。除了巨量能源资源消耗之外，还给我国生态环境中排放了大量污染。2013年全国二氧化碳、氮氧化物、烟尘排放总量分别达到2043.92万吨、2227.36万吨、1278.14万吨。由于污染物超量超标排放，使得我国的土地、水、大气环境遭到严重破坏。按照《环境空气质量标准》（GB3095—2012）进行评价，目前我国地级以上达标城市仅占40.9%，环保重点城市达标比例仅为23.9%。2013年以来，中东部地区出现了持续大范围的雾霾天气，雾霾面积达130多万平方公里，多个城市PM2.5指数爆表，6亿人口受到了影响。

环境变差不但需要社会拿出较多的资源去治理，而且也降低了高端制造企业和人才的吸引力。在一个环境质量很差的地区，制造业有可能会做大，但绝不会变强。

三、世界制造业发展趋势及中国的选择

当前，世界正在掀起新一轮技术革命浪潮。本轮技术革命以信息技术、生物技术、新材料技术和新能源技术为核心。这四大技术在创新应用过程中不断交叉融合，并以渐进、渗透方式改变着我们的世界，给世界制造业带来了深刻影响。制造业在生产方式上正向着智能化、可视化和个性化方向不断前行，支持高度灵活的个性化产品和服务定制；在发展理念上正走向绿色化和服务可持续化，改变新价值的创造过程和分享模式；在产业组织上将突破原有的产业链分工模式，从资源驱动转为信息驱动，创造新的技术领域和合作形式；在商业模式上会更加多样化，支持多主体间协同甚至融合发展，顺应社会环境和生活的多元化特征。以近年来进展迅速的3D打印为例，它充分体现了新一轮技术革命的效果，用新的"增材"制造技术替代了传统的"减材"制造技术，从根本上改变了产品生产和制造的工艺路线。新一轮技术革命浪潮为世界各国带来了难得的发展机遇，哪个国家起步早，战略实施得当，就将获得新的经济增长。为了在本轮技术革命浪潮中抢得先机，世界各大经济体纷纷实施新的发展战略。德国推出"工业4.0"，美国提出"先进制造业伙伴计划"，日本推行"新成长战略"，韩国实行"制造业革新3.0"战略，法国实施"新工业法国"计划，英国发布"英国制造2050"，随后印度也有针对性地提出了"季风计划"等。

当前国际经济形势仍处在波动状态。在此背景下，世界发达国家正在以新的比较优势吸引高端制造业回流，这给我国产业发展迈向中高端带来"高压效应"。与此同时，中低收入国家也在利用其低成本优势激

烈争夺中低端制造业向本国转移，这又对我国在中低端制造业领域形成"挤出效应"。面对高端高压和低端挤出形成的双重作用，中国必须利用好新一轮科技革命和世界产业变革给我们带来的"机会窗口期"，寻找新的突破口。

从中国国内看，当前面对的这个窗口期，恰逢我们步入了改革深水区，亟待推进经济结构转型、产业结构调整的关键时期。外部窗口期与内部关键期相遇交汇，中国制造业的转型升级机不可失，且刻不容缓。我国要利用好有限的机会，在更大空间中运筹、用更多手段推动制造业的转型升级。2015年，我国人均GDP达到7924美元，按照世界银行划分标准，我国已跨入世界中上等收入国家行列第6个年头。根据国际经验，此时制造业结构转型是一个经济体步入高收入的发达国家的关键所在。制造业结构成功转型，意味着制造业在GDP中的比例不断降低，同时制造业结构中的低端制造部分被压缩、淘汰，中高端制造业比重不断提升，高加工度、高技术含量、高附加值制造成为经济增长中的主导产业。最终，使中国制造业的整体技术水平和生产效率获得明显提高，国际竞争力大大增强。当前和今后一个时期，我国一定要面对挑战与问题，把握上述制造业发展的趋势，选择适合本国产业发展的战略思路，推动制造业进一步转型升级。

为了抓住新一轮科技革命和世界产业变革的战略机遇，将中国制造业由大变强，国务院于2015年5月19日正式颁布了《中国制造2025》，提出了实施制造强国战略的第一个10年行动纲领。《中国制造2025》明确提出了建设制造强国的"三步走"战略，即以10年为一个阶段，通过"三步走"实现制造强国的建设目标。具体内容是：第一阶段，到2025年，综合指数接近德国、日本实现工业化时的制造强国水平，基本实现工业化，中国制造业迈入制造强国行列，进入世界制造业强国第二方阵。第二阶段，到2035年，综合指数达到世界制造业强国第二方阵前列国家的水平，成为名副其实的制造强国。第三阶段，到 2045 年，乃至新中国成立 100 年时，综合指数略高于第二方阵国家的水平，进入世界制造业强国第一方阵，成为具有全球引领影响力的制造强国。《中国制造 2025》还对"三步走"的第一个 10 年战略任务和重点进行了具体部署，围绕制造业转型升级、提质增效，提出了九大战略任务和一些重要的政策举措。

未来我国制造业由大变强的基本思路，一是紧紧抓住世界新一轮科技革命的战略契机，以原始创新、集成创新和引进吸收再创新为动力，以智能制造为主攻方向，运用先进技术、先进工艺路线、先进管理方式，大幅度提升中国制造的内在质量。二是改资源驱动为信息和需求驱动，以国内和国际两大市场的需求为平台，实现关键领域、重要环节和重点行业的创新突破，果断淘汰低端制造，积极发展中高端制造，扶持战略性新兴产业，促进制造业在全球价值链中由低端向中高端跃升，从根本上转变中国制造的外在形象。三是推进消费品制造业、能源原材料加工制造业和装备制造业产品结构调整和产业结构转型，构建起具有技术先进性、知识密集型、高附加值、低碳环保的现代制造业体系，极大增强中国制造持久、平衡发展的可持续性。最终，实现中国制造向中国创造转变、中国产品向中国品牌转变的目标，实现中国制造由大变强的历史性跨越。

四、中国制造由大变强的对策

好的战略思路需要有可行的对策。我国要推进制造业转型升级由大变强，必须立足中国的环境和制造业的发展基础，直面其挑战和机遇，在创新能力提升、传统产业改造、产业政策引导、人才队伍建设、投资策略调整、改革进程推进等方面，采取积极而有效的对策。

(一)努力提高中国制造业的创新能力

目前,世界制造业可排列三个方阵,第一方阵是美国,第二方阵是德国和日本,第三方阵是英国、法国、俄罗斯、韩国和中国。与处于世界制造业前列的国家相比,我国原始创新和自主创新能力薄弱。今后,要采取综合举措提升我国的创新能力,争取用20年时间使我国制造业发展水平达到第二方阵。

第一,要继续加大研究与试验发展的投入强度。科技创新需要长期不懈的投入。建议进一步加大政府在研究与试验发展中的投入比重,可以建立高端制造产业引导基金,用于引导企业发展关键和核心技术,包括基础机械、关键零部件和基础配套设备等方面的研发设计、推广应用。此外,还可采取税前抵扣的政策,鼓励和支持企业增加研究与试验发展的投入强度,让企业成为科技创新投入主体。

第二,加强核心技术研发,瞄准新一代信息技术、高端装备、新材料、生物技术、智能制造等重大领域部署创新。集聚国内一流科研力量,筹集必要的技术、资金、设施资源,围绕目前我国亟须的关键、核心技术以及共性技术,组成若干个制造业技术重大专项,争取在新一代信息技术产业、高档数控机床和机器人、航空航天装备和无人机、海洋工程装备及高技术船舶、先进轨道交通装备、节能与新能源汽车、电力装备、农机装备、新材料、生物医药及高性能医疗器械等方面先行取得重点突破。

第三,围绕《中国制造2025》大力推动的10个重点领域,支持设立增强制造业核心竞争力工程包,强化对关键、核心技术以及共性技术的推广应用。今后,我国制造业要不断提高科技成果转化率,要以产业链为基础,组成若干个工程包,合力推进。要深化产学研合作,从财政补贴、税收优惠、政府采购、市场准入等方面,推进科技成果有效转换。

第四,引导企业创新。要不断完善引导企业创新的机制和政策,大幅度提高政府对企业创新的政策支持力度,支持企业建立研发机构,引导鼓励企业增加创新投入。可根据产业调整和新兴产业发展需要，在全国选择一批产业技术创新联盟和产业共性技术研发基地，培育一批创新型企业。要完善企业研发费用税前加计扣除政策，允许并支持企业按销售收入一定比例提取科技创新风险基金、新产品试制准备金、技术革新基金、人才培育或引进基金等，允许这类基金或准备金税前扣除，实行专款专用。

第五，完善科技创新服务体系。积极支持研发设计服务、知识产权服务、科技成果检测、中介咨询等科技服务机构的发展，为实现创新技术成果的扩散、转移、推广营造良好的外部环境。

（二）用智能、绿色制造加快传统产业改造升级

当前，我国正处于产业结构加快转型期，低端制造、落后产能要么被替代，要么被转移，这将是一种必然趋势。但是，要特别注意的是在大量低端落后产能被淘汰或转移过程中，如果不能及时对未被淘汰转移或将被淘汰转移的传统产业进行改造升级，中国经济增长将面临大滑坡。这是因为低端制造、落后产能淘汰转移是快变量，传统产业升级和新兴产业成长是慢变量。当慢变量在短期内无法迅速填补"去产能化"遗留下来的增长缺口时，制造业将会出现"空心化"。因此，在做好减法，即"去产能化"的同时，一定要做好加法，加快对传统制造业的改造升级步伐，积极推进新兴产业发展，以避免制造业在转型过程中出现"空心化"。对传统制造业改造，一定要走中高端化、细分化、智能化和低碳化发展路线；要充分利用现代技术改造工艺路线和生产流程，更新机械设备，引进先进管理，延长产业价值链条，促进制造业朝着价值链的上游发展；要从以往追求规模扩张转向质量提升，鼓励企业全身心地投入高附加值、高技术含量、低排放制造的活动中。

对于消费品制造业，为了适应城乡居民收入水平提高和消费结构演变，可以适当降低低档产品生产量和生产比重，不断提高中高档产品产量和生产比重。以服装业为例，目前我国每年生产服装270多亿件，大多是低技

术含量、低附加值产品，不但国内不能完全消费，就是出口也遇到了与发展中国家的激烈竞争，价格不断下降，成本持续上升，利润空间变小。相反，每年我国却大量进口高技术含量、高附加值的服装。显然，我国应该在淘汰或转移一批低端、低附加值服装生产能力的同时，发展一批中高端服装企业。再如，东莞的玩具企业一直存在劳动密集程度高、附加值低和品牌缺乏等软肋，出口量大但利润率很低，在国内也只能占据低端市场。面对近年来的经济下滑，没有研发能力的低端产品制造企业很快被淘汰，而那些顺应玩具智能化趋势、果断进行产业链升级、积极进行智能玩具研发和制造的企业，用自身实力换取了市场的话语权，成功地实现了企业转型。

对于能源原材料加工制造业，今后的改造方向是，压缩能源原材料粗加工的生产能力，降低其比重，提高精加工和高加工的生产能力，着力发展一批为精密加工制造配套的原材料。同时，要大力发展新材料制造产业，实施一批工程，支持一批创新型企业，鼓励发展电子信息材料、生物材料、新能源材料、纳米材料、超导材料、新型化工材料、新型有色金属合金材料、高性能复合材料、新型建筑材料、低碳包装材料加工等。

对于装备制造业，要集中力量发展基础制造装备，以智能化为重点，大力推进高档数控机床、中高端发动机、集成电路芯片、关键制造设备、自动化成套生产线、精密和智能仪器仪表、关键基础零部件、元器件以及通用零部件的发展。在航空装备方面，发展大飞机的重点是要突破发动机超高速、超高压、超高温三大技术难题，尽快研制并生产出我们自己的大飞机发动机，制造装有"中国心"（发动机）的航空飞机。在交通运输设备制造方面，要发挥高铁、轻轨方面的优势，围绕高速、快捷、安全，重点发展整车制造、列车运行控制系统、系统集成和核心制造技术，提升关键零部件制造水平，打造具有国际竞争优势的现代轨道交通装备产业集群。在海洋工程装备制造方面，以海洋矿产资源装备制造为重点，围绕勘探、开发、生产、加工、储运以及海上作业环节需要，发展大型水下系统和作业设备等关键海洋工程装备，掌握关键核心技术，形成较强的总承包能力和专业分包能力。在通用设备制造方面，要以推动中高端装备应用为方向，以产品制造过程智能化、精密化、低碳化为目标，通过有效的政策支持，鼓励对食品制造、纺织服装、能源化工、医药制造、金属制品、汽车制造、普通以及专用机械设备制造、电气机械及器材制造、电子及通信设备制造等领域进行全面系统的现代化改造，以提升我国制造业的核心竞争力。

（三）创造有利于由大变强的产业政策环境

在新的发展阶段，制造业由大变强，一方面需要营造良好的市场环境，充分发挥市场在资源配置中的决定性作用，促进制造业产品结构调整和产业结构转型；另一方面也需要政府发挥积极作用，在完善相关法律法规、维护市场秩序、制定行业技术标准、支持重大装备制造和关键基础性以及共性零部件制造等方面，起到监管、引导、支持等作用。一是进一步完善相关法律法规和行业技术标准。我国的制造业是依靠国际和国内两个市场、两种资源发展起来的，因此，我国有关制造业发展的相关法律法规和行业技术标准必须参照国际通行做法来制定。特别是在制造业标准化方面，应提高国家标准、行业标准和企业标准等级，完善我国制造业标准体系，为我国制造业产品升级、深度参与国际市场竞争创造条件。二是完善制造业的支持政策。根据制造业结构转型和升级发展的需要，要调整和完善制造业发展的支持政策，从过去的以管为主转向以服务为主，进一步减少甚至取消政府对企业的直接干预，比如，行政审批、收取各种杂费和赞助、摊派各种达标比赛活动等，在企业注册、建厂、研发设计、品牌、产权保护、采购、营销、生产、进出口等方面，制定有针对性和实效性的措施，从各方面提供诱致性、便利化的服务政策，引导企业调整制造业结构，推进制造业由大变强。

(四)为由大变强提供人力资本支撑

我国制造业由大变强的关键是技术创新,而技术创新的关键是人才,人才是现代制造业的核心竞争力。一是加快教育和科研体制改革,培养一批高端人才。鼓励产教结合、产学研结合,为高端制造和战略性新兴产业发展培养高级人才,高等院校或科研机构要结合企业实际需要,加大工程类博士专业学位研究生的培养力度,这类人才培养过程,要引导企业积极参与,教学课程设置、实践训练、学位论文(设计)等要与企业进行实质性对接。同时,要利用每年国家实施的科技重大专项、重大科技成果示范推广工程,培养一批高端专业人才。二是改革收入分配制度,优化人才发展环境,引导高端人才向企业流动。建立国家人才专项基金,完善股权激励、技术入股、收益奖励以及社保、配偶就业、子女上学、住房等方面的优惠政策,吸引海外高端人才来中国发展,并以同等优惠政策鼓励支持国内高等院校或科研院所的高级人才向企业一线流动。三是加强职业教育和企业职工技能培训,不断提高制造业的员工素质。要加大制造业职业教育的投入,建立职业教育培训发展基金,完善技能培训补贴管理办法,健全职业教育和技能培训体系,开展网络化、开放式、自主型的职业教育和技能培训,增强职业教育和技能培训的针对性;同时,在全国或在不同区域开展各种形式的技能比赛活动,倡导技能竞争、质量为上的精神。

(五)着眼全球价值链调整贸易和投资策略

要适应国际经济格局调整和国内制造业由大变强的需要。一是积极促进我国对外贸易和投资战略转型,扎实推进"一带一路"倡议的实施工作。要利用我国外汇储备充裕和资本充足的优势,在沿线国家或地区开展基础设施建设合作、产能合作、服务贸易合作等,积极输出我国的高铁、电子商务以及金融服务等项目,并以此带动中高端制造业的出口。二是深化对外开放,在外商投资负面清单、商事登记、进出口业务便利化以及"走出去"等制度安排上,继续同国际规则接轨,从体制上创建高尺度的互惠开放市场,为制造业"走出去"和"引进来"创造良好的环境。比如,降低高端制造业产品(包括服务产品和技术设备)的进出口关税,完善出口退税制度,简化商事登记手续,建立健全涉及制造业乃至整个服务贸易的融资、信保、通关、结售汇等管理制度,清理整顿进出口环节各种不合理收费项目,制定外商投资负面清单,扩大企业境外投资自主权,允许开展个人境外投资,积极推进人民币国际化等。三是逐渐减少低端制造业产品的出口,主动将国内一部分低端制造业产能转移到中低收入国家。与此同时,促进加工贸易企业培育新的优势;同时,吸引跨国公司将处于价值链高端的设计、核心制造、营销和咨询服务等环节转移到中国来,推动我国贸易结构调整转型。四是培育本土跨国公司,不断提高我国在全球制造业价值链的分工地位。世界制造业的竞争在某种程度上是跨国公司的竞争,在对全球资源开发和经济市场的控制力上,我国还没有真正意义上的跨国公司,目前进入世界500强的国内企业大多是内向型和国有企业。今后必须遵照党的十八届三中全会提出的构建开放型经济新体制、加快培育参与和引领国际经济合作竞争新优势的要求,从财税、金融、投资贸易便利化等方面推进国内制造业企业到境外发展,支持它们在全球范围配置生产技术资源要素,建立自己的全球产业分工体系、研发创新体系和营销体系,不断提高制造业国际市场竞争力,实现中国制造由大变强。

(六)加快推进体制机制改革

中国制造要由大变强是一项庞大的系统工程,涉及我国现有体制的方方面面,必须下大决心改革那些僵化、过时的传统体制机制。第一,政府要进一步向社会、向企业放权让利,简化审批程序,减税免费,实现从统管到服务转变。第二,强力推动国有企业改革,坚决从管人、管事、管一切向管资本转变;同时,一定要解决国有企业过度进入竞争性制造业领域的问题,因为这不但挤压了民间资本的发展空间,而且还不利于社会创业创新。从实践经验看,民营企业的创新动力更强,今后国有企业应结合体制改革退出竞争性领域,为民营企业发展腾挪空间。第三,破除行业垄断,降低民间资本进入门槛,取消一切对民营企业不合理、不公平的限制。第四,彻底改革我国的科技创新推广体制,从更加适应中国制造强国战略的角度,推进技术创新管理、项目经费分配使用、成果评价与转化应用、知识产权保护等方面的改革,重构能体现激励的创新体系。第五,要积极推进生产要素价格市场化改革、节能减排制度改革、企业税费制度改革等。

(作者系国家发改委宏观经济院研究员、原副院长)

制造业强国三大基础要素：新型信息技术、新材料和技术创新体系

干 勇

中国是新兴工业体，制造业体量大，根据联合国工业发展组织数据，2015年中国制造业增加值为22.62万亿元，占GDP的33%，工业竞争力位居世界第5位。改革开放以来，中国制造业已建立起门类齐全、独立完整的制造体系，成为支撑我国经济社会发展和促进世界经济发展的重要力量。

"中国制造2025"是中国制造业的强国战略，是由中国工程院和工信部在国家层面共同发布的方针战略，我们要坚持创新驱动、智能转型、强化基础、绿色发展，用网络化、数字化、智能化抢占重要领域的先机。

中国制造业强国战略分三个阶段，第一阶段是到2025年基本进入第二方阵，2035年从这个方阵出来，到2050年与美国可以并驾齐驱。"中国制造2025"的九大任务、十大重点领域和五项重大工程包含着三大基础要素——新型信息技术、新材料和技术创新体系。

一、新型信息技术

我们在五个领域——网络与通信、先进计算、虚拟现实与数字媒体、信息安全、微电子与光电子进行统计发现，在和国际比较领跑、并跑、跟

跑所占的比例中，在微电子与光电子领域，我们领跑的只有5%，将近70%是跟在人家后面跑，而且差距很大。

集成电路包括设计、制造、封装等环节，受到重大装备和关键材料的限制，差距比较大。（1）芯片：芯片虽小，却是"国之重器"，装备制造的芯片相当于人的心脏，无疑是非常重要的。我们每个月需要300毫米的大硅片，需求量很快将达到100万片，但不管是国内还是国外的生产厂家，只有20万片左右的月生产量，所以，我们每个月的缺口在80万片。1万片投资将近10亿美元，这不光是投资问题，还包括了大量的技术问题。特别是中兴通信事件，暴露出我们核心芯片大量依赖进口的缺点。核心技术不在我们手里，而且差了1.5代到2代，中低端芯片对外依存度达到80%，高端芯片对外依存度超过90%。（2）CPU：2017年我国服务器销售了255万台，但是服务器98%都是英特尔的x86的CPU指令集的服务器。尽管曙光、华为、联想及浪潮等国产厂商占据了主要的整机份额，但是材料成本的85%以上都来自国外供应商，技术受制于人。在PC行业，虽然我们早就实现了国产化，但是一些高端技术元器件，包括高端电容电感等国产化率依旧很低。现在CPU在国内差距很大，至少是两代以上。仅飞腾用了ARM指令集，国产CPU生态环境在英特尔的压力下十分艰难。（3）内存：内存颗粒主要被韩国、美国垄断，硬盘行业也被国外垄断。集成电路材料和器件，所有的半绝缘碳化硅衬底、导电衬底及外延片是0，主要从美国进口。MEMS器件玻璃粉封装，自给率为0%，电子信息功能陶瓷材料自给率也是0%，都是由国外进口。高性能氮化物陶瓷粉底及基板自给率也是0%，光刻胶自给率只有5%，高纯石英玻璃及制品、探测用的人工晶体主要来自国外。

新一代信息技术产业需要重点补充短板的材料一大堆，特别是193纳米光刻胶完全空白。我们制定了硅及硅基半导体材料到2025年的重点发展目标，300毫米硅片产品由14nm提升到7nm等，特别是在新型半导体材料上，我们希望换道超车，如开发三维 RRAM 器件材料体系与结构单元，或包括 1G 到 5G 更高容量的磁性随机存储芯片等。

光电子器件。主要面向宽带光纤通信网络、物联网、数据中心、无人驾驶等领域，但是，硅基光电子集成芯片技术、混合光电子的集成技术，包括微波与光波的技术非常重要，成为我们当前的掣肘技术。我们在 10 个 GP 以上速率的光电子器件国产化几乎为零，光电子器件研发中心技术高、更迭迭代快，所以需要长期积累。中兴在光传输、数据通信和宽带接入等信息通信系统，光光交换、光复用收发器件与模块，从美国采购的光电子芯片与器件每年总金额达到 31 亿美元，占总采购额的 53%。

光电子器件和集成是我们通信 5G 发展的关键。建立标准化的集成工艺标准，光交换和光互连的核心芯片集成技术已进行重点突破。我们必须在超 100G 光传输技术上大踏步前进，这里光电子和微电子的融合支撑产业升级和高质量的发展是我们要选择的一条道路。比如说，氮化物半导体是唯一覆盖红外到紫外波场范围的半导体系，包括 Micro-LED 新型显示技术。另外发展宽带并结合新型网络优势。我们移动通信、新一代网络，特别是第五代通信网络在超高速、大容量、智能光传输和光交换方面一定要达到国际的高端水平。我们的光带通信和信息网络延伸了无线联通设计技术，大规模的天线配置等，在网络化系统，去蜂窝化、个性化和云化方面也取得了比较大的突破。

在移动互联网方面我们是很强大的，但是我们应该在网络功能虚拟化、智能化、平台通用化方面，在移动互联网体系构架、基础芯片、软件方面取得突破。自主可控的互联网关键技术非常重要，习近平总书记强调高端服务器和处理器必须自主可控，要求保证我们的网络安全，特别利用我们的物联网、大数据、智慧城市、人工智能的优势，要大力研究自主可控的互联网关键技术，要真实可信、信息安全、访问授权、攻击预防、事后追溯、容器网络、分级控制。所以，要发展云计算与大数据的优势，这是我们重要的中心任务。

发展物联网及智慧城市,这是中国人的优势,我们在数百个城市开展智慧城市的建设,包括大规模的视频监控和智能传感。网络协同制造,新一代人工智能中大数据智能整体框架,三元空间的大数据,都要开始进行。大数据智能的计算范式,从数据到知识的决策。基于大数据的人工智能、群体智能的理论方法与技术,跨媒体智能,混合增强智能,智能无人系统,无人机、车联网等,这是我们的信息技术,这是一个基础支撑。

二、新材料

这次中美经贸摩擦,封锁中兴通信除了元器件之外关键是材料,高端材料是重大工程成功的保障,突破封锁和高质量发展需要强大的新材料支撑。我们了解到,2030年我们需要的一些重要材料情况:大尺寸的硅片每年要达到40亿平方英寸,第三代半导体先进半导体抛光光片要达到7.5亿片,三代半导体材料外延芯片需要6亿平方英寸,特别是显示面板每年3.5亿平方米,包括现在我们有14条8.5代一级面板和10代最高级的面板,但是还需要大量新型的显示技术。

另外,发展航空大飞机需要高温合金材料,我们的燃煤装机容量将近8亿千瓦,现在600摄氏度超临界的改造只有2亿千瓦,我们还有大量的改造任务,需要大量的耐热合金和耐热钢,包括高端轴承、齿轮、液压、模具,包括海洋的各种耐蚀合金,深海开采,包括海水淡化的膜材料,特种塑料在现代制造业核心元器件的应用非常重要。

我们用的新材料很多,基础支撑变成13类,我们选择其中几类作为国家重大科技项目。一是高端装备的特种合金,在海洋装备、高铁、飞机和高档汽车的重大装备里,比如发电,如果我们的蒸汽温度达到600~700摄氏度,每度电的煤耗将从330克标煤降到210克,我国每年40亿吨煤一半以上用于发电，每度电降 1 克标煤，节能效果就非常好。必须把 700 摄氏度的耐蚀合金、耐热合金技术攻克下来。中国虽然晚了 20 年，但是现在我们在汽轮机大型船只方面走在了全世界的前面，包括压水碓核电站的核能材料、深海油气的采钻材料，1400 米以下很多材料高端空白、低端不能用，连标准都没有。高磁感能源硅钢，非晶合金，在非金材料上已经有 24 条线，把日本日立挤出了中国，非晶合金每秒钟要冷却 100 万度，金属玻璃，每公斤只有 0.16 瓦的铁水，在配电变压器里可以降低损耗 70% 以上，是非常好的节能材料。

航空发动机代表一个国家的工业水平，航空发动机的难度难在材料和高温合金上，新一代的涡轮盘制备技术使我们国家的高温合金性能得到提高。先进的钛合金材料、镁合金、铝合金的应用将使我们大大节能，而且获得更高的性能。钛合金是一种最好的海洋材料和航空航天材料，性能优良，中国的钛储量全世界第一，我们也开发了很多钛合金，全国只用了 5 万吨，徘徊了近 15 年。镁合金，重量很轻，如果应用在汽车上，可以大量减重。特别是应用在飞机上，如果用镁合金代替铝合金可以使飞机的减重达到数吨以上，镁合金有一个缺点是高温自燃，但是中国已经解决了这个问题，上海交通大学在镁合金里加入重离子系统，这是中国特有的。

铝加温技术大断面的复杂铝合金型材，中国在技术上取得全面突破，新一代飞机大型整体式结构件，在铝合金上得到提升。先进的轻合金将是重大的中国高端装备应用的高端材料。新型高分子材料还包括高性能碳纤维，碳纤维的应用是对结构材料的革命。美国波音 787 飞机，52% 是碳纤维，大大减重，材料性能高、耐腐蚀、安全，所以交通、海洋、建筑工程、能源战略新材料需要的碳纤维量将会很大。但是，现在我们只有 2 万多吨碳纤维产能，反而过剩，全行业处于亏损边缘。

稀土的作用。稀土功能材料大量应用于很多领域，特别是国防领域。爱国者导航之所以能精准拦截，得益于稀土功能材料的应用，"猛禽"战斗机能够实现超音速的巡航功能，依赖于强大的稀土永磁发动机。精制导武器和武器平台的惯性导航与制导需要稀土功能材料，高静安潜艇需要用稀土永磁电驱动动力系统。雷达、微波通信、电子战系统需要永磁行波管、磁控管。卫星、飞船姿态轨道调控和空间探测推进器要利用稀土功能材料。先进战机用的多电发动机要用高温永磁体大功率内置式启动发动机。所以，在整个新能源、机器人数控机床领域，稀土功能材料大量应用，汽车上利用了100多种稀土功能材料，催化、除清、发光、永磁。而且稀土永磁的伺服小型电机成了关键，机器人面部的一个表情需要24个小型的稀土永磁伺服电机，而数控机床也需要大量的永磁伺服电机。

我们看看这些年工业技术创新的方向，第一是动力体系，第二是电气化，第三是液压体系，第四是光功能。我们认为下一个创新热点将是磁。永磁产业升级，永磁发动机、永磁齿轮、永磁轴承、永磁悬浮将会发展起来，将会成为新型节能磁动力系统。市场巨大，这是一个新型的万亿元产业。永磁调速体系已经变了，不用传统的减速体系。在30层楼，如果电梯出现故障坠到地面，在导轨上加上永磁，杯里的水都不会荡出一滴来，非常稳定，可以永保安全。永磁齿轮，加上齿轮以后没有磨损，不需要润滑，寿命大大延长。它可以带来庞大的产业集群，应该列入国家重大专项。微电子、光电子材料，新型显示第三代半导体，包括印刷与激光显示是第三代显示技术，中国必须突破，我国印刷显示材料已经走在全世界前列。在激光显示方面，我们有蓝光、红光半导体，所以激光显示和印刷显示将是下一阶段所要攻克的显示技术。

大功率激光材料与器件，包括新型激光材料与器件不断问世。高端光电子、微电子和国外差距巨大，但是在第三代半导体上，我国和国外在发展上仅差3~5年的时间，特别是LED、光电器件，有的地方我国领先国际。大力发展三代半导体特别是在光电器件、功率器件和通信微波器件上将起到巨大作用。

3D 打印金属粉末的各种材料体系也正在进行完善。新一代生物医药材料包括材料基因组工程，主要是智能化设计新材料。基本概念是降低研发成本，新材料研究周期长、投入大，要将研发周期缩短一半，降低成本，利用高通量的计算方法、高通量的试验方法、材料大数据的技术来设计新一代的新材料。

关于绿色能源材料，我们这里不讲动力电磁，就讲氢能。部分发达国家计划 2040 年到 2050 年实现氢能社会。中国工程院院士徐匡迪 10 年前认为，21 世纪中国将进入氢能时代。氢能是可再生、高能、高效的能量载体，存储转换非常自如。应该说，氢能源是非常理想的清洁能源，但属于二次能源，关键是要降低成本，而且技术路径要重新设定。氢能源将成为传统能源的核心，有助于实现规模化的愿景，打造一流的清洁能源供应商。整条产业链已经显现。产业化途径、模式、方向，包括商业模式都已经形成，可再生能源制氢也好，煤制氢也好，各种制备出来的散氢都要集中起来，这是一条大的产业链。发展氢能源产业是能源结构调整和产业结构转型的必由之路，人类必须朝着这条路走。现在利用氢能，人类社会的生产发展方式可以发生一个很大的变革。如果我们用电和氢来做储能的载体，这将是一种投资成本低、环境适应性强的方式，将推动燃料电池汽车、分布式发电、热电联供和无人机等领域都使用氢能源，氢动力也将成为一个主动力。当前，全世界都开始注意到氢能的发展，氢能源成了国家能源战略的重要组成部分，而且燃料电池技术趋于成熟，步入了商业模式创新与量产阶段。这要感谢一直致力于燃料电池工程化、产业化的国际企业，它们重视氢能源电池的开发推广应用，电池产品的出货量加速增长，进入商业化阶段，分布式发电也小规模商业化，具有特殊用途的燃料电池早期市场已经形成，这些都显现出了氢能利用的产业链开始壮大。

燃料电池，将是氢能时代的一个重要代表。我国发展燃料电池的基础很好，很早就形成了以大学研究院为主体的格局。当前，我国燃料电池分别开发出了 20 千瓦、50 千瓦、60 千瓦和 110 千瓦的产品，很多技术也日趋成熟。

制氢、储氢、运氢、加氢是一套新的配套系统工程。要改变传统模式，仅配套设施跟进这种发展模式不行，至少必须是同步的，最好是提前布局供氢体系。当前，上海在大范围规划燃料电池的发展，山东在打造 170 平方公里的中国氢谷。我国所有的传统制氢企业都非常强大，以东岳集团为例，它成功地研发了燃料电池膜，这是国内仅有的一家，在国际上占据并列第一的位置。还有潍柴集团投入 500 亿元制造氢能源发动机，中车电动包括电控系统、网络系统、车联网都已经开始布局。目前，山东结合高速服务区的全省加氢站网络已经开始布局，并开始打造中国氢谷，要设立 500 万元的中国氢谷创新发展基金，打造氢能源的运营示范区规划，现在已经开始进行顶层设计。这是一个整体的规划，这样致力于开发氢能源和燃料电池的企业才能健康发展。到 2050 年，我国将会迎接氢能时代的到来，形成 10 万亿元的产业规模，这是毋庸置疑的。煤的最佳应用方式就是变成氢，当然也可以煤制油，但是煤制氢将成为新能源的一出重头戏。我们已经开始筑就制造业强国之梦，在绿色制造中把整个能源结构进行改造。

三、技术创新体系

创新是驱动制造业发展的内生动力，在提高生产效率、升级改造技术装备和完善产业结构方面发挥重要作用。当前，新一代信息技术与制造业深度融合，由工业生产辅助软件到生产、消费等生产流通环节的集成平台，制造业技术创新呈现出多领域技术交叉融合、创新链各环节互相渗透、创新网络协同化与个性泛在化的发展趋势，为工业化中后期我国制造业创新体系建设带来了难得的战略机遇。

互联网可促进信息流动范围、速度、成本发生根本性的改变，一切基于信息不对称的中间价值环节逐步被颠覆或者边缘化。因此，互联网可降低交易成本、促进分工深化和提升劳动生产率。当前，互联网与制造业深度融合，整条制造业价值链，包括研发、设计、生产、销售和服务都将重新定义：一是产品和服务深度融合，很多产品的核心价值已由产品本身转向服务；二是制造企业在互联网作用下呈现网络化生存状态，不仅存在纵向的供应链整合，还存在横向的价值链整合，整体业态呈现网络化生态链整合趋势。制造业技术创新体系随着产业业态变化产生了新的特点。

（一）平台经济体成为技术创新体系的新型主体

互联网使得企业形态逐渐向平台经济体演进。平台经济体是一种由多方主体参与，共同建立、共同运营、共享资源和共享利益的商业生态系统。围绕一个强有力的平台，各参与者可共生共荣。平台随着行业的发展而成为决定行业发展秩序的因素。平台及其生态圈之间的竞争将成为新商业模式的竞争格局。通过平台经济体，创新主体可实现技术获取、技术产业化和产业组织服务等定制化服务。平台经济体在实现盈利的同时也促进技术研发、扩散和产业化进程。

网络协同制造平台是典型的平台经济体。协同制造各参与方采用会员制租用模式进行协作，以大数据作为生产制造决策依据。这种平台利用互联网、大数据等技术手段，为协同制造提供公平、合理的服务，吸引更多的参与者。比如，美国电子数据系统公司建立了应用服务提供商协作平台；中国宝钢集团建立了覆盖贸易、金融、物流、数据和材料的钢铁产业服务平台——欧冶云商。

（二）集成创新不断涌现，制造创新网络化明显

伴随信息技术的指数级快速发展及其与制造业的深度融合，"积木式"集成创新呈爆发式发展。集成创新更加强调研究、开发、调试、制造等环节的并行性，缩短产品研发周期，突出各创新主体的协同性。集成创新并

非将不同成果简单罗列，而是以创新性成果为基础，注重不同主体以及创新系统与外界环境的交互，以不同的方式将各要素（子系统）重新组合，形成具有新功能的新产品。智能手机和特斯拉电动汽车是典型的集成创新案例。以智能手机为例，智能手机本身已成为一个集通信、娱乐等多种功能于一身的电子集成平台，软硬件模块化生产成熟。智能手机的研发和生产一般以一家整机生产商为主，完成工业设计、硬件设计和软件设计，把控手机的市场定位和质量，如苹果公司、三星公司。整机生产商借助上下游产业链资源进行芯片和功能元件的采购。因此，智能手机的创新平台聚集三大主体，即独立的硬件供应商，提供手机芯片、电池等；具有较强研发和集成能力的供应商，组织研发、组装成品；整体设计、系统集成各类软件的制造企业。

（三）无缝开放式创新成为制造业创新体系的动向

无缝开放式创新是指在创新过程中采用全程负责，每个创新阶段无缝对接，迭代开发、循环往复。在研发思路采集阶段，让客户深度参与，在产品研发各阶段用众包方式与客户无缝合作，充分利用客户的认知盈余。在产品创新的初级阶段，做到最为活跃的使用者推动创新，使得产品成为"领先用户"的产品。在这一过程中，网络技术为众包提供技术条件和平台，缩小与用户之间的时间与空间距离，也降低了参与的成本和门槛。

小米手机的研发是典型的无缝开放式创新案例。用户深度参与小米手机的策划、设计、开发、测试和发布。小米公司会邀请发烧级"早期使用者"，这些"使用者"愿意接受不完美的产品和产品缺陷，并提供反馈信息。利用其独特的线上线下寻找、管理、激励领先客户和发烧友的机制，利用高效的互联网平台，实现公司和用户间的信息流通，实现在创新全过程中的迭代开发、循环反复，最终达成无缝开放式的创新模式。

我们发现，美国在新的制造业工业互联网下开始创新，实施制造业的创新网络建设计划,已经建设了9个制造业研究院。德国产学研创新体系非常完善,为基础应用技术和产业化做出了贡献。英国的创新中心建设也已成体系。中国以上海为主,我们的技术创新体系在上海还是很完整的。共性平台,产业技术研究院,包括上海科创中心建设已经进入一个新的阶段。江苏的制造业创新体系也是可圈可点,江苏产业技术研究院已经成为中小企业的创新平台。新型的平台体系和互联网时代为技术创新提供新的模式,技术设计服务已实现网络化、产业化。

我们提出互联网时代制造业创新的新模式。一个是技术创新平台公司模式,另一个是技术创新体系新型"联盟公司"模式。"小核心、大协作"模式是制造业创新体系的基本思路与对策。军用民用三基研发一体化,军民融合的关键是基础技术、基础材料、技术核心元器件的融合。材料和元器件研发一体化,料要成材,材要成器,包括设计技术创新平台大数据的建设。

我们要形成中国制造业技术创新体系的系统能力,包括创新体系的统筹策划能力、组织保证能力、资源利用能力、战略运作能力、中国数字能力、机械导向能力、转化固化能力等,最后实现中华民族的制造业强国之梦。

(作者系中国工程院院士,国家新材料产业发展专家咨询委员会主任,国家制造强国建设战略咨询委员会委员)

推进开放创新,服务高质量发展

隆国强

一、开放创新是高质量发展的必由之路

习近平总书记说,改革开放是决定当代中国命运的关键一招。过去40多年,我们处在快速推进工业化的阶段,我们通过深化改革、扩大开放,取得了辉煌的成就,创造了人类经济史上的一个奇迹。当前,中国经济正在由高速增长转向高质量的发展,同样需要进一步扩大开放。在高质量发展阶段,经济增长的动力将发生重大的改变,由过去主要依靠要素的投入转向更多地依靠效率提升,而效率的提升则要靠技术创新、管理创新、商业模式的创新和结构的升级。因此,推动高质量发展,核心是创新驱动。

在全球化背景下开展创新,必须强调开放创新。所谓开放创新,就是要用全球的视野,要用好全球的创新资源和全球的市场来推动创新。我们提出"自主创新",但是"自主创新"不是关起门来创新,自主创新是"以我为主",充分利用全球的创新资源和市场来开展创新。在全球化时代,人类的技术进步是各国共同推进的,很难想象一个国家自己关起门来搞创新,能够走到世界的前列?

我们历史上闭关自守有深刻教训。康乾盛世的时候我们是世界上农业文明时代最发达的经济体,但是当以英国为代表的西方国家出现工业革命

的时候，我们浑然不觉，和工业革命擦肩而过，导致的后果就是在接下来的上百年时间里，我们陷入了落后挨打的境地。近代以来，中国很多志士仁人探求救国救民的道路，从洋务运动到戊戌变法，从辛亥革命到建设社会主义新中国，实质上我们就是在工业化道路上实现追赶。

当前，经济全球化不断深化，在这样的背景下推进创新，我们更要强调用好全球的资源和市场。邓小平同志说，不改革开放，只能是死路一条。关起门来搞建设不会有出路，关起门来搞创新更不会有出路。因此，今天我们讲的创新发展，一定是开放创新的发展新路，我们要用好全球的人才、技术、信息、资金、市场，来推进中国的创新。只有通过开放创新，我们才能够实现高质量发展，才能实现发展的新跨越。

二、要牢牢把握好开放创新的战略机遇

推进开放创新，我们面临很多机遇。

一是全球处在技术研发创新的活跃期。以信息技术为代表的新一轮技术革命和产业变革正处在一个迅猛发展的阶段，信息技术深刻改变了我们的生产、生活方式，但是很多专家认为，信息技术革命还处于快速推进的阶段。大家回顾一下过去短短的几十年，从PC互联到移动互联，我们正在进入一个万物互联的新的时代，过去我们觉得做PC机是高新产业，现在已经进入了大数据、云计算、物联网、人工智能等，新技术层出不穷。这些新的技术进步会更加深刻地改变我们的生产方式、生活方式。比如，在生产方式上，出现了生产的数字化、智能化、柔性化、平台化等很多新的变化。特别是随着智能工业机器人的加速普及，不仅生产方式会产生革命性变化，各个国家与地区的比较优势也会产生变化，从而深刻改变全球价值链和与之相关的贸易流、物流、资金流，改变国际国内分工格局。技术进步对生活方式的改变就更不用说了。现在出门可以不带现金，带一部手机

可以走遍全国。虽然我国是世界第一制造业大国，但是总体来看我们在很多领域和世界的先进水平还有差距。在这样一个技术创新非常活跃的背景下，就给中国这样一个后发追赶的经济体提供了一个后发超越的战略机遇。

回顾历史会发现，每一轮重大的技术革命都会深刻地改变全球的经济版图，进而改变全球格局。一个国家也好，一个地区也好，谁率先抓住了新一轮技术革命的机遇，谁就会脱颖而出，后发先制。所以，对整个国家来说，把握好新技术革命带来的战略机遇，同样会让我们脱颖而出，后来居上。

二是在"引进来"方面存在诸多有利于创新与产业升级的重大机遇。过去40多年，中国的开放把握住了一个重大的战略机遇，就是出口导向型、劳动密集型的制造业跨境转移的机遇。我们通过建立经济特区和开发区，实施沿海开放战略等举措，实行鼓励外商制造业投资、加工贸易，鼓励出口等一系列政策措施，把外来投资者的资金优势、技术优势、生产组织优势，特别是全球销售的网络优势和中国的低成本优势有机地结合起来，使得中国从改革之初排在全球第32位的出口国变成了世界第一大出口国。

今天我们正处于比较优势转换期。中国劳动力成本，特别是蓝领工人的劳动力成本快速上升，这是经济发展的一个必然结果。与其他发展中国家相比，我国工人的低成本优势不再具有国际竞争力，跨国投资者对中国投资的目的也正在发生着相应的改变，越来越多的投资者不再把中国作为一个面向全球的出口基地，而是作为一个大市场。外商投资的产业结构发生了重大的改变，过去70%~80%是制造业，是出口型的劳动密集型产业。劳动密集型的出口加工产业会布局到哪里？当然首选布局到沿海地区。珠三角、长三角就是因此而繁荣发展起来的。现在来华外商直接投资中70%是服务业，制造业投资也不再是劳动密集型制造业，更多的是面向中国本土市场的先进制造业项目。外商投资产业结构的变化，有利于促进我国产业结构的转型升级。新进的外商投资企业要开拓中国的国内市场，必须在中国开展研发活动，这有利于提升我国整体的创新能力。外商投资的布局也相应发生了改变，它不再一定要集中在沿海地区，当然沿海地区有其优势，有完善的产业配套优势，有本地大市场。像湖南这样的中部地区，对过去的出口型外资而言，区位上是处于劣势的，但是对于吸引未来市场寻求型的外商投资而言，它的区域劣势变成了区位优势，因为它处在中国版图的中心，同时也是中国人口稠密的地区，也就是说，在湖南无论是制造业还是服务业，它的市场半径是最短的。因此，采取得力措施，打造内陆开放新高地，湖南这样的中部地区完全有可能成为吸引外来投资者的热土。

人才加速向我国会聚，这是未来开放创新的一个新机遇。一般而言，发展中国家是人才净外流的，在全球人才竞争中处于不利的地位。受中国经济广阔发展前景的吸引，我国已经变成吸引人才的高地。以归国留学人员为例，2004年仅2万多人，而2018年达到了51万人，增长了20多倍。除此之外，还有大量的外籍研发人才、管理人才来华工作。人才加速向我国会聚，无疑有利于我国推进开放创新。

三是"走出去"开展创新的机遇。过去几十年因为我国发展的水平不高，外汇短缺，我们在做开放"文章"的时候，主要着力在资金上"引进来"，在商品上"走出去"，也就是出口。但是今天我们有了一个重大的改变，成了外汇最充裕的国家，从几乎不对外投资慢慢开始试水对外投资，现在已经变成世界上前三位的对外投资大国。这也就意味着中国的企业已经有条件、有能力主动地在全球整合资源，包括整合创新资源。国内已经有一些优秀企业在"走出去"方面取得了不错的成效，积累了在全球开展创新的经验。比如，2008年全球金融危机以后，吉利汽车通过并购沃尔沃，迅速地增强了自己的创新研发能力，把沃尔沃的品牌、研发和质量管理优势与中国的大市场、低成本优势结合起来，现在发展的势头强劲。再比如华为公司，华为是一个典型的在全球开展研发的企业，除了在中国有大量的研发活动以外，在斯德哥尔摩、莫斯科、伦敦，在美国的硅谷、达拉斯等，有数十个研发中心。能引进的人才我们把他引进到家门口来开展研发，引不来的人才我们主动走出去，把实验室建到人才聚集的地方，所以华为的模式是典型的"全球研发、中国制造、全球销售"。在全球化时代，这是一个成功的企业整合全球资源和市场必须做的一篇"文章"。中小企业通过并购整合创新资源也有很多成功的案例。我曾经到宁波去调研一家做汽车电子的企业，就是一个中小企业，低成本并购了一家德国企业，让自己的技术实力、研发实力迅速大幅度提升，那家德国企业还白送他一个工业机器人部门，因为当时工业机器人还不像现在这么火爆，这家企业因此意外获得了工业机器人研发的能力。

湖南省邵东市有很多非常活跃的民营企业。我曾经到老挝调研，发现老挝华商中相当一部分就是邵东的老乡。这说明邵东的企业已经在国际化领域迈出了步伐。过去的国际化主要是开拓国外市场，未来在企业转型升级的过程中，整合全球的创新研发资源将是一个新内容。

三、扎扎实实推进开放创新

首先，要进行开放创新，就要用开放的理念来谋划创新，始终要有全球的视野、国际的思维、开放的理念。

其次，要制定战略来引领创新，无论对国家而言还是对企业来说都是如此。开放创新不是盲目而动，一定是谋定而后动。要结合自己的优势制定战略，从宏观上说，要做好几个方面的结合：一是要把新经济的创新发展和传统产业的改造升级有机结合起来。一方面，新技术革命会推动形成大量的新经济，如数字经济、电子商务、共享经济等。另一方面，中国作为制造大国，传统产业通过新技术革命的成果来转型升级，具有重大的潜力和现实意义。所以，创新驱动发展不仅是要发展新经济，同时也要高度重视用新技术革命来改造提升传统的产业。二是要把技术创新和商业模式的创新有机结合起来。其实，在数字经济中有时候我们很难分清哪些是技术创新，哪些是商业模式的创新，是交织在一起的。企业在开展创新的时候，同样也是如此，只注重商业模式的创新是不够的，只注重技术创新也是不够的，需要把二者有机结合起来。三是要把制造业的创新和服务业的创新发展有机结合起来。我国是一个制造大国，制造业规模大，竞争力强，但质量和技术水平与先进国家尚有差距。我国服务业发展是滞后的，国际竞争力弱，但增长速度较快。现在全球面临制造服务化这样一个新的趋势，服务业的竞争力会直接影响到制造业的效率和竞争力。所以制造业转型升级，不能忽视生产性服务业的创新发展，否则就会阻碍制造业创新发展的步伐。四是把"引进来"和"走出去"有机结合起来。在继续重视"引进来"的同时，要主动"走出去"，整合全球的创新资源。五是要把不同创新主体的优势结合起来。要毫不动摇地支持民营经济的创新发展，同时重视引进外商投资，引进其他地区的，包括国有企业在内的各种各样的创新主体到这里来相互合作、相互竞争，形成一个多元主体共同创新的生动活泼的局面。六是把引资、引智、引技有机结合起来。为什么要引进外资？因为外商投资本身是个生产要素包，表面上是资金，同时它承载着生产组织，承载着创新，还承载着人力资源、市场销售网络等，因此任何时候都不能忽视引进外商投资。即使像美国、欧盟等发达经济体，对吸引外资也是高度重视的。对我国来说，高质量发展的新时代需要发挥外资在创新发展方面的作用，还要把引资、引智、引技有机结合起来。

最后，要用开放型经济的新体制来激励和保障创新。在这方面有大量的工作要做，对政府来说，要创造一个法制化、市场化、国际化的一流的营商环境，要加强对知识产权的保护，要营造一个真正使各种市场主体平等竞争、相互合作的市场环境，要进一步改善政府的公共服务。在过去几年里,各级政府高度重视营商环境的改善,做了大量工作,取得了明显成效。客观而言,改善营商环境,还有巨大的潜力,还有大量艰辛的工作需要做。持之以恒地改善营商环境,就能有力地支撑创新活动,通过开放创新来为高质量发展服务。

(作者系国务院发展研究中心副主任、党组成员)

制造业的转型升级

朱高峰

我国制造业经过改革开放 40 多年，特别是我国加入世界贸易组织以后这十几年的发展，已经由原来在世界上微不足道的处境发展到世界规模第一。目前虽然我国制造业规模很大，但是很多核心技术还掌握在别的国家手里，大量的高技术含量的产品我国还制造不了。从目前来看，我国是一个制造大国，但距离制造强国还有一定差距。因此，在走向现代化的过程中，要把制造大国转变为制造强国，必须研究其发展战略。

一、制造业的重要性

制造业在我国仍然是国民经济的支柱产业，我们必须重视其发展。制造业是物质财富的主要创造者，是经济发展的支柱，是人民生活水平提高的基础，是国防力量的依托，是进行国际合作和竞争的实力体现。

（一）制造业是物质财富的主要创造者

制造业是一个国家综合国力最重要的体现，是物质财富的主要创造者。农业中的采集与工业中的采矿获取的都是自然资源，这些资源都是原生态，并不能称之为"制造"。这些原生态的自然资源经过加工后才能成为产品。

在工业革命之前，我国的经济总量在全世界所占比例很高。但是，工业革命之后，西方很快实施了新的工业体制，并从旧体制中走出来，远远超过了我国。其最根本的原因是西方国家进入了工业时代，使制造业得以快速发展，而我国仍停留在农业时代。

（二）制造业是经济发展的支柱

工业化的实现，靠的是工业装备。有了先进的工业装备，工业才能发展并不断壮大。改革开放初期，我国的农业和工业所占的比重基本持平，农业、工业都约占40%，后来农业所占比重逐渐下降。改革开放40多年来，我国的工业有了飞速发展。目前，农业所占比重已经降至10%左右，而工业所占比重已接近50%，其中，主要是制造业。从农业的经济收益来看，其主要的收入支柱来源于农业现代化。农业现代化的本质是实现农业机械化，如施肥、引水、灌溉等都需要机械装备。

（三）制造业是人民生活水平提高的基础

制造业提供了大量的就业机会，使更多的人走上工作岗位，从而获取报酬，生活水平也得到提高。有了钱，则需要消费，需要有大量产品满足人们的生活需要。因此，依靠制造业可以使人们的生活水平得到提高。

（四）制造业是国防力量的依托

近代中国之所以落后，除了政治因素外，一个重要原因就是工业不发达。西班牙、葡萄牙能够在一段时间内称霸海洋，就是得益于制造业（造船和武器）的推动作用。19世纪末20世纪初期，当列强侵略中国时，尽管人民奋起抗争，但始终停留在秦始皇建长城式的防御，大刀、土枪根本抵挡不住西方列强的洋枪、洋炮。当时我们的现代工业基本为零。抗日战争时期，虽然我国最终取得了胜利，但也暴露出了武器装备实力不足的问题。

现在的中国已经今非昔比，已拥有了航母、导弹等，武器装备技术达到了国际先进水平，其中制造业发挥了很大作用。

（五）制造业是国际合作和竞争的实力体现

社会的发展、国家的繁荣都离不开制造业，制造业的重要性是不言而喻的。当今世界是全球化的世界，国家之间通过合作、竞争来实现交流。近年来，我国大力发展制造业，由于基础较为薄弱，生产、制造的产品档次还不高，不过我国制造业正不断地提高自身的技术装备水平，逐渐发展和制造高端产品，提高我国制造业的竞争力。

二、我国制造业的现状

无论是从制造业的规模、产值以及国际贸易情况来看，还是从整个制造业的产业体系、吸纳劳动力就业方面来看，我国已经成为名副其实的制造大国。

（一）我国制造业的规模和产值已居世界首位，有的产品处于绝对优势地位

目前，世界上有40%的产品是由中国制造的。每一种主要产品背后都有中国的身影，如我国钢铁产量占据了世界钢铁总量的50%，我国的日常生活用品产量也占据了很大的市场份额。同时，我国制造业总产值占全世界约20%的份额，已经超过美国，位居世界首位。

（二）我国的制造业产品进出口量巨大，对世界经济影响巨大

目前，我国制造业产品的进出口量很大，进出口贸易总额与GDP的比值最高时可达60%，这不仅对我国经济影响巨大，同时也影响了世界经济。我国的进出口贸易额在很多国家的经济中占有较大比重。

（三）建立了完整的制造业产业体系，有些产品技术水平已居世界前列

美国的制造业非常发达，但是其制造业比重在下降；欧洲一些国家制

造业也很发达，但由于受国土面积及人口数量的限制，单个国家不可能拥有完整的制造业体系。中国是世界上为数不多的具有较完整的制造业体系的国家之一。我国有一些行业的产品已具有一定的竞争力，如电机、工程机械、高铁、通信设备等产品。

（四）吸纳了大量的农村转移劳动力

随着我国城镇化的发展，2011年我国的城市化水平超过了50%，但其中真正的城镇户籍人员约占35%，约15%为非户籍常住人员，主要是农民工。由于我国农村存在着大量的富余劳动力，他们进入城市后，一部分人成为建筑工人，另一部分人进入生产企业。我国的制造业吸引了大量农村剩余劳动力，为农民工提供了各种工作岗位，使之成为我国城镇化建设的主力军，为吸引农村人口进入城市起到了良好的作用。

（五）制造业产品满足了生产、生活的绝大部分需要

改革开放初期，我国有大量产品需要进口。随着我国制造业水平的提高，目前，我国的制造业产品基本上能够满足国民的生产、生活需要。虽然也有一部分产品来自海外，但主体上是中国制造的。

尽管我国的制造业规模很大，也取得了很多不菲的成绩，但是整体水平还落后于发达国家，离制造强国还有一定距离。具体表现在以下几个方面。

第一，我国的制造业基础薄弱。国外发达国家的工业化水平较高，其制造业的产品水平较高，生产方式和管理方法都很先进。20世纪50年代，我国在苏联的援助下初步奠定了重工业基础；改革开放后，我国的工业得到了迅速发展，并取得了很大成就。但我国有许多方面还落后于发达国家，如高档材料与国外先进水平相去甚远，基础零部件大量依靠进口；我国的检测水平、检测标准落后于世界水平，近几年出现的食品、药品安全事件，正是我国的标准不高、检测体系还很不完善导致的。令人痛心的是，在追

求经济快速发展的情况下，我国企业更多地把精力放在整机上，因为这可以带来更大利润。但这样忽略了基础环节，如在机械设备中，忽略了齿轮、轴承，甚至螺丝钉等，电子设备中的集成电路、元器件等。这些问题都说明我国的制造业基础还不够牢固。

第二，制造业关键技术大多源自国外，自主创新技术少。改革开放后，由于科学技术落后，我国通过学习国外先进经验，先后引进了许多先进技术，洋为中用，吸取、借鉴了国外发展经验，使我们少走了许多弯路。在很多引进项目中，要求必须有中方参与，要求转让技术，然后消化、吸收，并发展自己的关键技术，提升国内技术的比重，满足国内的市场。如在建设世界上最大的水利枢纽工程——三峡工程时，主机部分引进了国外技术和设备，后来逐渐改进、消化和吸收，逐渐提升国内生产的比重，到最后几台机组完全由国内生产，国内的工厂也掌握了该项生产技术。然而，我国作为世界汽车第一大市场，却没有一家企业具有完整的自主知识产权，关键技术还是源自国外。因此，我国在提高技术开发能力、掌握自主知识产权方面，仍有极大的发展空间。

第三，制造业创造的产品附加值低，劳动生产率低。在我国，许多产品的制造附加值非常低。如苹果手机是在我国组装的，其市值为几百美元，但是留给我国的附加价值只有几美元。虽然我国生产的产品数量庞大，但价值量非常低，如我国的钢铁产量约为美国的7倍，而其价值量刚刚与美国持平。在我国，一个工人生产的价值量要远低于发达国家一个工人生产的价值量。

第四，制造业中的大多产品处于中、低端，缺少知名品牌。产品品牌价值中一部分属于劳动价值，但另一部分则超出了劳动价值范畴，属于文化价值。在当今世界上的知名品牌中，我国的品牌很少。可见，我国的自主品牌发展很不够。

第五，制造业能耗大、污染大，对环境生态造成严重影响。我国工业的能源消耗约占全国全部能源消耗的70%。我国的工业生产消耗非常大，特别是一些高耗能行业，如钢铁、水泥、建材和电力工业等行业的消耗占整个工业能源消耗的大部分。工业生产过程中造成了严重的环境污染，这需要我们警醒和反思。

第六，制造业人才结构不合理，缺少创新领军人才和大量技能型人才。虽然目前我国的本科应届毕业生数量已达到700万，但却存在两大矛盾：一方面，毕业生的就业率低；另一方面，真正符合条件、满足需要的人才少。企业需要的是创新型人才、技能型人才，单靠学校是很难培养出来的，为此要实现校企融合，培养制造业需要的、能够解决实际问题的人才。

第七，新形势下面临严峻的国际竞争态势——"两头受挤"。2008年全球金融危机以后，美国等发达国家提出了重振制造业的目标，并采取了许多相应的措施。同时，许多经济欠发达的国家也开始发展低端制造业，与我国争夺市场。我国的劳动力成本、生产成本较高，尽管我国在产业链的完整性方面存在优势，但是这些国家凭借廉价的劳动力市场优势，必然与我国争夺市场份额，我国面临着非常严峻的国际竞争局面。

第八，我国经济面临转型升级的局面。当前，制造业仍将是我国经济增长的主要动力。我国经济要转型，制造业必须做出改变，要通过制造业的转型、升级来解决当前遇到的各种问题，包括产品质量问题。

三、制造业转型升级需要考虑的几个层面

建设制造强国作为一个战略，应从宏观和微观两个层面上进行把握。同时，我国制造业要走出去做大做强，一方面，必须大力发展生产性服务业；另一方面，政府的支持也是必不可少的。

(一)宏观层面

第一,指导思想——制造业的转型升级应做到"大""好""久"。(1)"大"。制造业产品数量应保持增长,不能在数量上萎缩。在规模上,不仅应保持现有规模,还应有一定的扩大;随着GDP的增长,制造业应保持增长的态势。目前,我国有些产业规模不大,有的产业的市场份额大多被国外占据了,因此应进一步扩大制造业生产规模。(2)"好"。不仅要求技术、质量要好,而且要求综合水平要提高。通过提高劳动生产率,使产品的总体价值不断提高。(3)"久"。发展要持续、长久,不能只顾眼前利益,要和谐发展,这关系到子孙后代的生存。

第二,指标体系——规模、效益、结构、绿色。可以从这4个方面考虑制造强国战略:(1)规模。制造业需要保持一定的规模,保证不缩小,还要持续扩大。(2)效率。制造业发展应注重发展效率。这是我国与发达国家差距的最大所在。(3)结构。制造业结构要优化,效益要跟上,避免重复生产、资源浪费。(4)绿色。建立资源节约型、环境友好型社会,做到资源节约与环境保护的统一。

(二)微观层面

微观层面的核心为企业,企业发展主要体现在两个方面:一方面,要有一批企业进入世界同行业前沿,由跟随者向领跑者转变;另一方面,广大企业要在现有基础上不断前进。

目前,我国已有部分企业进入世界同行业的前列,它们目标明确——成为领跑者。但是,在一些迅速变化的行业中,领跑者的地位往往是相对的,如建筑业,由于目前我国正处于高速发展时期,建筑业发展迅速,而发达国家的基础建设已经完成,建筑业的发展受到限制,因此,我国建筑企业成了世界建筑行业中的领头羊。

企业的发展壮大还需解决以下5个问题。

第一，积极应对市场需求。如苹果公司目前处于手机行业中的领头羊位置，但这不会是永久的。当市场需求发生改变时，我国制造业企业面临诸多问题，如产品是否具有价格优势、功能能否满足客户需求、产品设计能否满足客户的使用习惯等。我国企业只有牢牢把握市场发展需求，才能在国际竞争中赢得胜利。

第二，把握技术发展方向。我国是世界上资源消耗大国，政府一直鼓励企业开发、利用新能源。新能源主要是指风能、太阳能、生物能、潮汐能、核能等。电动车是目前我国汽车制造企业的研发重点，其核心在于提升电池的安全性和效率。因此，汽车制造企业的技术发展方向应该是解决新能源的开发和使用，以及电池的安全、续航问题。

第三，克服技术攻关的困难。如果技术上依然存在发展和改进的空间，那么企业应采用科学的方法在实践中寻找突破，攻克技术难题。

第四，克服体制转变的困难。体制转变是制约企业发展的根本问题。（1）市场机制的建立和完善对企业发展具有至关重要的影响，企业能否清晰认识到市场的变化，并把握市场变化方向是发展的核心。（2）社会创新体制的建立与优化影响了企业的发展创新。我国创新体制已建设多年，其运行结果、成效和面临的问题将是创新体制优化亟待解决的问题。

第五，解决人才稀缺和资金困难问题。目前，我国中小企业面临的最大问题是缺乏人才和资金。人才是企业创新的原动力，是维持企业核心竞争力的源泉，而资金支持为企业发展提供强大的保障。中小企业的转型、发展离不开人才和资金。在美国，金融机构对大型企业的贷款利率较低，而对中小型企业的贷款利率较高，其原因在于对中小型企业的贷款成本较高，金融机构为了控制成本不得不提高贷款利率。然而，在我国情况恰恰相反。政府鼓励金融机构以较低利率向中小企业贷款，但是由于成本和风险问题，诸多金融机构并不愿意承担损失和风险。因此，诸多中小企业只能转向民间借贷，而利率则远高于银行。

从微观层面来看，我们将过多的精力放在发展高端企业上，却忽略了高端企业存在的问题；我们将过多的精力放在企业具体转型上，却忽略了考核的方式和方法；我们将过多的精力放在企业利润的提高上，却忽略了技术创新。

（三）大力发展生产性服务业

生产性服务业的发展应符合社会发展方向和企业生产发展方向。生产性服务业应为生产性企业提供从研发、设计、IT外包、物流、供应链组织、营销渠道到售后服务等多种服务。在外包上，我国缺少全球性的中介公司帮助我国企业"走出去"，打通立足国外市场的各个环节。这一局限性严重制约了中国企业"走出去"向全球扩展。

生产性服务业的来源。（1）来自原制造企业的演化。如IBM将企业演化为两个方向：制造企业和服务企业，其收入的60%来自服务企业。（2）来自原制造企业的分化。许多服务企业是从主营业务中分化出来的。（3）来自原服务企业的提升。原来企业层次较低，就需要进行升级。（4）新建企业。从头开始兴建企业。

生产性服务业的重要性主要体现在提高效率和解决就业两个方面。仅依靠制造业来大幅度提高就业率是难以实现的，因为制造业本身就需要提高效率，实现机械化、智能化以代替手工劳动，效率的提高意味着就业减少；而服务业能够吸收大量的劳动力。美国汽车行业解决了全国约10%的劳动力就业，其中绝大部分是围绕汽车的服务。

（四）政府支持

政府支持包括政策支持、资金支持、组织支持、信息支持和重点项目支持。其中，政策支持包括准入门槛和税收优惠。在重点项目支持方面，我国重点项目资金支持力度大，但是项目审批流程复杂，耗时久，资金支付期长，这是政府重点项目支持目前存在的问题。

政府在市场经济中除了规范调控外，还扮演了干预者的角色，做市场所做不了的事。我国目前的市场经济体制尚不健全，当市场失灵时，政府需要展现其独特的一面。

四、人才问题

制造强国战略，最重要的是人才战略，只有培养出具有创新精神和创新能力的高素质人才，制造业才有向前发展的原动力。

（一）人才的基本素质

基本素质是指必要的能力，其中，最重要的素质是诚信和责任感。我国人才目前面临的重要问题是诚信和责任感的缺失。在任何一个组织中，如果从上到下每位员工都能尽职尽责，那么这个组织的效率将会大大提高。德国人做事的特点是一丝不苟、毫不含糊，因此，德国的制造业能够享誉全球。在中国历史上，人们并不缺少诚信和责任感。在现代银行体系建立之前，晋商通过一纸银票在全国通用，这是在通信极其不发达的情况下，信誉发挥着极大的作用。然而，随着信息技术的发展，诚信却在逐渐消失。基本素质是每个国人都必须具备的，它是社会进步的保障，是民族发展的希望，是社会创新的基石。

（二）人才的创新素质

从广义上看，一切事物都源于创新。创新不是研发，而是把研发成果转化成生产力，转变成产品和效益，以满足市场的需求。创新的主要承担者是企业家，而非科学家和技术专家。科技专家在获取数据样本后，做出实物产品，而企业家则将其转换为生产力，这才能称为"创新"。每年学校都会组织创新大赛，其目的是激发新思想。如果100个想法中有一个想法可以实现，那么积少成多，越来越多的想法会被激发出来。能将想法付诸实践的人是值得敬佩的，如比尔·盖茨将自己的想法转化为生产力，对人们的生产、生活和社会发展产生了极其重要的影响。

（三）学校和社会

学校和社会一定要紧密结合，学校需要开阔视野，紧密结合社会动态，了解社会所需，才可能培养出社会需要的人才。

（四）个人和环境

个人成功需要努力和天赋，天赋有差异，不仅是程度上的差异，更有方向上的差异。努力是成长的必要条件，尽管每个人的天赋不同，但通过努力，每个人都可以做出一番成绩。同时，个人成功也离不开良好的环境。客观上，每个人的成长环境是不同的，虽然个人的后天努力可以改变环境，但这不是必然的。学校的任务是为学生健康成长与发展提供良好的环境，让他们成为对社会有用的人。

（作者系中国工程院院士，中国工程院原常务副院长）

新一轮信息革命与新型工业化

赵昌文

对我们今天所处的时代,从技术和产业的视角有许多不同的表述。但是,无论是第二次机器革命、第三次工业革命、第四次工业革命、"工业4.0",还是下一次生产革命、新一轮科技革命和产业变革、新工业革命,都有一个共同的特征,就是每一代信息技术的创新发展对人类社会生产方式和生活方式带来了巨大而深刻的影响。正是从这个意义上,也可以认为新一轮信息革命才是当今世界新一轮科技革命与产业变革最本质的特征。

一、新一轮信息革命的特点

麦肯锡提出的改变未来的12项颠覆性技术中,移动互联网、知识工作自动化、物联网、云计算、先进机器人、自动驾驶汽车等绝大多数都属于新一代信息技术领域或与之直接相关的技术创新。我们在此前的研究中,对新工业革命提出的"一主、多翼"的判断也是基于相同的认识。"一主",就是说新工业革命的主要驱动力量还是新一代信息技术的深度和全面应用,简单来说就是数字化、网络化和智能化,是"云、大、物、智、移"这样一种群体性的技术;"多翼",就是指新一代信息技术的发展与新能源、新材料和生物科技等诸多领域的技术进步相协同,呈现出一种融合创新、全面发展的态势。由此可见，只有抓住新一轮信息革命这个核心，才能对我们今天这样一个变化的时代有更加准确的观察和理解。

新一轮信息革命的影响是全方位的、长周期的。分析信息革命对人类社会的影响，可以从生产力和生产关系这对基本矛盾出发。其实，新一轮信息革命本质上就是由于信息的生产、交换、分配和消费方式的高度发展而带来的全社会生产力和生产关系的巨大变革，就是技术进步和模式创新驱动下的产业范式变迁和制度创新。一方面，生产力的发展史就是人类不断通过技术进步解放自己的历史。第二次世界大战以后，半导体、集成电路、计算机、卫星通信等电子信息技术，使人类利用信息的手段发生了质的飞跃。如果说历史上的工业革命使得人类获得了体力上的巨大解放，那么新一轮信息革命正在空前地实现人类智力的巨大解放。正如马克思指出的，工业的历史和工业已经生成的对象性的存在，是一本打开了的关于人的本质力量的书。另一方面，历次工业革命也影响和改变了人类社会的生产关系。资本主义制度的最终确立以及在工业革命推动下所进行的不断调整，正是生产关系为进一步适应生产力发展的必然要求。同样，新一轮信息革命不仅会带来生产力的大发展，还一定会引发经济结构和社会结构巨大而深刻的变化。

我国正处于全面建成小康社会和开启现代化建设新征程的关键时期，要实现"两个一百年"奋斗目标、实现中华民族伟大复兴的中国梦，必须坚持解放和发展社会生产力，加快建设创新型国家，以创新引领信息革命；必须坚持改革开放，加快完善社会主义市场经济体制，创造并始终维持有益于信息革命发生和扩散的适宜性制度环境。

二、信息革命对生产方式的影响

信息革命对生产方式的影响就是在信息技术驱动下的产业范式变迁，

是信息化带来的产业技术路线的革命性变化和商业模式的突破性创新。新一轮信息革命对人类生产方式的影响既是全方位的，也是深层次的。当前，产业范式变迁主要的表现是：生产方式的智能化，产业形态的数字化，产业组织的平台化。一是生产方式的智能化。我们已经看到互联网作为创新最活跃、赋能最显著、渗透最广阔的产业，正加速向各类产业尤其是制造业产业链、供应链和价值链的渗透，推动制造业发生着深刻变革，网络化协同、个性化定制、服务化延伸、智能化生产正在成为"新制造"的共同特点。二是产业形态的数字化。我们已经历了从管理数字化、业务数字化到产业数字化的不同阶段。产业形态的数字化转型是数字化发展新的更高阶段，数字化不仅拓展了新的经济发展空间，而且能推动传统产业转型升级。未来所有产业都可能成为数字化产业或与数字化技术深度融合的产业，未来可能就只有两类企业，数字化转型的企业和没有转型的企业。数据是企业的重要资产和价值的重要来源。三是产业组织的平台化。平台企业正在成为一种新的组织形态，我们正在进入互联网平台主导的时代。2019年，全球市值前十大公司有8家为平台企业。不同于传统的管道企业，平台企业既是企业，也是市场；既不完全等同于企业，也不完全等同于市场，而是一种兼具传统企业组织和市场功能的第三种形态。不同于传统企业强调内部资产的重要性，平台企业更强调外部的连接性及其网络效应，平台外部的连接性及其网络效应决定了平台的发展空间。

毫无疑问，生产方式的智能化、产业形态的数字化和产业组织的平台化都会从微观和宏观层面极大地提升生产率和全社会资源配置效率。对于后发国家来说，如果能够抓住新一轮信息革命的机遇，就可以成功地实现追赶甚至超越。但是，我们也不应该忘记，范式变迁从来都是一种创造性破坏，在拥抱其"创造性"所带来的巨大收益的同时，也要做好应对其"破坏性"挑战。比如，在这一轮平台经济的范式变迁下，已经可以发现资本和收益高度集中于少数平台企业的弊端。平台企业具有自然垄断属性，具有强大的规模经济，具有规模报酬递增效应，但也具有降低企业纵向流动性和抑制企业创新的潜在隐患。如何规范平台经济，降低其在恶化收入分配结构方面的效应以及防范"大树底下，寸草不生"的局面成为政府必须面对的紧迫的时代课题。为此，需要从促进公平竞争等视角出发，不断完善对平台垄断的规范。要把包容审慎与严格执法有机统一起来，要把企业自律、行业协同和政府监管有机统一起来。又如，范式变迁也会对金融体系稳定产生持续性冲击。如果范式变迁主要由新企业引入，而不是主要基于现有企业的转型升级，或者现有企业难以跟进这一变迁过程，由于存量信贷资源已经配置到旧有企业，短期内意味着对金融体系会造成严重冲击。当然，这本身也可能是金融服务实体经济效率不高的体现。以电商平台对实体批发零售企业的替代为例，2017年年末批发零售业不良贷款率在所有行业中最高，达到4.7%。2018年6月末，工商银行、建设银行和农业银行批发零售业不良贷款率虽然有所下降，但仍高达9.0%、7.4%和10.3%。由此提出了金融业必须适应和跟上新一轮信息革命的迫切要求。再如，新一轮信息革命中最重要的生产要素正在从传统意义上的劳动力、土地、资本等转变为人力资本、知识资本、大数据、新型基础设施等。数字化、网络化和智能化使得工业产品的生产可以更加接近终极消费者，产品的制造和生产成本在总成本中的比重上升而流通成本下降，当地化、分散化的生产方式可能得到迅速发展，发达国家的"再工业化"和"再制造业化"越来越成为可能，传统的主要分布在发展中国家的生产制造中心正遭遇越来越大的挑战。与此同时，智能制造和人工智能的发展使得劳动力数量和劳动力成本在一国经济增长中的重要性降低。虽然我国的劳动力数量从2012年以来已经开始逐年递减，但对印度等拥有巨大人口资源的国家来说，充分发挥比较优势、实现其"人口红利"的机会窗口正变得越来越小。面对新一轮信息革命，缩小国与国之间的差距，不是让发达国家停下来等待，而是要让更多的发展中国家能够有机会开启或加速工业化。我国提出

"新工业革命伙伴关系""推动构建人类命运共同体""一带一路"等,就是希望新一轮信息革命的成果能够惠及包括更多发展中国家在内的全球经济体,以此带动更多发展中国家进入工业化的过程,更好地实现自主可持续发展,更好地落实2030可持续发展目标,在合作共赢中实现包容增长和共同繁荣。

三、信息革命对生活方式的影响

新一轮信息革命影响的不仅仅是生产方式,还有生活方式。当前,新一轮信息革命的图景尚未完全展开,对人类社会生活方式的影响尚不能做出精准预知。但是,至少对以下几个方面的影响是巨大而深刻的。

(一)对劳动就业的影响

历史上的工业革命既是对劳动者的解放,也在客观上形成了对劳动者的替代。18世纪60年代开启的第一次工业革命正是以蒸汽作为动力的机器代替人工,极大地提高了生产效率,具有非常重要的划时代的意义。由于生产过程的自动化和机器人大规模的使用,新一轮信息革命也正在形成对劳动者越来越多的替代。不同之处在于,新一轮信息革命既有对人类体力劳动的替代,也有对人类脑力劳动的替代,与此前相比,更加全方位,层次更深。机器对劳动的替代,其积极意义在于把人类从繁重、危险和简单机械的劳动中解放出来,技术作为人类实现自由的手段成为人类的生存方式。从企业的角度看,机器对人的替代或者"机器换人"是应对劳动力成本上升、促进技术进步、提高生产效率的重要方式,是实现产业升级和经济持续增长的动力之源。所以,我们总体上需要以积极乐观的心态面对包括人工智能在内的新技术变革以及可能对劳动就业带来的影响。关键是要做好准备,通过制度创新或生产关系调整以适应这样一个快速变化的新一轮信息革命时代。具体来讲，要建立面向新一轮信息革命的教育体系，重视通用能力培养，树立终身学习理念，增强人们在新技术变革环境下的适应性、就业能力。"机器换人"和自动化程度的提高要求从业者调整就业结构，一部分人机协作要求从业者信息素养的提高，另一部分人转向从事机器难以替代的、创造性强的工作岗位。2018 年夏季达沃斯论坛发布的《2018 未来就业》报告提出，自动化技术和智能科技的发展将取代 7500 万份工作，但随着公司重新规划机器与人类的分工，另有 1.33 亿份新工作将应运而生，也就是说到 2022 年净增的新工作岗位多达 5800 万份。此外，我们要加快完善社会保障体系，确保在新一轮信息革命进程中，不让任何一个人掉队。对企业和个人而言，除了应对挑战外，还要抓住机遇，为自身赋能。

（二）对消费方式的影响

比如，共享经济的发展。"共享"概念早已有之，但新一轮信息革命赋予了其新的内涵。正如世界上最大的民宿网站爱彼迎旗下没有一处房源一样，以信息技术为基础的市场平台为共享经济的发展拓展了没有边界的空间。共享汽车也正在成为一种不断成熟的商业模式，优步、滴滴等共享出行的提供者正在通过不断创新的商业模式极大地提高全社会的资源利用效率。此外，生产领域的技术变革和商业模式创新还带来了人类生活方式和社会领域的数字化、智能化转型，智慧交通、智慧医疗、数字化学习、智能家居等更为普及。面对不断兴起的新技术、新业态、新模式，政府的主要作用有：以包容审慎的态度守护好底线；加强数字化基础设施建设；发挥互联网优势，实施"互联网＋教育""互联网＋医疗""互联网＋文化"等，促进基本公共服务均等化；打破信息壁垒、提升服务效率，让百姓少跑腿，解决办事难、办事慢、办事繁的问题，等等。

(三)对信息网络安全的影响

新一轮信息革命在带给我们诸多美好与便利的同时,也把我们置于一种过去从未有过的风险之中。大到国家事务,小到个人隐私,已经成为当今必须解决好的问题。没有信息网络安全就没有个人安全、企业安全和国家安全。目前的"互联网+"、共享经济、大数据、人工智能、物联网、云计算、无人驾驶等新技术应用已经开始步入新一轮信息革命,但这些领域所涉及的立法和监管,绝大部分仍产生于上一次信息革命。如果说在过去和现在,人人互联的智能终端数量还只是以十亿级、几十亿级的规模来计算,未来5G大规模商用的到来将使万物互联日益走近现实,万物互联连接入网的设备终端数将有望达到千亿级,由此带来的网络信息安全挑战、个人和企业数据泄露的威胁将更加严峻。此外,人工智能的算法黑箱歧视,可能涉及的伦理和法律问题等也值得高度关注。由于数据和信息流动的全球化,要在坚持多边主义原则的基础上,通过监管协调,寻求解决人工智能带来的伦理问题、数据流动可能涉及的法律问题以及与网络化相伴随的安全、隐私等问题。

四、新一轮信息革命与新型工业化的趋势

我们要站在新一轮信息革命的历史坐标系上推进新型工业化,把握好产业范式转变、产业组织形态变化等新趋势。

(一)产业范式向创新发展转变

产业范式转变反映出技术变革驱动下产业及企业发展规律的变化。新型工业化的产业范式与传统工业化相比发生了根本性变化。改革开放40多年是我国工业化快速推进的40多年,也是产业范式发生巨大转变的40多年。如果说传统工业化强调依托资源和生产要素禀赋,在充分发挥低成本

劳动力和其他生产要素价格优势的基础上,利用全球产业分工逐渐从价值链低端向中高端升级的话,那么,新型工业化则更加强调依靠创新和技术进步推动产业链提升和价值链升级。其中,既包括从劳动密集型、低附加值的简单加工制造环节向设计、研发、供应链管理、营销、服务等高附加值环节延伸的价值链垂直升级方式,也包括通过先进技术应用、价值链各增值环节重构、生产系统重组来提高产业链整体效率和竞争力的价值链平行跃升方式。

目前正在兴起的这场新工业革命,以新一代信息技术为核心,以新能源、新材料、生物技术等为代表的新兴技术群体性突破和协同应用为主体,以人、机器和资源之间的智能互联以及制造业数字化、网络化、智能化为特征,为我们充分利用现代科学技术实现产业链提升、价值链升级提供了重大机遇。互联网、大数据、人工智能与制造业的融合越来越广泛深入,智能制造、智能服务正在成为全球传统工业和制造业转型升级的主要方向。从过去几年的实践来看,无论是离散制造还是流程制造,行业领先企业在推进智能制造和智能服务方面已经取得明显进步,生产的数字化、网络化和智能化在一定程度上减轻了企业招工难和劳动力成本快速上升导致的压力,并大幅提高了生产效率和竞争力。

新一轮信息革命对传统工业化模式提出了巨大挑战。智能制造和个性化定制将使许多行业规模经济优势变得不明显,发达国家原本在研发和设计等方面的竞争力将得到强化,一个国家越来越难以主要依靠自然资源和劳动力资源优势实现工业化并最终实现现代化。加之本地化、分散化生产方式可能得到迅速发展,对包括中国在内的发展中国家和追赶型经济体提出了新挑战。如何抓住机遇、应对挑战,是推进新型工业化必须面对的时代课题。从这个意义上讲,我们必须深入实施创新驱动发展战略,加快推动产业范式转变,实现经济发展质量变革、效率变革、动力变革。

(二)平台经济成为新的产业组织形态

近年来,全球互联网领域一直呈快速发展态势,云计算、大数据、区块链、人工智能等技术逐步成熟并走向应用,正在与制造业和实体经济实现融合。一些国家或企业提出数字经济与制造业深度融合的新概念,如德国的"工业4.0"、美国通用电气公司等提出的工业互联网。德国的"工业4.0"以智能装备、智能生产和智能工厂为核心,希望解决其制造业信息化、数字化程度不高的问题,并由智能制造延伸至智能服务。美国通用电气公司等提出的工业互联网则倾向于凭借其强大的互联网和大数据技术优势,实现大数据分析和智能决策,提高现有产业的效率并带动新产业发展。无论哪一种概念或模式,背后都是产业组织形态向平台化方向转型。也就是说,平台经济已成为新的产业组织形态,无论是生产领域还是消费领域都在进入平台革命时代。这构成了推进新型工业化的时代特征。在此背景下,一批国内外互联网科技企业如谷歌、阿里巴巴、百度、腾讯、京东等,已快速成长为平台型企业;一些国外制造企业如ABB(阿西布朗勃法瑞)、博世、IBM(国际商业机器公司)、通用电气等通过整合搭建制造与服务生态系统,演变成为平台商。

与传统工业化模式相比,平台经济更加强调制造与服务的融合,服务型制造成为新趋势。一方面,传统制造业企业内部的产品设计、技术研发、质量管理、测试认证、供应链管理、市场营销、物流服务等环节不断分离出去,通过专业化水平提升为制造业部门提供更加精准高效的支撑;另一方面,制造业企业通过创新优化生产组织形式、运营管理方式,不断提高服务要素在投入和产出中的比重,尤其是发展设计服务、网络化协同制造服务、信息增值服务,不断延伸和提升价值链。平台经济还在一定程度上改变了企业内部的组织结构和企业之间的分工合作关系。互联网在企业管理和生产组织领域的广泛渗透应用,减少了管理层次,压缩了职能部门,基于互联网的异地协同制造成为新模式。由此可见,新型工业化既是技术进步驱动下的生产力变革,也是管理创新驱动下的生产关系变革。

我国提出推动制造业高质量发展,目的就是抓住新工业革命的机遇,全面促进工业化与新一轮信息化的融合互动、技术创新与商业模式创新的融合互动、制造业与现代服务业的融合互动,在推进新型工业化的过程中努力实现中国制造向中国创造转变、中国速度向中国质量转变、中国产品向中国品牌转变,最终完成中国制造业由大变强的战略任务。

(作者系国务院发展研究中心产业部部长,国家制造强国建设战略咨询委员会委员)

中国好制造之路

秦 朔

一

2019年第三季度中国GDP增速为6.0%,是自1992年至今有季度GDP统计后的最低值。接下来会不会"破6"?"破6"会不会造成社会心理震荡和连锁负反应?

经济增速下行,中小企业赚钱难,汽车、手机、家电等行业产品销量下行,地方财政压力增大,金融去杠杆不断爆雷,猪肉价格高企等因素叠加,让很多人都感到心慌。国家统计局数据显示,2019年10月制造业PMI(采购经理人指数)为49.3%,在荣枯线以下继续回落。

我们正处在一个关键时刻——增速下行,潜力仍在,挑战不小。

二

怎么认识这一问题?

首先是不要怕,其次是要找到问题的症结,然后对症下药。

为什么不要怕呢?从全球来看,尽管中国经济增速下台阶,总体上仍是一个表现不错的经济体。中国经济已持续增长40多年,年均实际增长

9.5%，同期世界经济增速是2.9%。1992年中国确立社会主义市场经济之后，1992—1995年、2003—2007年是两个增速最快的时期，增速全都超过10%，1992年和2007年作为峰值增速超过14%。2008—2011年为次高周期，增速分别为9.65%、9.4%、10.64%、9.55%，2012—2014年进入"7时代"（从2011年的9.5%直接降到2012年的7.9%），2015年至今进入"6时代"。

下面与几个第二次世界大战后的榜样国家进行一下对比。

先看日本。日本1955—1970年年均经济增速为9.7%，1966—1970年增速都在两位数以上。1970—1979年平均为5.2%，除1972年、1973年在8%以上，其余年份大多在5%以下。1980—1989年为3.8%，20世纪90年代后下降到1.5%左右。剔除价格因素（长期通缩），1997—2017年日本GDP实际增长16.5%，年均增长率不足1%。当然，日本的海外投资创造了很大的国民生产总值，相当于"再造了一个日本"。

再看德国。德国20世纪50年代的年均经济增速为7.9%，60年代降到4.6%，70年代为2.94%，80年代和90年代为1.85%左右。最近几年德国的经济增速为：2014年为1.93%，2015年为1.74%，2016年为1.94%，2017年为2.22%，2018年为1.5%。预计2019年为0.6%。

最后看韩国。韩国从20世纪60年代初到2000年的年均经济增速在8%以上，非常强劲，可与中国一比，但从2001年到2018年的18年，增速超过5%的年份只有4个，低于3%的年份则有8个，自2012年至2018年韩国的增速分别为：2.29%、2.9%、3.34%、2.79%、2.93%、3.06%、2.67%。2019年预计增速在2.4%~2.5%。

比较可见，中国GDP增速在全球大国中仍属翘楚，逐步下台阶是国际规律，且中国下台阶的速度算不上快。很多产业都不可能一直增长下去，此外还有人口老龄化的影响，中速增长是合理结局。

三

但是,当前经济中的下行压力不完全都是自然规律,也有一些在政策、体制、具体执行等方面需要改进的地方。

例如,近一年来的猪肉价格高企,很大程度上是因为前几年的环保禁养过于扩大化了,在取缔不少中小型养殖户的同时,没有创造条件来帮助中型以上养殖户把规模做大,以对冲禁养所带来的供给收缩。

又如,从国家统计局公布的规模以上工业利润情况中可见,2015年私营企业实现的利润总额(23221.6亿元)是国有控股企业(10944亿元)的2.1倍,到2018年国有控股企业实现的利润总额(18583.1亿元)是私营企业(17137亿元)的1.08倍,一个重要原因是国企在上游借助带有行政性色彩的整合,提高了产业集中度,可以不断提价创利,而民企基本在下游。

再如,根据中金公司的测算,2019年前三季度,全部A股公司、金融类公司、非金融类公司的净利润分别增长了7.2%、16.6%和-1.4%,它们的收入增速则分别是9.5%、13.8%和8.7%。这些数字表明,整个A股中利润增长最快的部分是金融类公司,没有它们的增长,整个A股的利润增长会很低,但这也正是问题所在,如果非金融类公司能分享多一些利润,实体经济和制造业的日子就会好一些。再从主板非金融公司、中小板、创业板和科创板来看,前三季度利润增速分别是-1.8%、1.5%、-6.1%和21.9%,除了刚刚启动的科创板外,做实业的公司包括科技型实业公司的生存状况也不乐观。

还比如,近年来在互联网金融、数字内容、民办教育等方面的管制一直在加强,有些做法比较生硬,而相应的鼓励政策和"给出路"却不足。

上述问题并不是供给侧结构性改革本身的问题,而是一些体制性、观念性、政策性的老问题。但当这些老问题与结构性改革纠缠到一起时,就会带来新的结构问题，如民企事实上并未获得产业准入、金融支持等平等待遇；如金融强势而实体弱势；如文教医疗等领域的开放度问题。

换言之，只有在推进结构性改革的过程中，更好地同步解决体制性、观念性问题，才能使结构性改革获得更广泛的支持，才会有更美好的未来。

四

除了宏观环境的改革，在微观上，企业也要认识到，根本出路还是提升企业和各个组织的素质和能力。

这个道理，亚当·斯密在《国富论》里就说过："经济发展无非是人均收入增长，而人均收入增长的唯一来源是劳动生产率提高，劳动生产率提高的根本途径则在于分工和专业化。"竞争越激烈，对专业化能力的要求就越高。

从1996年至2000年的"九五"计划开始，中国就提出必须实现经济增长方式的根本转变，即由粗放型增长方式向集约型增长方式转变。但在整个人口红利还很充沛，行业每年新增蛋糕很大，靠粗放型增长也能活得很好的情况下，企业就不会在集约型增长方面下功夫。惯性积累到今天，当增量的获得没有那么容易了，就需要回到存量上，挖潜提效。

从微观上要做好企业，就要对企业的本质有透彻的理解。

我在观察经济世界发展时，经常会思考一些"第一性问题"，比如：什么是金融？什么是实业？做好它们的关键是什么？

谈到金融，我理解其本质是不同时空的价值转换。做金融最关键的问题是杠杆。不用杠杆，有一块钱本金就做一块钱的生意，这不是金融，但过分加杠杆，过度短钱长用，往往又会失败，由此又可以说金融即风控。

那么实业呢？我喜欢德鲁克的一个答案：企业的本质就是创造顾客。你在顾客心目中的地位决定了你的价值。所以李嘉诚说："生意找你做时生意就好做，你找生意做时生意就难做。"做实业的关键在于成本和收益，即在企业的整个生命周期中，如何获得总收益和总成本之差的最大化。这背后，还是劳动生产率的问题。

五

过去两年，我对浙江桐乡的中国巨石公司和恒石纤维基业两家公司进行了深入调研。这些调研使我对如何做强制造业有了一定理解。

中国巨石是世界规模最大的玻纤生产企业，在中国的桐乡、九江、成都、埃及、美国都建有生产基地，其产能占中国玻纤业的40%以上，占世界的20%以上。从2015年到2018年，中国巨石的综合毛利率都在40%以上，2018年其营业收入突破100亿元，净利率达到23.8%，比格力电器高9个百分点，比云南白药高11个百分点。恒石纤维基业公司，为维斯塔斯、西门子、通用电气等世界级客户提供风电叶片的基础材料，是风电基材这个细分市场的隐形冠军。现在它一个月的利润超过4000万元。

巨石和恒石的创始人是出生于1955年的张毓强，他的过人之处不仅在于从规模上打造了两个"世界冠军"，更在于创新能力强。由于玻纤材料在第二次世界大战中被大量用于坦克等武器生产，涉及军工和高技术，所以欧美国家一直禁止出口成套的玻纤生产设备。

中国巨石一方面要千方百计向国外学习，从单项设备引进做起，进行消化吸收；另一方面必须坚持自主创新，而且是全面和系统的创新，包括绕过国外公司布局了半个多世纪的"专利墙"，在高性能玻璃配方等核心技术方面取得突破。在2016年度国家科学技术奖励大会上，巨石申报的"高性能玻璃纤维低成本大规模生产技术与成套装备开发项目"荣获国家科技进步奖二等奖。

以下，是我总结出的中国好制造的8条心法。

（一）制造业成本的降低要靠规模经济

做制造业不是一蹴而就的，需要漫长的时间。振石集团的前身是石门镇东风布厂，1973年元旦前后拉出第一根玻璃纤维。经过20年努力，到1992年玻纤产量为1000吨。1993年，振石发起组建了巨石集团（中国巨石的核心资产），开始建设先进的池窑拉丝项目，产能为8000吨，这在当时是不可想象的一个大数字。又奋斗十几年，到2008年产能已达到60万吨，产量成为世界第一。

规模经济能带来明显的成本优势。例如，1993年启动的8000吨池窑拉丝项目，相当于大机器生产，而之前所用的代铂炉拉丝方法相当于个体作坊的做法，8000吨池窑等于200台代铂炉的产量，而所需人工仅是代铂炉的1/10，成本自然降低。

为了形成规模经济，张毓强采取了贷款投资、联合投资、股权融资、兼并收购等多种方式，甚至在1999年将巨石集团的资产注入拥有上市指标的央企，为此不惜放弃上市公司第一大股东的位置，但他抓住了融资扩产的机会，产能遥遥领先于对手。

通过规模经济降低成本，最大的好处是使玻纤的应用更加普及，做大了市场，让这个行业在国民经济中的地位得到提高。

做大事，该抓的机会必须抓住。无论是离开家乡石门到桐乡二次创业，做成桐乡经济开发区引进的第一家大企业，还是从开发区一期地块扩大到三期地块，张毓强都走在别人前面。如果不是先行一步，土地成本不知要涨多少倍。

（二）制造业成本的降低要在供应链上下功夫

决定制造业成本的一个重要因素是供应链的稳定性和经济性。拿原料来说，制作玻纤的主要原料是叶蜡石，通常制作1吨玻纤纱需要0.8吨叶蜡石，浙江、福建的叶蜡石储量约占全国总储量的75%。巨石在桐乡和九江的生产基地毗邻资源丰富区，运输费用也低。振石集团在丽水松阳县建立了明石矿业公司，主营高岭土矿石和叶蜡石，从纵向一体化的角度建设扎实稳固的供应链。

2004年巨石集团着眼于西部大开发，在成都建厂。由于矿石要从浙江起运，费用比较高。巨石成都团队和当地高校的专家一起探讨，能不能因地制宜，利用四川多山的优势就近找矿，最终找到了替代品，不仅节约了物流成本，而且原材料的成本也降低了，这就是在实践中对供应链的优化。

漏板是拉丝的关键设备，技术含量很高，以前是交给日本公司加工的。一块2400孔漏板的加工费是4.5万元，1克漏板的加工费是6元多，这还不算铂耗（一块漏板要加1.5%的铂耗损）。巨石自主探索做成漏板以后，1克漏板的加工费只要0.5元。自己做还有一个好处是利于创新，在由双底漏板改进为单底漏板后，一年减少的铂金使用量在1吨以上，省下了以亿元计的开支。另外板子变轻，电耗也降低了。

当年巨石集团在实施项目工程时用水量很大，如果全部从市政自来水公司购买，每吨要2元多，张毓强决定把生活用水和生产用水分开，生活用水由桐乡市统一供应，而耗费最多的生产用水改用附近的康泾塘的水，每吨成本0.6元，污水净化后还可以循环使用，成本更低。类似这样的例子在巨石、振石的产业发展中非常多。成本竞争力是从供应链的每个环节用拧毛巾的方法"拧"出来的。这是一个永无休止的过程。

（三）制造业成本的降低要在生产和工艺流程上做文章

巨石集团的玻纤生产，从矿石矿粉到拉丝织布，空间距离很长；恒石的风电基材生产，从玻纤材料到玻纤织物，空间距离很短。张毓强很真诚地说，距离长短就是价值链环节的长短。如果价值链环节短，则产品质量主要靠设备来保证，关键是要采购一流设备。如果价值链环节长，就要在整个生产和工艺流程上做文章。

2004年前建成的池窑，在通路布置上都采用国外通用的横向双"H"结构，张毓强发动大家集思广益，将结构改为纵向双"H"结构，使单条作业通路的炉位可以增加不少，从而配置更多的漏板。纵向双"H"结构的主通路长，也为玻璃液的温度下降提供了充足的时间，能更好地控制通路中玻璃液温度的一致性。

玻璃液的熔化，传统方法是用空气燃烧。空气中含氧量约为21%，含氮量约为78%，在燃烧过程中，氮气会吸收大量热量从烟道排走，造成能源浪费。巨石集团通过创新，采用了纯氧燃烧法。纯氧燃烧可以获得温度更高的火焰，有利于提高窑炉熔化率，改善玻璃液质量，还可以将氮气排除在燃烧过程外，减少80%以上的废气和99%的氮氧化物排放，同时避免气体排放时大量热量的流失。

早期玻纤生产中产生的废丝很多，通用的处理方法是深埋，但废丝不能降解，会占用土地。张毓强和技术人员就考虑能不能将废丝回收利用。他们通过不断改变废丝的投入比例和频率，同时改进投料技术，最终在2001年年底投产的一条年产6000吨环保池窑拉丝生产线上，实现了全部以废丝为原料组织生产。

让通路容纳更多漏板，让燃烧更充分，让废丝能回收利用，这些生产过程中的创新举措都起到了降低成本的作用。

（四）制造业成本的降低和投资速度与资金成本高度相关

巨石集团是重资产，投资规模很大，巨石比竞争对手的毛利率高出一等，这与投资过程中的速度和资金成本也是分不开的。

1999年中国化建（中国巨石前身）上市后，在2.1亿元募集资金中有超过1亿元可以用于巨石集团的发展。巨石集团决定建一条1.6万吨无碱玻纤池窑拉丝生产线。工程按一般进度要18个月，但张毓强希望8个月就完成，2000年5月打桩，年底前点火投产。他和董事会签下项目责任书，将项目分解为14个子项目，层层落实，最后在12月20日点火。由于节约了时间和引进设备时精打细算，工程投资从预计的2.5亿元降到1.98亿元。而之前一家国企的1万吨池窑项目，对投入已经抓得很紧，但最终花费了4.5亿元。

巨石集团较早和央企进行混改，在获得银行贷款支持以及上市、增发方面，给巨石集团带来了很多好处。2015年巨石集团在A股增发募集资金50亿元，用于埃及项目、国内生产线技改以及偿还银行贷款。2014年巨石的财务利息支出为7.7亿元，增发完成后财务利息支出降到4亿多元，减少了40%以上，大大降低了财务成本。

（五）制造业成本的降低离不开全员支撑的系统竞争力

2008年1吨玻纤的成本平均是4000多元，现在所有要素成本都增加了，如一线员工工资增加了两三倍，电价也涨了很多，但巨石集团通过成本管理，不仅消解了上涨因素，成本还下降了不少。除了有规模优势外，主要是因为巨石集团从原材料到物流所有环节都自主掌握，自己设计生产线，可以输出全套技术工艺，也可以根据客户需求改造生产装备，在各个环节上都没有短板。在这种系统竞争力的背后，是全员投入、全员参与、全员发挥能动性的文化和制度。

巨石集团有一套"增节降"体系。最早是鼓励职工小改小革的激励措施，后来发展为涵盖了创新、增收、节支、降耗、减损、节能、减废、减排的全面创新体系，运用目标管理、项目管理、品质管理、持续改进等基本管理方法，通过逐年环比、月度考核、年度兑现等激励约束制度，协调各级企业、各个部门、各类工段持续开展。"增节降"的项目申报面向所有员工，每年大大小小有500项左右，1/8到1/7的员工可以获得奖励。

巨石集团每个月都与竞争对手对标，以销量、价格、技术等几百个数据全方位对比分析。巨石集团内部的子公司之间、子公司与总部之间、海外公司与国内公司之间也进行对标，比学赶帮超。

通过对标改进和挖潜创新，熔化率从早期每平方米 1.5 吨 / 天提高到每平方米 3 吨 / 天、3.5 吨 / 天，现在正向 4 吨 / 天"不可能实现的目标"前进。关于玻纤行业的劳动生产率，美国一年人均产量 100 吨，这个产量已经不低，而巨石集团三分厂可以做到一年人均产量 300 吨。智能化的六分厂目标是一年人均产量 390 吨。巨石集团达到 80 万吨产能时有 1.1 万个工人，现在接近 200 万吨产能，工人数却还没有当时的人多。张毓强说："讲到最本质的东西，就是员工的工资要涨，但每吨纱的人工成本要降，一涨一降，这个剪刀差怎么解决？这是巨石管理中最大的强项。"这又涉及自动化、智能化、精益生产等减少对人员的数量依赖的问题。

（六）收益和质量的稳定性（开机率）高度相关

成本竞争力是中国制造的核心竞争力。但单有成本优势，并不能确保在全球市场获得领先的份额。如前面所说，企业的本质是创造顾客价值。顾客肯定希望价格便宜，但这不是唯一因素。

规模经济的好处是降低成本，但需要一个前提，即这种规模是有效的，产品质量没有问题，又便宜又好。池窑投资的一次性资本支出很大，固定成本占比高，且停窑容易造成耐火材料等资产的损坏，再启动需要 3 个月烤窑期。所以玻纤企业轻易不选择停窑，都是一年 365 天一天 24 小时运转。

1994 年巨石的 8000 吨中碱池窑拉丝项目在行业里放了一颗"卫星"，引起轰动，但投产后有两年时间非常辛苦。张毓强说："投产看起来是好事，但如果投产后出不了好产品，还不如不投产，因为上马就停不下来。"当时面临最大的问题是作业效率低，也就是成品率低，废丝多。今天巨石的成品率基本在 95% 以上，有些分厂可以达到 98%，废丝极少，但当年成品率最低时只有 50%。

作业不稳定是一个原因，但实际受很多因素影响。比如原料，要熔化出高质量的玻璃液,各种玻璃原料的化学成分、颗粒度和含水率三大指标都必须稳定,具体又牵涉叶蜡石、石英砂、石灰石、硼钙石四种"大料",萤石、芒硝两种"小料"。有的原料质量稳定,有的成分则有波动,有的要在堆场或库房均化,使用时还要注意它易吸潮,接触空气时间不宜太长。最初巨石只是笼统地掌握了原材料的知识,原料来了,把几个主要元素检测一下,觉得符合主成分要求,就过关了。突然作业不好了,谁也不知道是原料问题还是配比问题,今天好了明天可能又不稳定了。经过一两年的摸索,巨石才用玻璃的氧化还原系数、微量元素含量、矿物结晶情况等更专业的指标,实现了对原料的质量控制,这时才真正掌握了规律。

(七)收益来自客户,企业家应该是企业的第一营销官、头号销售员

"客户给企业发工资,企业才能给员工发工资,所以必须高度关注客户与市场。"这是张毓强的一句口头禅。他将大量时间都用于跑市场,对客户问题高度重视,对客户提供的商机牢牢抓住。

1996年,巨石出口到美国的产品遭到退货,张毓强由此领悟到"所有影响客户体验的问题都是质量问题"。例如,玻纤生产中有个烘干环节,水分要烘干到0.2%,然后装入集装箱。美国客户投诉说,打开集装箱,所有装玻纤的塑料袋里全是水。他们赶紧分析是不是集装箱漏水了,发现不漏。自此每个集装箱用来装货之前,都用高压水龙头冲,看漏不漏水,不漏才发货。结果发到美国,塑料袋里还是有水。

张毓强说:"产品本身好好的,烘干后的水分在0.1%以下,怎么会有问题呢?一路排查,最后发现产品下面有个托盘,是木头做的,40公斤一个。我说你们把木托盘拿到烘箱里去烘。烘了12个小时拿出来,发现托盘的重量是20公斤。还有20公斤去哪里了?是水,蒸发掉了。夏天把货装进集装箱,这个闷罐子里非常热,装玻纤的木托盘里的水蒸发成水蒸气,没地方去,全部积在塑料袋里。"把这个问题以及其他一些问题解决后,出

口的产品又恢复了正常。

恒石纤维基业公司是中国制造业单项冠军示范企业,海外销售占比超过60%,占全球风电基材市场的28%。风电叶片70%的材料是玻璃纤维,其余是树脂和黏结剂等。恒石最早是一家美资企业,生产豪华游艇的船体用玻纤织物,因为一直亏损所以卖给了张毓强。张毓强洞察到国家在2002年出台了风力发电的税收优惠政策,认为风电是趋势,就力主恒石往风电材料方面发展。但他最担心起点不高,一旦将来风口来临,行业就会"一窝蜂"上项目,进入"红海"。

这时,丹麦的风力发电机制造商维斯塔斯到中国找供应商。以当时恒石的设备和条件,离维斯塔斯的要求非常远。但张毓强说:"我们要扬长补短,不惜代价,抓住机会,我们有玻纤纱的资源,缺的是做风电布的设备,只要引进最先进设备,就不怕达不到他们的要求。"维斯塔斯派人和张毓强的团队讨论了整整20个小时,把所有要求一一列明。恒石斥巨资从德国引进设备,通过技术开发和改造,最终生产出了与国外厂家质量相同但性价比更高的产品,并通过了维斯塔斯的严格认证,从此恒石纤维基业公司走上康庄大道。

无论是解决问题还是发现商机,只要紧紧和客户在一起,就有办法和出路。

(八)收益来自技术创新和产品结构创新

说到创新,人们往往理解为产品高端化和附加值提高。但事实上,创新的含义要丰富得多。

巨石集团是中国玻纤行业第一个敢于自主研发高性能玻璃配方的企业。国际玻纤行业用的大部分拉丝原料是E玻璃,E玻璃配方中有一种重要材料是硼钙石,要从土耳其进口,一吨400多美元,一吨玻纤产品要配百分之十几的硼钙石。需要大量外汇,还有汇率风险。巨石集团2008年自主研发出了 E6 玻璃配方，使原来一吨的配合料成本从 1300 元降到 500 元，不仅可以降低配合料进口比重和配合料成本，而且提高了产品强度及耐腐蚀性能，在 E6 这一全新平台上还可以为不同客户提供全新的解决方案。

玻璃配方技术突破后，优化了巨石的产品结构。基于 E6 配方开发出来的抗变形能力很强的高强高模产品（如复合绝缘子用纱）在市场上大受欢迎，2009 年，巨石高端产品的比例从原来的 5% 提高到 15%。

在降低成本的同时还能提升产品的附加值，把"成本领先"和"高价值创新"这两种迥异的竞争战略结合在一起，既实现了总成本领先，又实现了高价值的产品结构，在竞争中获得压倒性优势。这是巨石集团了不起的地方。

六

早在 10 年前，张毓强就被《福布斯》中文版评为当年"中国上市公司最佳 CEO"，当时介绍他的文章《玻纤长跑》是这样开篇的："每天早上 6 点，张毓强都会准时出门长跑 5 公里，即使阴天下雨、出门在外也不例外。他今年 54 岁，坚持长跑已有 12 年，习惯于在这项枯燥而乏味的运动中寻找做生意的灵感，很多重大决定都是在清晨中跑出来的……"

在《新工业时代》发布会上，复旦大学管理学院院长陆雄文教授问张毓强，每天处理那么多事，都要快速反应，如何保证决策的准确性？他说，每天一个人快步走差不多两个小时，一年就是 700 多个小时，很枯燥，脑子里就想企业的各种事情和情景，假定发生了什么事，该如何处理。"每天接到的问题，差不多脑子里都想过了。"

坚持锻炼和思考只是张毓强个人魅力的一种折射，但的确让人感到，企业家是"特殊材料"锻造出来的。

而张毓强最大的魅力在于，他把巨石、振石打造成了人人热爱企业、人人自觉奋斗、人人参与创新的学习型、创新型、奋斗型组织。企业家的职能是创新，张毓强最重要的创新是"关于创新的创新"。他以人为本，创设了包括项目管理、项目运行、成果转化在内的一套完整、流畅、高效的全面创新体系，涵盖了旨在面对未来的重大创新项目（科技创新、管理创新、技术难题），旨在提升当前管理和技术的一般创新与改进项目，以及实现局部完善与优化的合理化建议，将创新普遍化、日常化，变成企业的一种基本存在方式。

我认为在中国大市场，通过资源集中，可以发挥市场的规模优势，加上民企的精打细算，能够带来显著的成本优势；越是充分竞争和参与国际竞争，接受国际客户检验，越是能够倒逼企业提高产品质量和服务能力；而企业家精神驱动的全员参与管理和创新的机制和文化，则是不断超越自己、追求极致的根本保证。这像是"三级火箭"，分别对应着做大、做强，以及成为伟大的企业。当所有人心往一处想，劲往一处使，力出一孔，就能攻坚克难，应对任何挑战。

中国制造业是一部博大精深的大书。优秀的企业家一方面在成本上追求最大限度的合理化；另一方面通过可靠、顾客至上和富有创新性的产品与服务，力求实现收益的最大化。

在全球经济风云变幻的今天，中国制造业也遭遇了许多困难和挑战。但支持制造业做大做强、做优做精，应该继续成为全社会的共识。

对中国制造业来说，更艰难的路在前面，更大的辉煌也在前面。

（作者系中国商业文明研究中心联席主任，著名媒体人）

金融支持我国制造业"爬坡过坎"的目标与路径分析

宗良 于璞

加快建设制造强国,发展先进制造业是全面建设社会主义现代化强国、实现"两个一百年"奋斗目标的重要基础。党的十九大报告指出,要增强金融服务实体经济能力。作为实体经济发展的"引水渠"和"助推器",金融要围绕制造业转型发展的痛点和难点,支持我国制造业加快实现由大到强的战略性转变。本文从分析我国制造业发展面临的"坡"和"坎"以及金融支持实体经济发展的作用机制入手,结合金融支持的具体实践,提出金融深入支持制造业发展的相关建议。

一、我国制造业的发展现状与需要跨越的"坡"和"坎"

先进制造业是富民强国、实现高质量发展的基础,是全球竞争的制高点。党的十九大报告指出,我国经济已由高速增长阶段转向高质量发展阶段,正处在转变发展方式、优化经济结构、转换增长动力的攻关期,建设现代化经济体系是跨越关口的迫切要求和我国发展的战略目标。近年来,我国制造业发展取得了巨大成就,已成为全球第一制造业大国,但与强国的目标相比,仍存在一些关键的"坡"和"坎"需加快跨越。

（一）制造业规模巨大并持续快速发展

当前，我国制造业在体量和规模方面均位居世界首位，对外出口和国内需求持续提升，发展潜力巨大。改革开放以来，我国制造业在开放、合作、竞争中迅速发展壮大。1992年我国工业增加值突破1万亿元大关，2007年突破10万亿元大关，2012年突破20万亿元大关，2018年突破30万亿元大关，按不变价格计算，2018年比1978年增长56.4倍，年均增长10.7%。世界银行数据显示，按现价美元测算，2010年我国制造业增加值首次超过美国，成为全球制造业第一大国，自此以后连续多年稳居世界第一，2017年我国制造业增加值占世界的份额高达27.0%，成为驱动全球工业增长的重要引擎。

（二）制造业深度融入国际产业分工

目前，我国已成为制造业体系最为完备的国家之一。在联合国工业大类目录中，中国是世界上唯一拥有所有工业门类制造能力的国家，中国500种主要工业品中有220多种产量位居全球第一。

从国际产业体系来看，对外开放初期，我国出口商品以农产品、矿产品等初级产品为主，1980年我国制成品出口额占世界制成品出口额的0.8%，仅居世界第21位，是当时排名第一的德国制成品出口额的5.38%。

然而，随着我国制造业生产体系的不断完善，各类制造业产品逐步走向国际市场，其对外出口占比不断上升。2000年以后，工业制成品占我国商品出口总值达90%以上，其中高技术、高附加值产品成为出口主力。2018年，机电产品出口额为9.6万亿元，占我国出口总值的比重接近60%。同时，传统劳动密集型产品加快更新换代，出口产品档次和质量不断提高，我国制造业已深度嵌入国际产业体系之中。

（三）制造业国际竞争力逐步增强

随着我国开放水平的提升与发展阶段的转变，一大批制造业企业伴随我国经济高速增长而快速成长起来，一些企业在生产规模、研发水平、管理能力及市场拓展等方面已成为制造业各领域的领头羊，在全球市场发挥积极作用。此外，尽管近年来我国劳动力成本等要素价格上升较快，但在中低端制造业中仍具有较强竞争力。根据第一财经研究院《中国与全球制造业竞争力》报告，尽管我国制造业的平均劳动成本增速加速上升，但目前我国制造业平均劳动成本的绝对值仍远低于欧美等发达国家，甚至低于土耳其、南非、墨西哥等新兴市场经济体。

特别是随着发展阶段的变化，我国高端制造业与发达国家的差距正在缩小，产业结构在不断调整中优化升级。2018年，高技术制造业、装备制造业增加值分别比上年增长11.7%和8.1%，增速快于规模以上工业5.5个和1.9个百分点，占规模以上工业增加值的比重分别为13.9%和32.9%，在发电设备、输变电设备、轨道交通设备和通信设备产业方面，我国已经处于国际领先地位。

（四）建成制造强国需要跨越的"坡"和"坎"

从总体上看，我国制造业与过去相比取得了显著成就，但从当前国内外形势发展态势与未来要求看，仍存在诸多瓶颈和短板，中国制造业面临着"爬坡过坎、转型升级"的艰巨任务，主要体现在以下几个方面。第一，资源约束加剧，中低端产业成本优势正在削弱，高端产业发展优势不足；第二，关键环节存在"卡脖子"现象，基础性创新欠缺；第三，缺少有国际影响力的自主品牌；第四，产业国际化程度不高，企业全球化经营能力不足；第五，制造业获得的金融支持持续下降，房地产、基础设施和金融对制造业的"挤出效应"较明显。

由此可见，尽管我国已成为世界第一制造业大国，但相比世界先进水平，仍有一些关键的"坡"和"坎"亟待突破。因此，推动中国制造业实现由大到强的历史性跨越，任重而道远。

二、金融支持我国制造业"爬坡过坎"的作用机制

党的十九大报告指出，要增强金融服务实体经济能力。此前，中国人民银行等五部门发布的《关于金融支持制造强国建设的指导意见》明确要求，要建立健全多元化金融服务体系，大力推动金融产品和服务创新，加强和改进对制造强国建设的金融支持和服务。作为实体经济发展的"引水渠"和"助推器"，我国金融业要围绕制造业转型发展的痛点和难点，着力支持我国制造业加快实现由大到强的战略性转变。

（一）制造业高质量发展离不开金融支持

在 2018 年年底召开的中央经济工作会议上，"推动制造业高质量发展"被列为 2019 年重点工作任务之首。制造业是我国国民经济的主导产业，是实体经济的主体，也是供给侧结构性改革的重要领域，中国经济要实现高质量发展，必须有高质量发展的制造业作为支撑。

未来随着我国对外开放不断深化，向创新驱动转变、向全球价值链中高端转移将成为制造业的发展方向。在此背景下，作为支持制造业升级和创新的关键要素，高效、开放、富有活力的金融将为建设制造强国提供有力支撑，具体体现在以下三个方面。

首先，金融业助力制造业企业更好地"走出去"。"一带一路"、区域贸易协定等对外开放新格局为我国制造业"走出去"提供了难得的机遇。"一带一路"倡议提出以来，全球已有 100 多个国家和国际组织积极支持并参与其中，沿线国家市场不断拓展。商务部数据显示，2019 年第一季度我国对"一带一路"沿线国家进出口同比增长 7.8%，高出我国外贸整体增速

4.1个百分点。因此,拓宽制造业"走出去"的融资渠道,为制造业企业在境外开展业务活动提供多元化和个性化的金融服务将更好地支持制造业企业"走出去"。

其次,金融业支持制造业进行前沿创新和转型升级。当前,全球产业和经贸格局正在发生深刻调整,我国制造业更加广泛深入地进入世界分工体系并加快迈向全球价值链中高端,特别是在轨道交通、电力设备、海洋装备等高端制造领域,不断拓展分工版图,与发达国家的竞争愈加激烈。为培育一批世界级优强企业和打造先进制造业集群,加强金融业开放创新势在必行。通过进一步放开金融机构的市场准入,允许更多民营资本、外资通过正规渠道进入金融行业,设计开发符合先进制造业和战略性新兴产业特点的创新债券品种,能够有效助推中国在全球产业链重构中告别"微笑曲线"的低端,为中小创新型企业孵化成长、企业技术改造和转型提供服务和保障。

最后,金融业支持制造业良性成长。在激烈的外部竞争下,实现制造业的规模发展和平稳升级有赖于高效率的资金运作,这需要银行等金融机构提供更加便捷、更加灵活的资金清算、现金管理、财富增值服务,提供长期、稳定和低成本的技术改造和项目贷款支持,以及为企业之间的兼并重组提供更加专业、更加高效的并购融资服务。

(二)制造强国为拓展金融服务提供广阔空间

制造强国建设催生规模巨大的金融服务。党的十九大报告明确指出,要加快建设制造强国,加快发展先进制造业。作为国民经济的主体,制造业是兴国之器、强国之基,从根本上决定着一个国家的综合实力和国际竞争力。对于中国这样的大国而言,强大的、先进的制造业,是实现工业化和现代化奋斗目标的重要基石。实施制造强国战略,提高关键核心技术自主支撑能力,着力推进制造业重点行业领域突破发展,强化对制造业科技创新和技术改造升级的支持，推动制造业全球化布局，为金融发展融入国家经济战略提供了巨大政策红利和重大历史机遇。

长期以来，制造业对经济的贡献与金融对制造业的支持不相匹配。自2015年至今，我国制造业增加值占GDP比重一直保持在30%左右，但企业新增人民币贷款占比却呈下降趋势，从2015年的63%下降至2018年的51%。在未来一段时间，我国将继续保持完备的工业体系，同时还将着力发展一批资本密集型的高端制造业，这需要金融资源的不断支持与投入。

具体来说，制造强国建设所带来的全方位、多元化的金融需求将为推动金融服务和金融产品开放创新释放多重利好。例如，通过设立先进制造业融资事业部、科技金融专营机构等举措，提升金融服务专业化水平；规范发展制造业企业集团财务公司，稳步推进企业集团财务公司开展延伸产业链金融服务试点工作，提高内部资源配置效率；大力发展产业链金融产品和服务，有效满足产业链上下游企业的融资需求。

三、金融支持我国制造业"爬坡过坎"的具体实践

近年来，我国金融业按照党中央、国务院有关金融支持实体经济发展的决策部署要求，深入贯彻落实《关于金融支持制造强国建设的指导意见》等政策，围绕制造强国建设的重点领域和关键环节，努力推动金融产品和服务创新，不断加强和改进对制造强国建设的金融支持和服务。

（一）降低融资成本，保持成本相对较低的比较优势

近年来，我国企业生产成本明显上升，盈利能力弱已成为制约制造业转型发展的重要障碍。比如2007年，中国劳动力人口（15~64岁）的年增长率第一次转为负数，导致工人工资迅速上升。国家统计局数据显示，城镇居民制造业平均工资从2004年的0.86美元/小时增加至2017年的4.9美

元/小时,增长4.8倍。

我国在能源、土地、物流、融资等方面的成本也较快攀升,其中多个方面的成本已高于美国。以融资为例,2016年我国企业扣除通胀之后的实际利率约为3.09%,同期美国企业实际利率仅为2.21%。在美国税改政策背景下,我国制造业的低成本优势将进一步缩小,甚至可能发生逆转。近几年,中国金融业采取了多种措施,旨在降低融资成本。债券是国际上广泛使用的融资方式,相较而言,这些资金具有融资成本低、分散风险和可持续等优点。在"一带一路"沿线国家的基础设施项目建设中,债券已发展成为重要的融资渠道。一方面,中资企业和中国金融机构可以发行债券融资。自2018年3月上海证券交易所公布《关于开展"一带一路"债券试点的通知》后,红狮控股集团有限公司、中国建材国际工程集团有限公司等4家公司在上交所发行债券用于"一带一路"项目,共计38亿元。金融机构方面,中国银行首创发行"一带一路"主题债券,累计募集资金超过140亿美元,币种多元化是重要特色。另一方面,国外政府、金融机构和企业可以在中国发行以人民币计价的债券进行融资,目前"一带一路"沿线国家及其企业在中国境内发行熊猫债券超过650亿元人民币。

中国银行还通过创立跨境撮合服务平台,努力在本源上化解中小企业融资难、融资贵的问题。截至2018年年末,已在国内外成功举办了50场跨境撮合对接会,吸引87个国家和地区的3万家企业参加。作为首届中国国际进口博览会银行类综合服务支持企业,成功举办展商客商供需对接会,现场达成合作意向1258项,有力支持了中小微企业融入全球产业链。同时,还通过帮助企业在境外开展多元化融资,拓宽境外融资渠道,降低融资成本。

(二)优化全球布局,实现产业价值链分工的升级

目前,我国制造业的基本特征是产业附加值较低,在附加值较高的研发、设计、工程承包、营销、售后服务等环节缺乏竞争力。2016年,中国

出口的商品主要是劳动密集型商品和资源型商品,约占我国对外总出口的1/3,而低技术密集商品仅占美国总出口的14%左右。低端为主的制造业供给结构既不能满足我国居民消费转型升级的需要,也不能适应新一轮全球竞争需要,还可能进一步加剧产能过剩。如中国银行发挥国际化、多元化优势,帮助企业在全球进行产能的优化升级。一方面,助力产能过剩行业优化重组。如截至2017年年末,累计为上海江南长兴重工、广船国际、大船重工等骨干船厂的近20个船舶出口买贷项目牵头组建银团贷款,总金额超过20亿美元。另一方面,支持制造业跨境并购,助力企业全球化发展。参与中国中车全部重大海外技术并购项目,包括中车湖南株洲时代新材以2.03亿欧元收购德国采埃孚新材料公司、中车湖南时代电气以1.3亿英镑收购英国海底机器人公司;在新一代信息技术领域,为清华紫光收购惠普华三公司提供43.5亿元并购贷款支持;通过首笔跨境并购理财业务,为中航工业并购美国Hanson公司提供6亿元人民币资金支持。

在"一带一路"建设中,中资机构与国际机构合作,协同并进,"一带一路"建设和重大项目融资的合力正在增强。丝路基金累计签约项目约30个,承诺投资金额大约100亿美元。亚洲基础设施投资银行成员总数已增加到100个,累计为印度、土耳其等13个国家的39个项目批准贷款金额79.4亿美元,撬动其他投资金额近400亿美元。中国财政部与世界银行、亚洲基础设施投资银行、金砖国家新开发银行、亚洲开发银行、欧洲投资银行、欧洲复兴开发银行共同签署了加强"一带一路"合作备忘录,目前中国财政部正和六大机构协商实施备忘录相关内容。

(三)摆脱核心技术制约,引领科技变革潮流

统计显示,我国技术对外依存度高达50%以上,其中95%的高档数控系统、80%的芯片,几乎全部高档液压件、密封件和发动机都依靠进口。从盈利能力看,2017年中国在世界500强企业上榜企业的平均总资产收益率为 1.65%，仅为美国上榜企业平均资产收益率（4.79%）的 34%。从劳动生产率看，2016 年中国全员全年劳动生产率约为 8253 美元 / 人，同期，美国和日本全员劳动生产率则分别为 10 万美元 / 人和 12 万美元 / 人，我国不到它们的 1/10。比如，近几年中国银行通过支持一系列高端制造、智能制造并购项目，助力我国技术进步和全球市场开拓。例如，曾牵头筹组 1.2 亿美元银团贷款，帮助长电科技并购全球封装测试排名第四的新加坡上市公司的星科金朋项目；作为主牵头行成功筹组 37.07 亿欧元银团，支持美的集团并购德国库卡的再融资项目；作为唯一中资银行参加上海电气收购意大利安萨尔多能源公司 4 亿欧元银团项目，上海电气由此获得高效清洁能源领先技术；为中航工业提供约 15 亿美元跨境并购融资，帮助企业在飞机制造、汽车转向系统等方面提高技术水平。

（四）培育一批高质量、美誉度高的全球品牌

著名品牌意味着高附加值、高利润、高市场占有率，是一个国家竞争力和国际地位的集中体现。2019 年全球最具价值品牌 500 强名单显示，在上榜企业品牌价值的国家分布中，美国占据 45.4%，而中国占比仅为 19.0%。

为支持制造业"走出去"和加强品牌提升，近几年中国银行业积极探索创新境内 + 境外、商行 + 投行、股权 + 债权的全球金融服务模式。例如，中国银行全球现金管理产品为民营企业客户"走出去"提供了全球资金"可视、可控、可运作"的服务，目前已推出全球视通、双向通、海外资金池、海外 Swift 直连等重点产品。在 2018 年发布的中国民营企业 500 强名单中，中国银行已经为其中近 300 家客户提供全球现金管理服务，如为华为提供 Swift 直连服务，为吉利、正威提供双向通服务，并中标成为美的、TCL 境外资金管理合作银行，为其提供全球视通服务等。

特别是自"一带一路"倡议实施以来，政策性银行和大型商业银行是中国在"一带一路"沿线国家大型项目的主要融资方。据统计,中国金融机构为"一带一路"建设提供资金超过4400亿美元。截至2018年年末,国家开发银行累计为600余个"一带一路"项目提供融资超过1900亿美元;中国进出口银行推进首届高峰论坛确定的1300亿元(约200亿美元)等值人民币专项贷款落地,支持项目超过1800个;中国银行跟进"一带一路"重大项目逾600个,对"一带一路"沿线国家和地区共提供约1300亿美元授信支持。同时,努力帮助企业化解风险,提高对外投资信心。2015—2016年哈萨克斯坦坚戈币值出现大幅波动,中国银行利用两国央行的货币互换机制向客户发放了坚戈贷款,帮助借款企业避免了大额损失;中国工商银行累计新承贷"一带一路"项目300个左右,累计承贷金额近900亿美元;中国建设银行累计为29个"一带一路"沿线国家的117个项目提供了金融支持,签约金额为206亿美元。

四、金融支持我国制造业"爬坡过坎"的相关建议

作为实体经济发展的"引水渠"和"助推器",金融需要围绕制造业转型发展的痛点和难点,创新服务方式,支持中国制造提升技术水平,稳步提升在全球产业链中的地位,不断壮大中国制造的知名品牌,实现从制造大国到制造强国的转变。结合我国制造业发展的金融需求、金融创新发展的趋势以及近年来的实践经验,就金融支持我国制造业"爬坡过坎"、加快转型升级、实现高质量发展,提出以下建议。

(一)充分运用大数据等新技术,帮助企业降低融资成本

一是充分运用大数据、云计算等新技术,探索建立与新经济、轻资产行业相适应的融资模式。加强对新技术、新模式、新业态、新产品的跟踪调研,推动金融服务与"互联网+"的深度融合,通过构建大数据平台,普

及金融科技应用,简化流程,缩短周期,降低成本。

二是根据企业需求,在全球范围内优化安排资金,降低企业融资成本。发挥金融机构资金中介、信息中介作用,为企业提供全球化融资服务。综合考虑企业融资需求、境内外本外币资金成本,利用海外直贷、债券发行与承销等金融工具,在全球范围内寻找低成本资金,做好企业的"资金管家"。

三是合理运用债转股方式,帮助企业降低杠杆率。制造业是强周期行业,经济下行期资金链紧张的龙头企业是市场化债转股的优质对象。转变银行全面持股的债转股形式,引入社会资本,借助基金、第三方股权投资等新途径,帮助顺周期性行业中的先进产能企业降低杠杆率。

(二)金融支持制造业与新技术深度融合、提升核心竞争力

一是分类推进产能优化重组。对于技术先进、全球竞争力较强的先进产能,支持企业兼并重组,实现产能在不同区域和行业的优化重组;对于有条件"走出去"的客户,加大海外金融服务力度,帮助其开拓国际市场。

二是丰富银行的科技信贷产品体系、创新科技金融服务模式,稳步推进投贷联动试点,加快完善科技银行体系。可考虑设立专门支持科技创新的政策性银行,有效支持中国制造的技术创新,占领全球技术的制高点。

三是加快扭转我国资本市场的倒金字塔形结构,加快发展有利于科技创新的正金字塔形多层次资本市场,大力培育和壮大包括创业投资基金、天使投资基金、私募股权基金等市场主体,引导更多资金流向高技术和战略性新兴产业。

四是借鉴部分地区的先进做法,发挥大企业优势,搭建专业化"双创"平台,促进资源高效聚集和开放共享。开展重点领域升级改造试点示范,加快推广先进理念和成熟技术等。

(三)金融支持中国品牌成长壮大,构建有竞争力的产业链

一是金融支持建立多样化的全球品牌。在高铁、核电、量子通信、5G、

人工智能等领域，我国已有较好的基础。鉴于建立品牌需要长时间沉淀和积累，应借鉴已有经验，引导金融机构与企业签订长期合作协议，熨平企业周期性的资金短缺，助力优质企业品牌建设。

二是借鉴德国等发展经验，推动我国在全球产业链分工中不断升级，同时对标国际标准，打造世界级产业群，建立一批大型企业引领、大量特色中小企业协同的供应链体系。从制造业供应链核心企业入手，根据上下游企业特性需求，量身定制综合服务方案，为制造业上下游企业提供资金支持，加强对以制造业为主的实体经济的支持力度。

三是加强国际合作，构建中欧"一带一路"等多双边制造业合作基金。市场化运作的产业基金是促进多双边企业资金融通的重要利器。可考虑以中美制造业合作基金为引领，研究设立中欧"一带一路"制造业合作基金等，推动"一带一路"与"容克计划"的对接、促进中欧双边的制造业研发创新和深化双边在制造业领域的经贸投资合作。

（四）增强引领全球资金流向的能力，提升中国制造的吸引力

一是联合政策性银行、信用保险组织等，加强与国际金融机构的对接与协调，加强客户和项目资源共享，共同支持境外重大制造业项目，为中国制造"走出去"提供多层次金融支持。

二是大力发挥人民币国际化的作用，加快开发人民币跨境融资产品，积极助推人民币与更多主权货币直接交易。支持中资金融机构在境外发行人民币债券，或者募集低成本外汇资金，用于支持中国制造业境外发展。鼓励在制造业贸易、投资及境外经贸合作区等使用人民币计价结算，鼓励制造业企业使用人民币对外投资，降低中国制造"走出去"的货币错配风险。

三是在风险可控和商业可持续的前提下，支持重点领域制造业企业开展产融结合试点，支持有实力的制造业企业并购海外优质企业，探索通过融资租赁促进制造业转型升级。

四是完善信贷、外汇、财税等政策措施，促进企业扩大境外投资，发挥不同期限出口信用保险的功能。既加大对中小微企业和新兴市场开拓的保障力度，又实现大型成套设备出口融资应保尽保。

（五）打造"一带一路"金融大动脉，支持中国制造业站稳重要阵地

一是综合运用银团贷款、项目融资、出口信贷等方式，支持制造业龙头企业加大对"一带一路"沿线国家和地区的投资，积极探索创新投资方式，不断深化国际产能合作，加快建设一批有较大区域影响力的境外制造业合作园区。

二是深化制造强国与"一带一路"沿线国家和地区制造业战略的对接合作，强化对中国创造、中国品牌、中国标准在"一带一路"沿线布局的金融支持，推动中资企业加快提升技术、优化布局、打造品牌，逐步引领产业链、价值链、创新链。

三是利用并购贷款帮助中国制造业企业开展跨境并购，投资收购在"一带一路"沿线国家和地区具有技术优势、产品领先的制造业生产企业或研发机构，为尽快适应和开拓本地市场、实现技术、产品、人才本土化提供高效快捷的通道。

四是联合"一带一路"沿线国家和地区，共同设立"一带一路"制造业发展基金，建立和完善基金使用方向、规范和标准，专门用于支持相关国家和地区制造业的转型升级，发挥其支持当地实体经济发展、扩大就业和改善民生的作用。

（六）构建全球金融服务网络，提升中国制造全球融资及风险管控能力

一是通过债券发行和承销，积极协助有品牌、有实力的中资制造企业开展境外低成本直接融资。进一步扩大"一带一路"债券发行、加快绿色金融发展、创新基础设施融资PPP模式等，将"一带一路"建设长期红利转化为短期可见、易得的投资收益，让各方共享"一带一路"发展红利，点燃国际资本参与"一带一路"建设的热情。

二是支持符合条件的制造业企业在境内外上市融资，鼓励规范发行各类债务融资工具，引导风险投资、私募股权投资等支持制造业企业创新发展。

三是根据制造业企业特点及不同的项目需求，积极牵头组建推动重大制造项目的银团贷款联盟，提升银团贷款研发能力，深入挖掘银行贷款、存量贷款债务重组等银团贷款组合产品。完善外汇储备委托贷款、大型成套设备融资保险等政策，支持高端装备和优势产能"走出去"，形成制度化、长期化的配套措施。

四是加强金融机构与制造企业在融资租赁领域的联合，将合作范围从采购领域向市场调研、全球销售协作、金融服务一揽子解决方案和售后服务支持等领域拓展，促进融资租赁业与实体产业加速对接，使融资租赁成为国产装备"出海"的重要载体。

五是支持企业建立健全全球金融风险管控体系。协助企业构建全球现金管理平台，支持企业建立健全对境内外、本外币风险的综合管控能力，防止发生较大风险；引导企业合理选择金融衍生产品，积极灵活应对市场风险；提高企业对风险的评估和应对能力，健全决策后评估和决策失误追究机制；建立企业风险防范合作体系，提升企业共同应对风险的能力。

（作者宗良系中国银行战略发展部副总经理，国家制造强国建设战略咨询委员会委员）

如何评估民营企业的投资价值？

陈志武

民营企业的投资价值有多大？民营企业的寿命到底有多长？这是我们今天关注的话题。我们可以从几个角度去理解这些问题。如果你是企业家，我会尽量讲一些对企业长久生存和可持续发展有用的策略；如果你是政府官员，我希望这些问题能够让决策层和监管部门，特别是立法机构、执法机构，设身处地为民营企业着想，看到民营企业的生存挑战是有多方面的，既有体制层面的因素，也有民营企业自身的因素；如果你是投资者，那更应该从多个角度去思考、衡量和判断目前中国的上市公司，以及还没有上市的公司，是否具有长久投资价值。

我们不妨从几个比较简单、我们也很熟悉的案例作为切入点来理解。腾讯公司是1998年成立的，到2019年才21年，但是市值非常高，在香港联交所上市，达到了3.2万亿港币的市值（2019年8月数据），市盈率高达36倍。这个市盈率倍数是一个什么概念呢？36倍的市盈率就是说如果未来腾讯没有增长的话，今天你花36元去买一些腾讯的股票，那你需要等上36年，才能够年复一年通过利润把投进去的本钱赚回来。这带出了一个很有意思的问题：腾讯能不能存在36年？36年以后，腾讯这个公司究竟还会存在吗？如果不存在的话，投资腾讯的你可能会血本无归了。阿里巴巴集团的市值比腾讯更高，相当于3.4万亿港币（2019年8月数据），市盈率是50倍，那你要等上50年才能赚回本钱。50年以后，阿里巴巴集团是不是还存在的确是个疑问。试问，你对这些公司50年后还存在有多大信心呢？

在A股市场上，挑战就更大了：宇信科技市盈率是3065倍，中国船舶市盈率为2164倍。就算是两者取较低，中国有哪家公司存活2100多年？我们不妨看一些具体的数据，到2012年年底，日本有21万家公司存在了100年，就是我们平时讲的"百年老店"，其中有3146家公司超过200年寿命，数量乃全球之最；其中，有7家日本公司已升级为"千年老店"。相比之下，在中国拥有超过150年历史的老字号可谓寥寥无几。在这儿我们就研究一下为什么在中国没有那么多的百年老店。1949年是一个重要的转折点，那个时候还有很多拥有百年历史的家族企业，但是1949年以后，发生了什么事呢？就是我们很熟悉的"公私合营"。公私合营在20世纪50年代早期就基本上大规模完成了，后来国有化。到1957年、1958年，土地基本都集体化或国有化。如此，中国传统的宗族，还有家族企业能够持续下去的一个很重要的物质基础——私有财产，终结了。

接下来，我想从3个方面介绍一下，过去的民营企业在中国历史上如何能经营得长久。首先就是让自己的子孙通过科举考试考上进士，去做大官。一个经典案例就是在山东济宁，直到现在还存在的300年老字号"玉堂酱园"。济宁位于大运河边，也是历代漕运主要中心之一，所以，那里很早就集聚了许多来自苏州以及江苏其他地方的商人，而他们对家乡酱菜特别怀念。于是，苏州人戴玉堂就于1714年在济宁开了一家酱菜铺子，这就是玉堂酱园的前身。在戴玉堂离世后，酱铺先由儿子、后来由孙子经营管理，但在孙辈管理期间，经营出现困难并且债台高筑，加上当地政府、地方恶少的讹诈威逼以及一些地痞找碴闹事，戴玉堂的孙辈想要转让商铺，但迟迟找不到买家。

终于在1816年，由冷长连和孙玉庭出资1000两银子买下。当时，冷长连是济宁精明的药材商，他看重"姑苏玉堂"这块驰名京城的牌子，但又怕地痞恶棍、政府衙门的敲诈，担心自己招架不住。于是，他找到时任两江总督的大官孙玉庭,由冷家和孙家各占股一半、联合经营,借孙玉庭的权势保护企业。按照"卖店不卖字号"的协议,把店名由"姑苏戴玉堂"改为"姑苏玉堂",又名"玉堂酱园"。

接手的头20年里,冷家和孙家的人直接管理玉堂酱园。后来,两家达成协议,双方亲戚都不介入玉堂酱园的管理,而是聘请第三方总经理,把所有权和经营权分离。就这样,玉堂酱园聘请了外部总经理梁圣铭。梁圣铭是18岁进玉堂酱园的伙计,精明干练有魄力。在梁圣铭的苦心经营下,玉堂酱园由一个小小的店铺作坊发展为济宁独一无二的字号。梁圣铭病逝后,玉堂酱园还聘用过其他几位外部总经理,但由于当时内乱不断,19世纪玉堂酱园受到冲击。一直到1905年冷氏完全退出股本,由孙家独家拥有、独家经营,才把玉堂酱园从泥潭中救出来。

由于玉堂酱园注重质量和口味,产品十分畅销,规模和品种不断扩大,生产的酱菜、酒类南北风味兼有,企业发展状况不错。1886年,军机大臣孙毓汶——孙玉庭的孙子,将玉堂酱园"小菜"送进皇宫。慈禧太后品尝后,连连称赞:"真是京省驰名、味压江南!"并命玉堂酱园把酱菜当贡品,每年送进皇宫。1910年,玉堂酱园的远年酱油、什锦萝卜等,在南京召开的"南洋劝业会"上获优等奖章。1915年,玉堂酱园产品在巴拿马太平洋博览会上荣获金牌,包括万国春酒、宴嘉宾酒、冰雪露酒、金波酒、酱油获5块金牌。

1949年以后,经过公私合营,玉堂酱园成为济宁市第一家国有企业。改革开放以后,玉堂酱园由于体制僵化、管理混乱,曾一度陷入困境。1998年被贸易部授予"中华老字号"证书,1999年玉堂酱菜获"山东名牌产品"称号,等等。就这样,这个延续300多年的老字号活了下来,成为中国7个最老企业之一。

看到这里,有人可能会觉得这个故事很普通,跟其他千千万万个传统企业没什么两样,那为什么玉堂酱园可以延续300多年,而其他的家族企业却不能呢？其中有什么秘诀呢？

玉堂酱园之所以能胜过千千万万个传统企业，能够经久不衰，是因为它的背景太特殊了！孙玉庭的家族从乾隆时期开始就高官不断，一直到清朝末年都是山东济宁周边最强势的望族，这使得孙家参与的交易和契约是别人不敢违背的，玉堂酱园聘请的外部总经理不敢乱来，也使得孙家参与的商业项目备受其他商人的青睐，大家都想加盟。

孙玉庭的父亲孙扩图在乾隆元年（1736年）考中举人，任杭州府钱塘县知县，进入清朝权力精英阶层。孙玉庭1775年中三甲第七名进士，1786年任山西河东道，1796年升按察使，历任湖南、安徽、湖北省布政使；从1802年开始分别任广西、广东和云南的巡抚以及云贵总督、湖广总督、两江总督。后来在道光年间，他被任命为大学士，直接参与朝廷决策。

他的长子孙善宝1807年考上举人，做过刑部员外郎，最后官至江苏巡抚。孙玉庭的第三儿子孙瑞珍，1823年考上进士，历任包括翰林官、户部尚书等职。

孙玉庭的孙辈之中，孙毓溎于1844年以一甲一名状元考中进士，官至浙江按察使；另一个孙子孙毓汶，也于1856年以全国一甲二名榜眼考上进士，官至兵部尚书。曾孙孙楫1852年考中进士，翰林院庶吉士，官至京兆尹。

从18世纪中期开始，孙氏家族四世任官不断，历任清朝政要，祖孙三代官至一品，家门之盛是北方士族无法相比的。这就是为什么中国历史上能够长久经营的家族企业很少，也是为什么以前的家族企业会不惜代价让子孙考进士。

2014年，美国加州大学伯克利分校谭凯教授出版了一部专著，叫《中古中国门阀大族的消亡》，其中研究的问题有姻缘网络对过去门阀世族到底有多重要，他们靠什么使豪门世代相继。从出土的唐朝墓志中，他发现卢氏的故事非常典型。卢氏出身于唐朝东都洛阳的望族世家，她的祖先在汉朝就是豪门，一直到唐朝末期的700多年里，卢氏家族中数百位宗男历任各种官位要职。就在卢氏14岁的时候，出于家世门第的考虑，家里人帮她选择了一位门当户对的望族年轻人。不幸的是，她的丈夫年纪轻轻就离世了。但是，卢氏仍然有贵族身份，而且有5个孩子，所以接下来，她一方面忙于让儿子读书有出息，另一方面忙于安排子女的婚事，以确保亲缘能巩固家族势力。让她欣慰的是，不仅儿子考中进士，而且出身于洛阳贵族的女婿也在878年成为唐朝宰相。但是后来，黄巢起义打进洛阳，卢氏的女儿、女婿和儿子被杀害，她带另外两个儿子逃到洛阳远郊后，染上瘟疫，三人最终病死。就这样，卢氏家族终结了。从这个故事和该书介绍的许多案例中可以看到，至少早在汉唐时期，婚姻已经是望族扩大、维护家族势力最重要的手段之一。

2008年，香港中文大学范博宏教授与他的两位同事做过一项研究，对象是泰国最大的150家家族企业，看这些家族企业掌门人子女和亲戚的结婚对象是谁。结果显示，这些泰国家族企业的掌门人基本都是华人。

他们收集了从1991年到2006年的200个家族企业婚姻样本，并把婚姻分成三类：第一类是政治联姻，家族企业子女的婚姻对象是政府官员子女；第二类是商业联姻，对象也是家族企业的子女；第三类是既没权力因素，也没商业目的，而是以爱情为基础的婚姻。在总样本里，33%家族企业子女婚姻是政治联姻，商业联姻发生的概率是46.5%，这两项加在一起，占总样本的79.5%，将近80%。在家族企业子女中，只有20%的婚姻是基于爱情。有意思的是，当上市的家族企业把子女婚姻对象的消息公布时，如果是以爱情为基础的婚姻，那么股市对该家族企业的股票没有反应；而如果婚姻对象是官员或者其他家族企业的子女，那么，接下来一个多月内，股价平均涨5%左右。

家族企业子女的婚姻大多是不自由的，更不是爱情的结果，而是家族为了商业利益去跟其他财团、政府官员家族联姻的结果，因为联姻能扩大家族企业的交易机会和资源空间,降低跟其他家族企业间的交易成本。

为什么在泰国、中国香港、中国台湾以及其他亚洲国家和地区,子女婚姻往往成为商业手段,而在美国等国家这种现象已经很少?

答案在于法治环境,也就是市场制度的发达程度。如果商业契约、公司契约很可靠,各行业机会对谁都平等开放,那么,商家与官权联姻的必要性就下降,子女的婚姻自由也因此而解放;如果陌生企业之间的契约执行和交易信用不是问题,那么,企业家族之间就用不着通过联姻来强化信用关系。商业联姻、政治联姻是外部法治不到位、信用机制还主要依赖血缘亲缘的产物,是法治与市场不发达的表现。

所以,从过去到现在,让企业延续下去的普遍办法有两个:一是让子孙去做官,这是传统中国企业的一个老办法;二是让女儿嫁个未来很有出息的人,此战略在今天的泰国、中国香港和中国台湾应用得比较多。以这样的逻辑,今天的中国家族企业大可继续以联姻方式延续下去。但是联姻这条路也存在不确定性,毕竟婚姻中充满了很多变数。故此,推行"职业经理人"制度、建立法治化的现代公司治理机制,终归是现代家族企业实现长寿的唯一出路。

最后,我想说,决定企业是否长青的另一个重要因素,就是商业模式选择——究竟什么都做,还是集中主业?我们经常看到一些企业刚开始做得还不错,赚了钱之后,野心也大了,开始发展副业,结果亏得一塌糊涂。当然,也有不少企业因为转型成功而获得了长久的生命力。那么,企业到底应该是什么都做还是专注于主业呢?我想这可能是企业家们最感兴趣的话题。我个人认为做企业一定要看清大势,在野蛮增长年代,盲目多元化扩张当然没问题,因为经济势头好时干什么都能赚。可是,当经济进入结构性减速时期后,企业便需审时度势,应该集中资源做强主业。

总结起来,我们谈到,由于各种原因,包括体制的和企业家自身的原因,民营企业寿命短,这是值得投资者深思的问题。

百年老店需要有合适的制度支持，要有稳定的体制环境，要靠企业家优化策略，也需要恰当的商业模式。当然，即使有稳定的、有利于民企发展的体制环境，也需要有多个子女，让子女相互竞争，以培养他们的接班能力，否则，民营企业还是长寿不了。

（作者系香港大学亚洲环球研究所所长，著名经济学家）

下编

兴国之器

制造业高质量发展：挑战和选择

刘利华

21世纪以来，特别是党的十八大以来，我国制造业的综合实力和国际竞争力有了大幅提升，这是不争的事实。同时，我们也清醒地认识到，与主要制造强国相比，我国制造业发展水平还存在较大差距，仍然处于全球产业链和价值链的中低端。根据中国工程院对世界主要国家制造业的深入研究，美国综合实力遥遥领先，处于第一方阵；德国、日本紧随其后，属于第二方阵；我国尚处于世界制造业梯队的第三方阵，落后于发达国家，要实现由大到强的战略性转变，仍然任重道远。

一、面临的主要问题

2012—2018年，受多种因素影响，我国制造业增加值占GDP比重已由31.4%下降至29.4%。从国际经验看，美国、日本和德国分别是在人均GDP达到1.6万、1.7万和2.0万美元时，工业占比处于历史最高点，此后开始逐步下降。2018年我国人均GDP还未达到1万美元，此时制造业占比过快下降，既不利于当前经济平稳健康发展，也不利于支撑未来经济高质量发展。这反映出我国制造业在转型升级、"爬坡过坎"时期面临的巨大压力，深层次的原因是我国制造业在技术创新、质量品牌、产业结构、体制机制等方面所面临的一些突出问题。

一是技术创新能力不强。从关键核心技术来看,高端芯片、高档数控机床、航空发动机、关键战略材料等领域,对外依存度都很高,严重受制于人。根据海关总署公布的数据,2018年我国进口集成电路总金额高达3121亿美元,占我国进口总额的14%左右,多年来成为我国第一大进口商品。从研发投入总量来看,我国企业与国外大型跨国公司相比还有较大差距。以华为公司为例,它的研发投入总量在我国企业中遥遥领先。即便如此,根据欧盟发布的《2018年欧盟工业研发投资排名》,华为当年研发投入为113亿欧元,仍落后于韩国三星电子的134亿欧元、美国谷歌的133亿欧元和德国大众的131亿欧元。从研发投入强度来看,发达国家大中型企业研发投入占销售收入比重一般为2%~3%,而我国不足1%,广大中小企业研发投入水平更低。由于企业规模小,研发投入不足,缺乏核心技术积累,我国相关企业引进了一代又一代的生产设备和关键工艺,却始终难以形成可持续的竞争优势,导致产业发展仍处于全球价值链的中低端。

二是工业基础能力薄弱。工业基础能力决定了一个国家或地区制造业的整体素质、综合实力和核心竞争力。可以说,没有坚实的工业基础就不可能有强大的制造业。经过多年努力,我国工业基础能力建设取得了积极进展,但基础不牢的局面并没有根本改观。核心基础零部件、关键基础材料、先进基础工艺等主要依赖进口,中国制造面临"缺芯少魂"的局面。比如,航空发动机被誉为制造业"皇冠上的明珠",是一项难度极大的系统工程。目前,世界涡轮风扇发动机的主要生产商只有3家,即美国通用电气、英国罗尔斯·罗伊斯和美国普拉特·惠特尼。据不完全统计,美国、英国、俄罗斯的几种典型的第三代军用航空发动机的地面试验和飞行试验所用发动机台数少则51台、多则114台,发动机地面试验都要上万个小时,飞行试验则需5000个小时以上。世界上主要工业强国都将其列为战略发展重点,并严格禁止发动机关键技术出口。像航空航天、金融、交通等关系国民经济命脉的行业，大量使用国外核心零部件和控制系统，不仅成本高，设施安全稳定运行的控制权也基本掌握在他国手中。同时，我国基础产品可靠性、稳定性和使用寿命还有待提升。例如，通用零部件产品寿命一般为国外同类产品的30%~60%，模具产品使用寿命较国外低30%~50%。由此使得不少整机企业宁愿花3倍的价格从国外进口，也不愿意使用国产零部件。

三是质量品牌建设滞后。在质量方面，很多工业产品在安全性、稳定性和一致性等方面与国外产品差距明显，制造业每年直接质量损失超过2000亿元，间接损失超过1万亿元。在品牌方面，我国缺乏世界知名品牌，企业在品牌设计、品牌建设和品牌维护等方面投入严重不足，品牌化发展滞后。由于产品质量整体水平不高，难以跟上居民消费需求升级的步伐，导致高端消费品领域出现海外抢购、大量代购的现象。近年来，我国消费者出国购买的商品已经从皮具、腕表、珠宝等奢侈品，扩展到化妆品，甚至奶粉、药品、牙膏等日常生活用品。

四是制造业区域不平衡矛盾加剧。随着产业升级步伐加快，制造业区域分化现象加剧，"马太效应"愈发明显。2010—2017年广东、江苏、山东工业增加值稳居全国前三位，工业增加值占全国比重从30.8%上升到32.5%。以广东省为例，2018年广东省实现工业增加值3.76万亿元，是西藏自治区的327倍、海南省的66倍。贵州、安徽、陕西等省上升势头迅猛，2010—2017年工业增加值复合增长率高达15.9%、10.56%和9.66%，位居全国领先水平。天津、黑龙江、辽宁等传统工业强省（市）大幅回落，2010—2017年黑龙江、辽宁和内蒙古三省工业增加值复合增速分别为−4.5%、−2.6%和−1.4%，处于全国垫底位置。受原材料价格变化、"挤水分"等因素影响，2018年重庆、天津、黑龙江规模以上工业增加值增速仅为0.5%、2.4%和3.0%，分别低于全国平均增速5.7个、3.8个和3.2个百分点。

五是高质量发展面临不少体制机制障碍。我国已成为制造业第一大国，但供需失衡、创新薄弱、质量不高等"大而不强"的矛盾愈发突出。这些问题除了源于企业、产业自身原因外，根本上还在于体制机制改革不够到位。比如，经济脱实向虚现象明显，资金、人才等要素从制造业领域抽离，过度向金融、房地产等领域集聚，究其原因，主要是结构性失衡造成的，特别是金融和实体经济的失衡日趋严重。根据中国企业联合会的研究报告，在2018年中国企业500强中，33家金融企业净利润占比高达50.7%，其中17家银行净利润占比达43.4%，几百家最大的工业企业的利润抵不上十几家大银行的净利润。再比如，伴随经济快速增长，税费、行业准入、法律政策的限制及禁止等制度性交易成本重新上升，导致单位产出承担的成本负担日趋加重，削弱了我国经济在全球的比较优势和竞争优势，也限制了制造业高质量发展的步伐。

六是国际投资和贸易规则发生深刻变化。近年来，贸易保护主义、单边主义等思潮不断抬头，多边贸易体制受到冲击，国际贸易环境的不稳定性和不确定性明显增大，全球价值链体系面临重构。美国等西方国家加快推动高端制造业回流，并采取多种手段对后发国家进行遏制和打击。美国主导《跨大西洋贸易与投资伙伴协议》（TTIP），日本积极推动《跨太平洋伙伴关系协定》（CPTTP），覆盖了我国的大部分重要经贸伙伴，其规则体系有将我国排除在外的明显倾向。美国在新一版的《北美自由贸易协定》中，甚至专门设置了针对中国的"毒丸条款"。可以预见，制造业领域在未来的国际投资、市场空间、人才资源等方面的竞争将更为激烈，原有全球产业分工格局面临深刻调整，我国制造业转型升级将面临发达国家围堵打压和新兴经济加速追赶的双重压力。

二、制造业高质量发展的路径选择

面对当前复杂多变的国内外经济形势，我们要保持战略定力，坚定信心决心，持续深化供给侧结构性改革，在"巩固、增强、提升、畅通"上下功夫，重点做好"抓创新、强基础、调结构、促转型、育企业、优环境"6个方面工作，着力推动制造业质量变革、效率变革、动力变革。

（一）切实提升制造业创新能力

一是加强关键核心技术攻关。习近平总书记明确指出，关键核心技术是要不来、买不来、讨不来的。中兴事件、华为事件警示我们，加快关键核心技术攻关刻不容缓。要进一步梳理短板清单，按照受制于人的程度和急迫性聚焦攻关重点，抓好重大攻关工程的组织实施。在具体工作中，要充分发挥新型举国体制的制度优势和庞大的国内市场优势，充分发挥骨干企业和重点省市作用，争取近期在战略急需的核心关键产品和技术上取得突破。同时，强化我国"撒手锏技术"的研究，在5G、高铁、量子通信等优势领域加长板，构建我国核心技术体系。

二是完善制造业创新体系。我国长期以来共性技术供给体系存在结构性缺陷，仅凭单个企业很难解决行业的关键共性技术问题，必须瞄准重大基础共性需求，在重点领域布局建设一批制造业创新中心，打通从基础研究、应用研究到产品开发的创新链条。目前，在动力电池、增材制造、印刷及柔性显示、机器人等重点领域，已经建设了12个国家级制造业创新中心，各地方培育发展的省级创新中心数量突破了100个，初步构建了关键共性技术协同研发平台。比如，国家动力电池创新中心通过吸纳科研单位、整车企业、电池企业和投资机构，成立企业法人公司，建立起贯穿创新全链条的协同创新机制，有力推动了电池关键技术的开发及产业化。

三是强化企业创新主体地位。美国作为全球公认的创新强国，强就强在企业的创新能力上。2018年，美国专利商标局授权发明专利30.9万件，其中近一半专利（46%）授予美国企业，IBM以9100项实用专利位列第一，这家公司在过去的26年中已经获得了超过10万项专利。相对而言，我国的企业市场化时间短，创新能力积累先天不足，再加上多年来形成的科研与产业割裂、创新保护不力等原因，导致企业创新能力薄弱。要加快体制机制创新步伐，使企业真正成为技术创新决策、研发投入、科研组织和成果转化应用主体。

（二）加快补齐工业基础短板

"基础不牢，地动山摇。"工业基础是制造业高质量发展的根本保障。近年来，我国通过实施工业强基工程，推动"一揽子"突破和"一条龙"应用，突破了部分领域的"卡脖子"难题。但是我国工业基础能力薄弱的问题尚未根本解决，导致产业链具有明显脆弱性。

一是加强战略谋划和顶层设计。我们通常所说的"工业基础能力"，指的是核心基础零部件（元器件）、关键基础材料、先进基础工艺和产业技术基础，这是从机械领域延伸的概念。扩展到整个工业领域，工业基础能力不仅要解决"四基"技术问题，还应该包括公共技术服务平台、人才体系、新型基础设施以及制度环境等。对此，要结合"十四五"规划编制工作，深入研究提升工业基础能力的新思路、新举措，争取推动出台一个中央层面的指导性文件，引导各类创新要素向关键基础领域集聚，加快我国工业基础重构和升级。

二是抓好重大工程项目实施。继续推进实施工业强基工程，坚持一体化推进的思路，建立完善关键工业基础技术和产品清单并实行动态管理，抓好"一揽子"协同攻关和"一条龙"应用示范，适当扩大支持范围，鼓励上下游企业协同开展技术攻关，实现"点—线—面"系统突破。促进国防科研生产能力根植于国家制造业体系，推动形成军民一体化的国家工业体系和基础能力。

三是完善新型工业基础设施。随着新一轮科技革命和产业变革加速兴起，传统制造业模式正在发生深刻变革，网络、平台、数据、算法等新型基础设施和要素的重要作用日益凸显。我们要围绕抢占未来竞争制高点，加快 5G 商用步伐，大力发展工业互联网，组建国家工业互联网大数据中心，健全工业基础公共服务体系，建立材料、工艺等国家工业基础数据库，加强标准计量等质量基础设施建设，支持建设试验验证设施和检验检测平台。

（三）加快制造业结构优化升级

2008 年全球金融危机爆发至今，全球经济增长持续低迷，寻找新的经济发展动能，已经成为世界各国面临的共同挑战，我认为这应该是我们下一步的工作重点。

新动能首先来源于新兴产业的培育壮大。全球经济发展的经验表明，每一次的经济复苏和上升周期的到来，都主要依赖于新兴产业的发展。以美国为例，20 世纪 70 年代中期的石油危机后，美国加快了 IT 技术的创新和应用，到 20 世纪 90 年代实现了信息技术革命和"新经济"的崛起，率先走出低迷并重新拉大了与其他国家的差距。当前，新一轮科技革命和产业变革加速兴起，人工智能、大数据、虚拟现实等新业态、新模式不断涌现，我们正在步入一个新产业孕育发展的关键时期。必须抓住这一难得机遇，发展壮大一批新兴产业，激活经济增长新动能。特别要把握 5G 商用的契机，加快推进 5G 规模组网建设及应用示范工程，积极推广新型显示技术和超高清视频产品，促进无人驾驶、人工智能、医疗、娱乐等垂直行业项目投资，带动高端信息产品和服务消费。

除此之外，新动能的另一个来源就是传统产业的改造升级。不能把新兴产业和传统产业截然对立起来，实际上新兴和传统、先进和落后都是相对而言的，在一定条件下是可以相互转化的。我国传统产业体量大，在工业中仍占到 80% 以上的比重。传统产业经过先进技术的改造提升，能够焕发出新的生机和活力，带来新的增长，要让传统产业发新芽、开新花。

(四)加快制造业数字化转型

当前,新一代信息技术与制造业向深度融合方向发展,正在深刻改变传统生产模式和企业形态,必将重塑产业发展格局。培育发展网络化协同研发制造、个性化定制、云制造等新业态新模式,已经成为学术界和产业界的共识,各地区、各行业都在加紧探索具体做法。当中,有几个关键点。

一是坚持标准规范先行。完善的标准体系是推进智能制造的重要支撑。德国推进"工业4.0"格外重视标准引领,为了保障"工业4.0"的顺利实现,把标准化排在8项行动中的第一位。未来在推进制造业数字化转型中,要坚持标准先行,继续开展应用标准的制定和试验验证工作,加快制定企业内部、企业与用户之间、产业链上下游企业之间的数据接口标准、工业总线标准、物品编码标准以及相关应用服务规范,建立健全两化深度融合基础数据、产品标识管理等标准规范。特别是需要转变对标准的认识,将标准制定与技术研发同步推进,甚至超前布局。

二是发展自主的成套智能装备。德国"工业4.0"提出双重战略,即一方面在制造业中装备信息物理系统(Cyber-Physical Systems,CPS);另一方面推广CPS技术及产品,进而达到壮大德国装备制造业的目的。与之相对的,我国也需要把提升智能制造供给能力摆在更加突出的位置,依托智能制造工程,着力解决关键短板装备、基础零部件、工业软件等问题,发展重点行业智能制造单元、智能生产线、高档数控机床、工业机器人等,深化大数据、云计算、人工智能等新技术在智能制造中的应用,推出更多安全可靠的新技术、新产品、新服务。

三是形成一批智能制造典型模式。可以结合汽车、纺织、家电、石化等行业的特点,发展大规模个性化定制、云制造等新型制造模式,推进重点行业智能制造应用示范,鼓励有条件的企业分类开展智能车间、智能工厂、智能企业试点。比如,江西九江石化经过近几年的智能化改造,形成了与智能工厂相匹配的管理体制和运行机制,构建了扁平化、矩阵式集中管控新模式,在生产能力、加工装置不断增加的情况下,与2011年年初相比,2018年公司员工总数减少18.7%,班组数量减少13%,外操室数量减少35%,实现利润却达20.24亿元,创历史最高水平。

四是推动工业互联网创新发展。当前,我国工业互联网发展加快从概念倡导进入实践生根阶段。要深入实施工业互联网创新发展工程,打造网络、平台、安全三大体系,为制造业数字化转型提供关键支撑。在网络方面,推动基础电信企业与工业企业合作,支持利用5G技术改造企业内网,加快标杆网络建设。在平台方面,加快重点工业设备和企业"上云"步伐,培育综合解决方案提供商和平台企业。截至2019年8月,我国具备行业、区域影响力的工业互联网平台超过50家,重点平台平均工业设备连接数近60万台,工业APP达1500个。要继续加快平台应用普及,推动广大企业特别是中小企业接入工业互联网平台。在安全方面,着力构建政府监管、企业负责、社会监督的安全管理体系,加强安全监测、防护技术手段建设,化解企业在数据泄露、安全风险等方面的顾虑。

(作者系十三届全国政协经济委员会副主任,工业和信息化部原副部长,国家制造强国建设战略咨询委员会委员)

在全球价值链路径上建设制造强国

刘志彪

在新一轮经济全球化浪潮中,建设制造强国要在高水平的开放经济体系下进行。过去中国的制造业就是在嵌入全球价值链(Global Value Chains, GVC)形态的产品内分工体系下,利用低成本优势进行国际代工,使制造业的规模、体量迅速增大。未来中国将起重要作用的新一轮经济全球化,必然带来全球先进的、高级的生产要素的转移和移动,从而有效提升中国技术创新的能力,驱动中国创新经济发展,提升中国制造的品质和水平。

过去,经济全球化的同时也出现了中国制造企业被 GVC 的"链主"俘获和锁定在低知识、低技能环节,只能获取低附加值的现象,甚至某些领域出现了比较严重的依赖经济迹象。高质量地建设现代化经济体系,要求我们在开放条件下进一步深入思考制造业转型升级的战略、主攻方向和根本路径。从中国制造业深度嵌入 GVC 分工这一事实出发,我们提出在 GVC 上建设制造强国的政策主张。

一、在 GVC 上培育具有"链主"地位的跨国公司

在 GVC 的治理结构中,具有主导性地位的"链主"是跨国公司。它们要么依托巨大的国内市场需求,形成市场驱动型 GVC,利用品牌、设

计、市场、营销、网络等优势，向全球供应商发出巨额的采购订单；要么依靠国家整体科技创新能力、工业化水平和综合国力，形成生产者驱动型GVC，制定和监督规则、标准的实施，并最终获取价值创造的绝大部分收益。

显然，在GVC上建设制造强国，首先要依据产业性质，构建或培育具有这种治理地位的跨国公司。如在资本技术密集型的生物医药、集成电路等产业，就适合于培育生产者驱动的GVC"链主"。如果未来我国没有这一大批驰骋全球市场的有竞争优势的跨国公司，尤其是以产业和技术资本为基础的"链主"，何来中国制造在全球的领先地位？党的十八大报告和党的十九大报告都指出要"培育具有全球竞争力的世界一流企业"，这其实就是提出了在GVC上培育"链主"的战略要求。

根据2017年《财富》杂志世界500强排行榜，进入世界500强的中国银行有10家。其中中国银行、中国农业银行、中国工商银行、中国建设银行居于全球上榜银行前四位。2016年中国10家上榜银行总利润达到1738亿美元，占中国全部109家上榜企业利润总额的55%。进入世界500强排行榜的美国银行共有8家，这8家银行的总利润为1025亿美元，占全部132家上榜企业总利润的16%。

在大力振兴实体经济、持续扩大内需与调整结构相结合的政策导向下，中国市场不但给全球企业和人才提供巨大的发展机遇，中国企业也完全可以依托庞大的内需，建设市场驱动型GVC，把全球供应商纳入自己主导的分工网络。基于此，主要对策建议为以下三点。

第一，在消费终端推进以电子信息网络为支持的零售企业的大型化，通过资产的兼并重组构建若干拥有一定市场势力、相互竞争的大型商业巨头，这种商业巨头可以与制造业巨头之间产生市场势力的"对冲效应"。

第二，要改革收入分配制度，以收入增长和公平分配支持内需规模的不断扩大和结构优化。当前制约内需扩大的主要因素是收入分配差距的加大。富人缺乏消费的动力，而边际消费倾向大的低收入群体又无力消费。这与中国收入分配的基尼系数过大有直接关系。

第三，鼓励中国制造企业沿着"制造—零售"产业链进行前向的纵向一体化投资活动，或者鼓励制造企业收购兼并国外的品牌、网络、广告、营销系统。这些活动将产生价值链上的"链主效应"。

更重要的是，我们可以依据中国的内需去吸纳全球高级人才、技术和资本，开发具有自主知识产权和品牌的研发项目，发展创新经济，建设生产者驱动的 GVC。由于这类价值链的动力根源是产业资本，其核心能力主要体现在研发、生产能力上，所以像高通、ARM 等公司可以通过授权或者掌握芯片的核心技术等方式，站在产业链的最高端成为"链主"。因此制造强国应该强在对核心技术的掌握上，通过拥有核心技术占据 GVC 上"链主"的治理地位。主要的对策性建议如下。

一是把扩大内需、新一轮全球化、建设创新型国家等战略结合起来，共同服务于建设制造强国的目标。扩大内需不是为了自力更生，更不是闭关锁国，而是为了更深层次的开放，为了给全球先进技术和人才提供市场机遇。在以扩大内需为基点的新一轮开放战略下，通过开放的包容性生态社会环境的建设，千方百计推进全球优秀人才向中国流动，这是利用大国经济优势推进建设制造强国的首要政策目标。

二是鼓励中国企业从加入全球生产分工转向加入全球创新网络，在全球创新分工中占据一席之地。嵌入生产分工虽然与嵌入创新分工有联系，前者往往是后者的必经阶段，但是后者的等级要大大高于前者。向这个地位升级的企业必须专注于知识的投入，必须对创新系统有边际贡献。嵌入全球创新网络，首先要讲规则，尊重和严格保护知识产权。其次要充分发挥企业与大学、科研院所的互动作用。在全球创新网络中，大学是这种创新分工体系中的核心要素。如硅谷周边区域，就有斯坦福大学、加州大学伯克利分校、加州大学圣克鲁兹分校等近 20 所名牌大学。波士顿区域内，则分布着哈佛大学、麻省理工学院等世界一流大学，它们所提供的大量高素质人才以及高水平的科技成果，是创新生态系统形成和发展的关键因素。

值得强调的是，在培育"链主"的战略实施过程中，我们始终可以把"引进来"和"走出去"结合起来，通过新的投资、逆向外包、收购兼并等市场经济手段，广泛吸纳全球知识、技术和人才为我所用，同时为世界其他国家的发展提供新的机会。

二、向上延伸产业链：培育 GVC 上的"隐形冠军"

在中美经贸摩擦中，美方对中国高科技企业痛下狠手，其实打乱的是 GVC 的分工循环体系。事实说明，在 GVC 上建设制造强国，必须高度警惕那些拥有核心技术、关键部件和特殊材料的中间投入品供应商，在关键时刻对我国产业安全所发出的可置信威胁。具有这类性质和能力的供应商，一般我们也把它们称为"隐形冠军"，指在某个细分市场绝对领先但却鲜为人知的企业。这些"隐形冠军"不直接与终端消费者发生联系，但却因掌握行业的关键知识和技能，享有其他企业无法替代的优势地位，因而往往是具体产业命运的真正控制者。

中国企业过去处在 GVC 上的加工装配等生产环节，是高技术产业的低端环节。目前全世界处于这条价值链上游的"隐形冠军"有 3000 多家，其中德国数量最多，拥有 1300 多家，而中国虽然是世界制造大国、全球第二大经济体，很多产业规模也处于世界前列，但这些产业往往大而不强，缺乏像中国台湾的"台积电"那样的行业"隐形冠军"，其核心技术、关键部件和材料大都垄断在国外"隐形冠军"企业手中。大到精密机床、半导体加工设备、飞机发动机，小到高铁的螺丝钉、电子产业的芯片、微电子链接用的导电金球等，都是我们在产业链上的软肋和痛点。中国的主导性、战略性新兴产业不可能都通过依赖投资或收购兼并下游的加工厂和零售店获得发展，所以需要培育更多的"隐形冠军"，才能突破发展的瓶颈迈向GVC的中高端。"隐形冠军"是影响中国迈向制造强国的关键点。

未来根据战略性和紧迫性，某些战略性新兴产业发展必须依靠国家的力量逐步向上延伸产业链，专注于链上的技术知识密集环节，把技术一层一层地往上做，做大做强后往上提升，掌握链上某一部分不易被取代的重要价值环节。这些产业不一定非要做成"链主"，也不太可能都是"链主"。总之，要争取把这些产业的核心技术、关键部件和特殊材料的发展主动权牢牢地掌握在自己手中，否则我国的制造强国战略就好似建立在沙滩上，没有根基。正如习近平总书记多次强调的，核心技术是国之重器，是我们最大的命门，核心技术受制于人是我们最大的隐患，"就好比在别人的墙基上砌房子，再大再漂亮也可能经不起风雨，甚至会不堪一击"。

向上延伸产业链，培育GVC上的"隐形冠军"，说明我们过去认可的某些经济理论已经过时，尤其是不能根据静态比较优势理论实施所谓的扬长避短策略，放弃对GVC上游的某些高知识技术密集环节的追赶，而应该以动态竞争优势理论为指导，实施扬长补短策略，全力拓宽瓶颈部门。过去在静态比较优势理论指导下，我们长期定位于GVC上的低成本环节，专业化生产劳动密集型产品。其实，这种定位，一是随着我国发展水平的提升和要素成本的提高，我国的制造业将会不断地面临其他要素更为低廉的后发国家的竞争，从而容易陷入产能过剩和过度竞争的局面；二是不具备讨价还价的能力，容易被具有非对称权力的"链主"长期锁定在产业链的低端，导致贫困化加剧；三是容易在不安全和不稳定的GVC中，成为被上游企业讹诈的对象，从而影响国家产业安全。根据动态竞争优势理论，对战略性瓶颈部门的拓宽，可以从幼稚产业开始。根据后起的德国、日本和韩国的经验，可以对幼稚产业设置阶段的成长保护期，以隔开外来竞争。在保护期内，除了可以补贴消费者、使用者，鼓励国内消费者优先购买外，还可以鼓励产业内的优势企业进行资产兼并迅速做大。

向上延伸产业链，培育 GVC 上的"隐形冠军"，对于我国塑造现代化强国具有十分重要的战略意义。制造业是现代化强国的基础。如果说，小国经济可以通过嵌入全球经济实现专业化分工和合作，从而建立起依赖外部关系的开放型经济体系的话，那么对于中国这样一个大国来说，必须清醒地认识到，主要依赖于不断增长的、规模巨大的内需优势，去建设独立自主的、开放的工业经济体系，是我国发展战略目标最重要的选择。小国经济因国内需求规模的限制，不可能也没有必要建设很多门类齐全的具有规模经济特性要求的现代工业，必须放弃许多产业领域，同时也需要较大规模地利用外部市场，否则就很难生存。像中国这样的大国，我国产业发展所需要的核心的、关键的技术和知识，是市场换不来的，也是金钱买不到的，必须独立自主研发，否则就不可能形成基础坚实的制造业和强大的军事工业。国家的长治久安要求中国人的饭碗必须端在中国人的手中，中国重要的、关键的产业技术，必须掌握在中国人手中。

当然，考虑到国际分工，即使是最强大的国家，既没有可能也没有必要在诸如芯片、精密仪器、飞机发动机、传感器等所有领域和环节都取得绝对优势和控制地位。中国目前欠缺的技术，也不可能都由国家层面不惜代价地追赶。因此，一是在实施扬长补短策略中，最重要的是集中力量补那些短板，由此边际收益更高；二是更需要充分发挥民间、市场和中小企业的主体作用。

三、摆脱"被俘获"命运，坚持功能升级，重点发展制造型服务业

做 GVC 上的制造强国，需要久久见功，需要日积月累的产业升级。但是，考虑到我国企业嵌入的 GVC，在治理结构上属于被俘获型，因此产业升级过程具有特殊性。这是我国在建设制造强国中必须面对的最大约束条

件之一。

被俘获型 GVC，指的是价值链上的交易者之间，虽然不存在纵向一体化的所有权关系，但是可以通过价值链中的治理机制，使广大的供应商被具有"链主"地位的跨国公司所控制。这种交易网络和治理方式，相对于能力分享型的 GVC 或基于市场公平交易的 GVC 来说，由于参与方之间高度缺乏平等对话的市场势力和技术的基础，因此在价值分配上也不利于发展中国家。

但是嵌入"被俘获"的 GVC，对发展中国家来说也有受益的方面。研究发现，中国代工企业嵌入"被俘获"的 GVC 后，在得到来自大买家巨额订单的同时，也会接受其具体的人员培训、技术服务和市场训练等。中国代工企业在价值链的低端经过快速的学习，其工艺升级和产品升级的周期不断缩短。大买家之所以愿意帮助代工企业进行产品和工业升级，主要原因是这种性质的升级，有利于品牌产品在最终市场上的销售，其利益与代工企业是一致的。目前这些中国代工企业早已走过进口零部件的装配生产的阶段，处于大规模的整机生产能力提升，甚至达到可以反向出口发达国家的阶段。下一步的产业升级，就是要瞄准功能升级的目标，逐步形成自己的研发设计能力乃至拥有自己的核心技术和自主品牌。

另外，目前中国大部分代工企业的能力仍然局限于对生产功能的投资与建设，以大规模、低成本、低价格取胜。代工企业的功能升级，即向"微笑曲线"的两端升级，受到了资源能力的限制，以及价值链中买方市场势力的阻挠。这些掌控 GVC 两端的品牌、营销、研发、设计等生产型服务技能和知识的"链主"，因为担心来自中国企业的竞争和可能的替代，往往会用一切手段压制中国企业的功能升级，采取的围追堵截手段很多，比如威胁取消订单、打价格战、以知识产权名义起诉等。

未来根据专业化分工原则，大部分企业会做精致的、专业的代工厂家。把代工业务做大做强，也是不错的选择。但是鼓励一部分优秀的中国代工企业逐步实施功能升级，也是产业政策的必然趋势。只有在某些战略性产业方面建立起自己的品牌和自主技术，才能实现建设制造强国的目标。因此鼓励企业立足中国制造业的已有基础，加大知识技能投入，逐步发展"制造型服务业"，是当前条件下激励企业摆脱"被俘获"命运的最重要的有效措施。

中国企业在现阶段大规模转向服务业既不现实也不可行，毕竟全面走向金融科技为主的服务业，至少在相当长的时期内不符合中国建设制造强国的国情。比较合理的路径是首先发展制造型服务业。在大数据、互联网、云计算、人工智能技术突飞猛进的当下，制造服务业就是要将信息网络化作为提供服务的平台和工具，把服务向产业链的前端和后端延伸，扩大服务范围、拓展服务群体，能快速获得客户的反馈，优化服务内容和持续改进服务质量。其中，工业互联网平台建设是制造业服务化的大方向。

中国企业从纯粹的生产型制造逐步向服务型制造发展，是加快制造业自主创新和结构调整的重要内容。中国实施这一具体的战略调整具有非常好的条件和基础。一方面，我国庞大的制造业规模和体量将会对智能化发展产生巨大的市场需求，是支持智能化按市场规律正常快速发展的现实基础；另一方面，用智能化改造中国制造业，必将大大提高制造业企业的技术素质和产品质量，这也为制造强国奠定了坚实的技术基础。

四、以竞争政策重整价值链上公平竞争环境

在 GVC 上建设制造强国，还有一个调整和优化产业组织方面的问题，就是制造强国的市场结构基础。在这方面，要研究的问题很多，如：大中小企业之间怎么协调配合？不同规模、不同所有制企业之间如何公平竞争？如何破除政府的行政垄断？如何反对具有市场势力的企业行使垄断力量？等等。

习近平总书记在博鳌亚洲论坛2018年年会开幕式上，向世界庄严宣告中国扩大开放将采取4个重大举措。这表面上似乎是对某些逆全球化趋势的回应，实际上是要在高速度发展转向高质量发展的过程中，把过去那种由产业政策导向的非均衡发展阶段逐步转向以竞争政策为基础的高水平开放阶段。

第一，大幅度放宽市场准入管制，提高经济的竞争性，为民众提供更多的高质量的商品和服务，为消费者增加更多的选择。在生产能力短缺的时代，国家对市场准入进行严厉的限制，目的是对幼稚产业进行保护。随着国内经济力量的崛起，现在很多产业已经开始成熟，没有继续增加保护的必要性和合理性。如此一来反而会进一步增加消费者的消费成本，降低产品质量和减少多样性选择，增加生产者的垄断利润。这是典型的社会福利损失。改革开放40多年来，我国绝大部分制造业已对外开放，目前保留限制的主要是汽车、船舶、飞机等少数行业。这些行业现在大多已经具备开放的基础，国家下一步大幅度放松市场准入限制的举措，就是要尽快放宽对这些行业的外资股比限制，特别是对汽车行业的外资限制。另一个重要的有标志意义的举措，就是在高端服务业的金融、旅游、建筑设计、医疗、电信、互联网等领域（目前特别是对金融业）加快开放的步伐。这方面比较好的开放方案，就是建议这些产业在对外开放之前，首先对民营企业开放，加大对内开放有利于提高这些产业的竞争力，以防止对外开放的急促性使这些产业丧失竞争力。

第二，由政府制定优惠政策吸引投资，转向为企业投资创造更有吸引力的环境。过去中国政府吸引外来投资，主要依靠制定优惠政策创造"洼地效应"。"洼地"形成之后，确实具有吸引资源流动的强大的"虹吸效应"，但是它只能在某个局部的空间上发挥作用，除了存在影响力有限的天生缺陷外，主要问题是容易导致空间上的地域歧视，人为拉大区域间发展条件的差距，同时造成包括人力资源在内的所有资源的人为的、过度的流动。进入新时代，实现发展权的公平和减少优惠政策过多过滥的格局，需要更多地依靠改善投资环境，也就是要加强同全球经贸规则的对接，增强政府运作的透明度，强化对民营企业和外资的产权保护，鼓励竞争、反对垄断，为企业创造更有吸引力的投资环境。

第三，由模仿创新发展逐步转向以知识产权保护为重点的自主创新发展。早期以出口导向为特征的经济全球化，中国沿海发达地区走的都是"技术模仿创新"的道路，避开了国内因研发和技能差距所导致的技术陷阱，从而凭借其要素成本优势实现迅速成长。当前实施创新驱动国家战略，要求我们执行最严厉的产权保护制度。这是竞争政策最重要的内容之一，也是提高中国产业竞争力最大的激励因素。据日本经济学家的观察和研究，在20世纪70年代以后的日美贸易争霸战中，美国也是利用知识产权和专利保护制度，限制日本企业进行模仿和反求美国的技术。但是结果却出乎意料，它倒逼了企业开始重视知识产权和专利保护，日本企业从此开始艰辛的自主创新，也推动日本经济全面进入了自主创新轨道。

第四，主动利用内需来扩大进口，吸收全球最先进的生产要素为我所用。过去的出口导向利用的是别国的市场，而不是我们自己的市场。2008年之后，全球金融危机显示了这种性质的"全球化红利"已经基本结束，中国需要与世界进行再平衡。其实就是要在扩大内需条件下，主动地启动"基于内需的全球化经济"战略。基于内需的经济全球化，就是要在加入全球分工体系的基础上，强调利用全球的优质要素发展自己。中国尽早启动这一战略，也是为了满足人民日益增长的美好生活需要。以不断增大的内需来扩大进口，也能起到促进我国经常项目收支平衡的主要作用。这一新型的全球化战略期望能够用中国的内需吸收外部世界的先进生产要素，因此也希望发达国家对中国放松正常的高技术产品贸易的人为设限，放宽对华高技术产品出口的管制。

在以竞争政策重整价值链上的竞争环境中，还有一个急需解决的重要问题,就是如何以竞争政策重整价值链上的中低端供应商。目前我国有众多处于价值链中低端的国际代工企业。需要坚决贯彻中央去产能方针政策的中低端供应商,主要是两类:一类是属于资源能源开采加工方面的产业,如煤炭、建材、铝业、电力、钢铁等产业,这些产业产出均质性强、投资规模大,受供求和价格影响大,具有周期性;另一类是那些进入门槛低,全球涌入的企业过多,市场低价竞争激烈,因而产能容易过剩的劳动密集型产业,如鞋帽服装、玩具、消费类电子、家具等产业。

为了防止这两类产业残酷的价格竞争不断地驱使行业走向衰退,需要坚定地进行产能调整。但是,调整过程的手段和工具的选择应该有不同的把握。对于上述第二类产业,市场机制是最佳的手段,但是也需要政府在税收信贷政策、劳动力转移和培训、资产调整等方面给予配合。而比较难以操作的是上述第一类产业,主要是这些产业进入后较难以退出。其原因是市场需求循环变动,产业未来前景不容易看透;同时,资本规模大、转换成本高、沉淀成本大。更重要的是,这些产业往往也云集着大量的低技能型劳动者,他们退出产业寻找新工作的机会少、可能性低。对这些产业的调整,最佳手段是政府在做好劳动者社会保障和失业再培训再就业的前提下,通过提高环保、能耗、质量、标准、安全等各种准入门槛来完成淘汰目标。要尽量不利用行政的强制手段和计划指令,防止"一刀切"损害产业中真正有效率的民营企业。加强规则完善法治,减少行政指令,实现良性产能治理。

五、战略互动:价值链攀升与培育世界级先进制造业集群的结合

在 GVC 上建设制造强国,也需要落实在具体的空间结构上,产业升级需要重整制造业的经济地理条件。这主要包括制造业发展的时间空间条件

压缩、投资密度的增大、经济市场分割程度降低 3 个方面。

大力发展高水平的制造业产业集群，是实现上述 3 个要求的关键措施。制造业集群所依赖的运输条件等基础设施建设，以及集群内部有技术经济关联的企业之间较短的物理距离，都是压缩时间空间的具体形式，也是集群存在的基本理由；产业集群的投资密度，要大大高于原子式竞争时分散布局的企业投资密度，也是产业集群取得规模经济和范围经济的基本来源；产业集群打破了行政区域的界线，按照经济功能布局，群内企业的相互学习和由此引出的知识溢出，是减少市场分割、促进经济一体化发展的内在力量。因此，优化产业的空间配置，大力发展制造业产业集群，是建设制造强国的重要途径。

党的十九大报告指出，要促进我国产业迈向 GVC 中高端，培育若干世界级先进制造业集群。这其实就是已经考虑了要结合产业升级与集群升级实施互动战略。从学理上看，一方面，可以通过促进集群升级，有力地支撑产业攀升 GVC。产业集群最重要的特点之一，就是相关产业的大量的企业集中在特定的地域范围内。这些企业因处于同一产业，所以相互之间既有激烈的市场竞争，又有多种形式的合作，如信息共享、股权合作、联合开发新产品、开拓新市场、建立新的供应链，等等。这种合作机制的根本特征是互动互助，是集体行动。通过集体行动方式，中小企业获得知识和技能的溢出，如在培训、金融、技术开发、产品设计、市场营销、出口、分配等方面，可以弥补市场缺陷，克服其内部规模经济的劣势，既可与外部强大的竞争对手相抗衡，又能对冲掉一些大买家压制下游供应商进行产业升级的市场势力。

另一方面，在 GVC 上的产业升级，尤其是选择不同形式和性质的 GVC 的行动，将促进产业集群向世界级水平的跃迁。首先，在 GVC 上的升级，尤其是实现功能升级，意味着集群在向知识技术密集方向和环节延伸，这种延伸通过群内的竞争和学习效应，技术和知识将得到不断地溢出，最终推动整个集群的产出水平降低与世界标杆的缩小。其次，一个产业集群中的企业，所嵌入的 GVC 性质往往不同，由此决定了在不同性质的 GVC 中，产业升级的具体路径和方式有很大的差异，培育世界级先进制造业集群的政策取向也不同。例如，嵌入能力分享型的 GVC 网络或公平市场交易型的 GVC，与加入被俘获型 GVC 相比，后者需要政府为产业集群提供更多的外部资源和更大的外部性，也需要集群中的领头企业发起更多的集体行动，如合作建设品牌、合作研发等，才可能突破封锁艰难地推动集群升级。最后，企业可以在不同的"链主"所控制的 GVC 中学习，并把所掌握的知识和技能用于带动集群整体升级的活动。在实践中，一个产业集群中的企业，往往加入美国、日本等不同国家跨国公司主导的 GVC。这些不同的"链主"因文化、管理等差异，对所嵌入的企业升级的态度和政策也有所不同。如长江三角洲地区有很多企业，它们既嵌入美国大买家主导的以"被俘获"为特征的 GVC，也加入欧洲大买家主导的松散型 GVC，有的同时自主地对南美洲和非洲出口独立品牌，它们在国内市场也有大量并不依赖中介代理的直接的销售业务。这样，在不同类型和性质的 GVC 中，集群中的企业可以发挥"杠杆能力"，即把在某条 GVC 中学到的东西，运用到另外一条 GVC 的某种升级活动中，从而实现低成本的产业升级。

加入世界贸易组织以来，我国企业嵌入 GVC 的方式发生了许多新的变化。突出的表现就是，伴随着各个地方所规划的高新区和产业园的日渐成熟，企业首先在园区内扎堆，形成各具特色的地方性产业集群，这些产业集群又以集合形式抱团嵌入 GVC。与早期单个企业嵌入 GVC 的形态相对应，竞争形态也由公司总部与制造业工厂之间单一的链式竞争，逐渐演变为集群内部企业与企业之间的原子式竞争、集群与集群平台之间的竞争、集群与非集群之间的混合竞争，以及本国集群与国外集群之间的全球竞争。产业集群之间竞争的结果，使得价值链获取业务的空间越来越大，内容越来越复杂,竞争越来越激烈和充分,竞争效率越来越高。中国商品过去在全球竞争中攻城略地、所向披靡,形成所谓"中国价格"的旋风,这与产业集群的竞争形态和方式有着直接的、密切的关系。我国未来的产业政策,应该鼓励和支持这些产业集群成为 GVC 的"链主"。这个集群内部就是一段世界的产业链,要让这一段产业链成为全球该产业的核心,不仅在要素技术的创新能力上要过硬,更要在系统技术方面有足够的能力。在这里,系统技术是指在这一段产业链中,各个企业如何协调互相促进的技术,当然它包括集群内部的组织能力与战略协调能力。它是产业链攀升和培育若干世界级先进制造业集群的基本条件和现实基础。

六、结语

本文描述了在新一轮高水平的开放型经济体系的建设中,建设制造强国的战略方向、基本路径和基本政策。在 GVC 上建设制造强国而不是闭关锁国,是本文研究的基本出发点。本文分析得出的基本结论是:(1)中国企业完全可以依托庞大的内需,建设需求或技术驱动的 GVC,把全球供应商纳入自己主导的分工网络中。(2)现阶段应该扬弃静态比较优势理论,以动态竞争优势理论为指导,加强对 GVC 上游的某些知识密集、技术密集环节的追赶,实施扬长补短策略,拓宽瓶颈部门。(3)为了挣脱在 GVC 上"被俘获"的命运,必须鼓励企业坚持不懈地进行功能升级,重点发展制造型服务业。(4)制造强国需要以良好的竞争政策为基础。要区分 GVC 上两类不同的供应商,主要运用竞争政策坚决去掉过剩严重的周期性产业的产能。(5)把价值链攀升与培育世界级先进制造业集群这两大任务结合起来,实施战略互动。

关于鼓励中国企业在 GVC 上提升制造能力的途径和渠道,除了可以继续承接国际代工订单,向掌握核心技术的上游公司学习之外,我们提出:

（1）积极鼓励企业并购处于 GVC 上游的产业技术类公司。（2）与 GVC 上游的核心企业合作。例如，华为要向芯片这种高技术产业进军，可考虑请 IBM 等公司进行前端设计，同时让台积电代工。（3）采取逆向发包策略，通过 OFDI 形式利用外国当地的科技研发资源。如华为目前已经在 10 多个发达国家建立了相关实验室。（4）在国内大力建设产学研合作体系。比如，武汉、西安、南京等科教资源丰富的城市，华为、中兴等实力雄厚的企业，都可以采取国家、地方和企业共同合作投资的方式，建设面向战略性新兴产业的研发部门。（5）培育人才与挖掘人才相结合，既要投入巨资资助培养国内研发人员，还要大量录用跨国企业在华的研发人员，等等。

（作者系南京大学长江产业经济研究院院长）

智能制造及其发展生态

张相木

一、什么是智能制造

智能制造是新一轮科技革命和产业变革的重要驱动力,是工业发展国家重振制造业的主要着力点,美国、德国、日本、英国、法国都在抓紧谋篇布局,相继出台了新战略、新政策,其根本目的就是在新一轮科技革命和产业变革当中抢占先机、先发制人,争夺国际竞争的主导权和话语权。虽然各国表述和突出的政策各不相同,但是本质上都指向同一个核心议题,就是智能制造。

智能制造源于人工智能的研究与应用,其概念最早由美国人赖特·伯恩于1988年提出。传统意义上的智能制造只限于生产过程,只是个体制造单元的智能化,限于当时的技术条件,没有网络互联,也没有数据流动,所以仅是一堆智能体,智能制造在过去长达20多年的时间里没有发展起来。随着新一代信息技术的发展以及其在制造领域的不断渗透,智能制造被赋予了新的内涵,进入一个崭新的发展阶段。在大数据、物联网条件下,智能制造不再局限于生产过程,而是扩展到企业的全部活动,在这种情况下,智能制造的概念需要重新来定义。

2014年美国能源部给智能制造下定义，称智能制造是先进传感仪器监测、控制和过程优化的技术和实践组合，他们将信息、通信技术和制造环境融合在一起，实现工厂生产率、成本的实施管理，需要实现的目标是装备的智能化、生产的自动化、信息流和物质流合一、价值链同步。智能制造是基于新一代信息通信技术与先进制造技术深度融合，贯穿于设计、生产、管理、服务等制造活动的各个环节，具有自感知、自学习、自决策、自执行、自适应等功能的新型生产方式，这是2016年中国工信部给智能制造下的定义。这样的定义还有很多，有20多种对智能制造的定义，但是到目前为止还没有一个国际公认的定义。对于一个新生事物，人们在一开始不可能有多么深刻的认识，也不可能精准地对它进行表述。

从广义上讲，智能制造是全价值链的两个IT的融合，一个是工业技术，一个是信息技术，过去这两个IT是平行发展的，现在我们要把它们结合在一起，也就是让两个IT深度融合，而且要贯穿价值链的各个环节，目标是通过数字基础设施的铺设最终形成虚实合一的生产系统。两个IT融合的广度和深度决定着智能制造发展的成绩和水平。

智能制造的内涵主要包括4个方面。第一，网络互联；第二，端到端数据流；第三，智能工厂；第四，关键环节的智能化。连接是智能制造的支撑，连接的基础设施就是工业互联的网络，包括内部网络和外部网络两部分。内部网络连接工厂内部机器、制品、流程、人、控制系统、信息系统等网络，外部网络连接不同企业、订单、供应商、智能产品、用户、服务平台等网络，内部网络、外部网络还要相互连接。数据是智能制造的基础，在智能制造时代数据是主要的生产要素，"产品+数据"意味着更高的附加值。数据能够成为智能制造的基础，是针对产品全生命周期数字化来说的。智能工厂是智能制造的载体，我们都知道工厂或者车间是劳动者、工业设备、生产技术以及原材料最终汇合的场所，生产要素的融合发生在工厂和车间，未来制造业的革命也将首先发生在工厂，这里的工厂指的是智能工厂。不仅要搭建先进的生产设施，同时还要构建高效的数字化基础设施，人、机器、产品之间实现互联互通，使工厂由黑箱走向透明，这是革命性的变化。智能工厂是实现智能制造的载体。

关键环节的智能化是智能制造的核心，主要包括以下几个方面。第一，产品的智能化；第二，装备的智能化；第三，生产过程的智能化；第四，管理智能化；第五，服务智能化。我想特别强调的是智能制造的基石是精益生产，精益生产是一种能够快速响应客户需求变化、生产过程当中一切无用和多余的东西都被精简的生产体系和管理方式，它的核心思想是在需要的时候按需要的量生产所需的产品，终极目标是零库存、零缺陷、零浪费、零故障、零灾害，另外精益生产是数字化的根基，为生产提供各种量化的方法和工具，使工厂变成可量化、可视化、透明化的工厂。因此精益生产是推行智能制造必须经历的变革过程，不懂精益生产谈智能制造纯粹是忽悠。

智能制造不是某一领域的里程碑式技术突破，也不是简单的用信息技术改造传统制造业，而是新一代信息技术与先进制造技术融合引发的颠覆性创新突破，是生产组织方式和商业模式的创新与变革。智能制造的本质特征主要表现为个体制造单元的自主性和系统整体的自组织能力。传统的智能制造只有前者，没有后者。智能制造是一种基于网络的现代制造模式，它不仅采用先进的制造技术和智能装备，而且将新一代信息技术渗透到工厂，在制造领域构建信息物理系统，从而彻底改变制造业生产组织方式。智能制造的宗旨是要实现优质、高效、低耗、清洁、灵活、定制化的生产。因此智能制造的实质是制造，而非智能，智能只是实现智能制造的一种手段，没有强大的制造实体智能化只是空中楼阁。

智能制造是一场源自企业由内到外的智能化革命，两个IT的深度融合是一个较长的过程，人工智能、工业互联网、并行工程、虚拟制造等多种势能技术的突破绝非易事，智能制造的发展不可能一蹴而就，而是一个循序渐进、持续改善的过程。要在制造全过程当中全部实现智能化，如果目前做不到，至少在遥远的将来也会实现。

二、怎样发展智能制造

当今世界智能制造成为兵家必争之地，全球制造业竞争已经切换到智能制造的赛道，由于发展基础和优势不同，各主要工业国家采取了不同的战略和策略，中国发展智能制造既要充分借鉴国外的经验，更要准确把握自身的发展基础和比较优势，采取务实的战略和路径，立足国情，分类施策，循序渐进。一方面，我们应该走并联式发展的道路，工业发达国家发展智能制造走的是数字化、网络化、智能化顺序发展的路线，是一个串联式的过程，如果我国也走串联式或者顺序发展的老路，就无法跟上世界智能制造的发展步伐，就会失去换道超车的历史机遇。所以我们只有走数字化、网络化、智能化并行推进的创新之路，才能尽早实现制造业的智能化转型。另一方面，要用两个轮子驱动智能制造发展，智能制造是靠数据来驱动的，这就更需要企业掌握产品核心技术，了解生产工艺特点，只有洞悉关键的数据关系才能搜集完整、高质量的数据，才能从经验驱动成功转向数据驱动。发展智能制造需要用两个轮子驱动，一个轮子是制造技术的创新，一个轮子是信息技术的应用，两个方面相辅相成。制造技术的精进可以促进信息技术应用的深化，信息技术的导入也会在一定程度上助推生产水平的提升，任何一个轮子有短板都会让企业走不快，更走不远。这就是前文中提到的智能制造不是简单的用信息技术来改造传统制造业，越是要深化智能制造，我们对先进智能技术的理解或者发展越要更加精进。

要构建智能制造发展生态，智能制造是一种新型生产方式，推进智能制造是一个长期的渐进过程，各国都在不断探索中也都面临标准、网络、安全、人才等一系列共性问题和挑战，我国还将长期面临智能制造装备可靠性差、核心零部件主要依赖进口、工业和平台软件技术落后、公共服务平台支撑门类较弱等诸多矛盾和问题,我们只有主动适应智能制造发展趋势,加快培育智能制造发展生态,才能推动智能制造更好地发展。发展智能制造需分步实施,是一个循序渐进的过程,目标宏伟,但不可能一蹴而就。智能制造更是企业脱胎换骨式的自我提升过程,需要改造的维度很大,难以一步到位,发展智能制造可以放眼长远,但更要脚踏实地,一步一步去探索,分阶段、分层级往前推进。发展智能制造要"因企制宜",不同企业的发展阶段和实际痛点有所不同,导致各个企业之间的成功经验和模式难以快速复制,发展智能制造不可能"千企一面",要探索符合企业实际的智能化转型路径。另外,企业在推行智能制造当中应该先医后药,先对企业进行诊断,认清企业所处的位置和拥有的实力,厘清现有条件下哪些目标可达,哪些未来可行,哪些还处于设想的阶段,然后再评估企业在通往智能制造道路上要达到的层次,拟定最适合企业的路径和方法,最后搭建起智能制造的框架,分析其核心要素,并由此引导出符合实际的智能化转型路线和节奏。

三、如何构建智能制造发展生态

要更好地发挥政府作用,美国推动智能制造有政府主导的 AMP 计划,也有政府倡导成立的智能制造创新中心,还有先进制造技术联盟、智能制造领导力联盟等,美国的策略和做法说明推进智能制造需要更好发挥政府作用。"中国制造 2025"也将智能制造作为主攻方向和突破口,工信部陆续发布了《智能制造发展规划(2016—2020 年)》《智能制造工程实施指南(2016—2020)》等政府指导性文件,相关联盟也在发挥积极作用,但是这毕竟是一个新生事物,下一步如果深入推动智能制造,政府的作用只能加强不能削弱,因为智能制造这个新生事物在发展过程当中有些方面是市场做不好也做不了的，也就是说市场是失灵的，这就要有一只看得见的手发挥作用。另外，要加快建设公共服务平台，以下列出了3个主要的方面。第一个是要建设和完善各类孵化器、实验室以及面向技术研发、测试、标准试验验证和创新应用验证的测试床等技术支撑平台。

第二个是要积极建设智能制造技术集成应用、诊断优化及案例展示、人才培训、智能设备融资租赁等技术服务平台。要推进工业互联网平台的发展及应用，加快建设智能制造网络基础设施。要建设和完善智能制造标准体系，标准化工作是实现智能制造的重要技术基础，争夺智能制造的主导权首先要争取标准的话语权，标准先行已经成为工业国家推进智能制造的重要环节。我们要按照共性先立、急用先行的原则，用标准规范和引领制造业智能转型，同时要加强国际交流与合作，积极输出我国标准化研究成果，争取国际标准话语权。要大力培育龙头企业和系统解决方案供应商，龙头企业拥有强大的生产、市场和技术能力，在产业链当中充当着核心企业或系统集成商的角色，是产业生态成长的关键力量，构建智能制造发展生态关键之一就是要大力培育和发展龙头企业。另外智能制造是一项复杂而庞大的系统工程，既需要单一技术与装备的突破应用，同时还需要系统化的集成创新，因此，系统解决方案在推进智能制造过程当中发挥着重要作用。我们要大力培育各种类型的系统解决方案供应商，引导和支持它们在实践当中不断成长壮大，逐步成为智能制造生态体系的核心和中坚力量。

第三个是要大力提升供给能力和水平。其一是要建设智能制造创新中心，围绕嵌入式设计等基础共性技术，聚集优势资源攻关突破发展瓶颈。其二是要组织实施重大装备短板工程，要大力发展智能制造装备等一大批关键装备。其三是要深入实施工业强基工程，把智能制造所需的智能传感器、仪器仪表等的技术掌握在自己手里。其四是要加大支持力度，推动工业软件、平台软件发展，加快工业软件的开发和产业化进程，尽快摆脱平台软件主要依赖进口的局面。其五要强化智能制造人才培养，智能制造时代企业熟练工种将减少，"能动工种"会增加，很多体力劳工将不复存在，而高层次研发人才需求旺盛，复合型人才供不应求，智能制造专业技术人才严重短缺。随着智能制造的推进，人才培养的标准与市场岗位对接悄然发生变化，国家应制订面向智能制造的人才培养与成长计划，通过政产学大力协同加快培育急需的高端专业技术人才和高技能人才，同时也要注意培养具有运行和维护核心智能设备技术的一线人员，为智能制造健康有序发展提供人才支撑。

（作者系工信部装备工业司原司长，中国智能制造系统解决方案供应商联盟专家委员会主任）

赋能城市经济生态圈

新 望　曹仰锋

改革开放 40 多年来，中国区域经济有一个特点，就是"极化效应"。即先有一个增长极，然后带动周边地区经济共同起飞。这种"极"，有些是由于特殊政策导致的，但这种情况下出现的往往是"飞地经济"，无法形成辐射效应。更多的"极"是所谓的"块状经济"，也就是一个由民间自发的，基于产品或产业的分工协作体系。东南沿海地方政府因势利导，提出并推行"九通一平""十通一平"的新概念，这些"块状经济"便成了各类园区，有的还成长为国内有影响力的产业集群，从而成为区域经济的重要节点。这也是改革开放以来我国工业化、城镇化的主线和基本逻辑。

时至今日，从产业发展的地区形态来看，产业升级已经形成了 1.0 工业园模式和 2.0 产业园，即产业集群模式。这两种模式侧重于企业的空间集聚，通过优化经济发展空间格局，促进企业降低成本，提高企业竞争力。尤其是产业集群模式具有其他形式无法比拟的群体竞争优势和集聚发展的规模效益，这也构成了当今世界要素布局的基本构架。

但网络通信和现代交通的发展，正在改变这一逻辑，或者说产生了"乘数效应"。网络技术不仅为企业创新发展提供了新技术，更为产业升级提供了新的空间和模式。在网络时代，开放的全球市场、快速的运输手段、高速的通信方式，使得企业几乎能够在任何时间、任何地点，找到任何所需要的生产资源。产业升级可以突破物理空间的限制，整合利用世界资源。

传统的 GDP 导向下，地方发展容易导致产业结构单一、资源分散、市场隔离，缺乏合理的区域产业分工，同质化竞争影响区域的可持续健康发展。在产业结构调整、新旧动能转换的大背景下，利用科技创新、组织创新，使城市、区域完全可以借助现代化交通通信和新兴技术构建一体化的市场、共享的新型技术平台。利用新型产业集群，带动产业结构升级，培育形成新经济、新业态，为经济发展注入新动力。

一、3.0 产城创

海尔集团创立于 1984 年，是一家全球领先的家庭美好生活解决方案服务商，已经历了名牌战略发展阶段、多元化战略发展阶段、国际化战略发展阶段、全球化品牌战略发展阶段，目前正处于第五个战略发展阶段——网络化战略发展阶段。在持续创业创新过程中，海尔以"人的价值第一"为发展主线，不断创新管理，持续为用户提供高质量的产品和差异化的服务解决方案。自 2005 年以来，海尔持续探索人单合一模式，加快企业互联网和物联网的转型，让员工在创造用户价值的同时，实现自我价值，实现员工、用户、企业等利益攸关方的共创共赢。目前，海尔已从传统的制造企业转型成为开放的创业平台、共创共赢的物联网生态社群，打造了 COSMOPlat 工业互联网平台、国家双创示范基地等新平台。

在新时代背景下，海尔集成拥有在智能制造、创业创新、智慧家庭等多领域的模式创新和实践成果，创造性地提出了"产城创生态圈"模式，作为人单合一模式在城市落地的重要平台，产城创为城市转型发展提供了综合性解决方案。借此，海尔也完成了"1.0 工业园—2.0 产业园—3.0 产城创"的产业升级。

在"1.0"阶段，海尔以家电制造为主体，依托工业园的建设，形成了自己的家电制造体系和质量管理体系。这个阶段的工业园主要是企业的空间布局。

在"2.0"阶段，海尔将工业园升级成为产业园，整合供应链上下游资源，形成家电产业集群。海尔逐渐打破企业边界，整合供应商等利益攸关方，围绕用户需求，共同满足用户需求，打造企业完整的产业链、价值链。

在"3.0"阶段，海尔产城创聚焦用户美好生活、生态共赢，将传统的工业园、产业园、社区等物理空间颠覆为全球化资源在城市的触点，形成平台化、无边界的产业升级生态圈，产业、政府、用户、创客等攸关方共创共享。

从做系列产品，到做产业链，再到做平台，最后到做生态圈，实现产城互动、产城融合，在自我颠覆的变革中，海尔逐渐打破企业边界，转型成为开放的生态系统，实现同用户、同城市的融合发展。在为城市发展"输血"的同时，海尔产城创也实现了"造血"的功效，以产业升级、消费升级和创业升级持续助推城市升级。可以说，一个产城创生态圈的落地和成形，就意味着一个区域经济发动机的诞生。这也为国内大型工业企业的转型升级提供了新经验、新启发。

二、城市经济新模式

海尔产城创包括三层架构，即基层工业互联网平台、中层产业集群生态平台和顶层智慧生活体验平台。

基层工业互联网平台，以海尔COSMOPlat为核心，为区域转型升级提供核心模式和平台支撑。COSMOPlat是海尔自主创新的、具有自主知识产权的并引入用户全流程参与体验的工业互联网平台。不仅面向广大中小企业开放海尔的企业资源，输出大规模定制的模式、标准和解决方案，而且搭建起企业、用户、资源的多边市场，推动供需融合创新，为创客创业创新、企业转型升级、产业生态重塑赋能，形成了可以落地的供给侧结构性改革的新模式、新平台。

中层产业集群生态平台，依托COSMOPlat工业互联网平台，充分发挥资源集聚和辐射效应，推动企业、产业集群发展，进而优化产业结构，重构产业价值生态，带动经济转型升级，为城市、区域发展提供高质量的产业支撑。

顶层智慧生活体验平台，面向终端用户，在基层平台和中层产业的基础上，输出全场景、定制化的解决方案，为用户提供一站式服务的美好生活体验，形成独特的品牌和示范效应，提升居民生活幸福指数。

三层架构层层递进，形成了平台—产业—方案相互支撑的复合结构，不仅能To B，提供工业互联网解决方案，助力产业转型升级，更重要的是能To C，直接面对用户，满足用户个性化需求，实现用户定制美好生活的需求，让产业发展回归以人为本，产品和服务以用户为中心，为用户负责。

以无锡为例。海尔在无锡着力建设以服装产业升级为切入点的高端工业互联网、智能制造集聚区和智慧生活、创新创业示范区，以衣联网为示范打造世界级物联生态网示范基地。其中，基层以COSMOPlat为核心，规划了工业互联网场景平台、智能物联孵化基地、联合创新基地，为制造企业提供智能制造解决方案，助力无锡甚至江苏全省的企业转型升级。中层以服装产业切入，通过搭建衣联网生态应用示范平台、智慧物联供应链示范平台、智慧物联网双创示范平台，推动服装产业集群发展，服务全球百家知名服装品牌及亿万大众用户。顶层则结合无锡城市发展定位，建设海尔智慧生活体验平台，打造"物联网+智能服务+美好住居"模式，为用户提供定制化的服务解决方案，创造用户美好生活体验。

未来，海尔无锡物联生态网基地将带动RFID企业、物联网技术企业、服装品牌企业等生态资源方集聚成为千亿级规模的产业生态，同时带动周边中小企业加入海尔产城创，助力区域新旧动能转换。

三、生活 X.0 的载体

2018年1月6日，海尔集团董事局主席张瑞敏首次对外提出"生活X.0"这一全新的物联网时代的概念，其核心思想是：为用户定制物联网时代的美好生活。海尔产城创正是"生活X.0"战略落地的重要载体。

基于基层—中层—顶层的三层架构，海尔产城创通过打造智能制造产业集群平台、智慧生活平台、双创示范平台，搭建起平台化、生态化的产业升级生态圈，成为智能制造、智慧生活、创新创业相互促进、融合发展的城市发展新模式。下面具体说一下海尔产城创布局的三大要素。

"产"是以 COSMOPlat 工业互联网平台为核心的智能制造产业集群平台。凭借 COSMOPlat 工业互联网平台，打造全球先进的智能制造产业集群发展新平台，做强中国制造业。2017年，依托 COSMOPlat，海尔已建成九大互联工厂，实现了高精度下的高效率：订单交付周期缩短了50%，生产效率提高了60%，现金流的周转达到-10天，产品不入库率达69%。当年平台定制订单量达到4116万台，交易额超3000亿元，为已聚集的3.2亿多个终端用户和390万家企业提供了增值服务，成为全球领先的大规模定制解决方案平台。作为跨行业跨领域的工业互联网平台，COSMOPlat 将交互、设计、采购、物流、服务等全流程七大模块的服务应用进行了社会化推广，已复制到农业、汽车、建陶、服装等11个行业，推广到上海、天津、广州等12个区域，验证了平台赋能的可行性和有效性。

2018年3月，北京的曹先生在网上订购了一份金乡大蒜，2018年5月22日，金乡大蒜刚有收成，曹先生很快就收到了新鲜的大蒜。让曹先生惊喜的是，只要手机扫描大蒜外包装上的二维码，就能很容易地追溯到大蒜的产地信息，而且大蒜从种子到他收到货物的全生命周期都有据可查。而曹先生的"供货商"金乡蒜农刘四海同样感到惊喜。据刘四海介绍，2018年他种植大蒜整体增产900多斤，尽管2018年大蒜市场行情不佳，蒜价也降到了近几年最低价格，但他家的蒜在收获后的第三天就已经被预购完了，而且比邻镇拥有相同规模的蒜农多卖了 1000 多元。

上述场景的实现正是得益于 COSMOPlat 在农业的跨界复制。一直以来，金乡大蒜在国内外市场上有很高的知名度，但传统的金乡大蒜营销模式存在很大的局限性，不少商家、蒜农以普通的蒜冒充金乡大蒜，将金乡大蒜品牌价值拉低，进而导致金乡大蒜库存大、销路窄、价格低，蒜农利益受损。为实现金乡大蒜与终端用户的零距离，COSMOPlat 搭建了物联网农业平台，利用物联网、人工智能、大数据等技术，推进大蒜的科学种植，保证了大蒜的品质及产量。同时，将种植户、食品制造企业、物流运输、社群运营等原先的分散、独立环节整合成一种共创共享的产业生态，为用户提供了从田间、蒜农直达用户餐桌的一条龙式解决方案，让用户吃上健康安全的金乡大蒜。

"城"是智慧生活解决方案服务平台，以智慧家庭、智慧社区、智慧小镇等为示范，提供美好生活 X.0 的一站式解决方案，同时依托海尔智慧物流、健康水站、日日顺乐家、健康医疗等线上线下资源，建立城市美好生活触点网络，形成 5 分钟生活圈、10 分钟工作圈的美好生活社群平台，助力解决城市资源分配不均问题，帮助解决居民面临的教育、医疗等城市生活难题，带动整个城市的转型升级和生活质量提升，促使传统的评价指标由 GDP 转型为国内幸福总值，大大提升全体居民的生活幸福指数。

海尔智慧家庭不只是单独的某个家庭的家电智能化，更是智慧生活平台的触点，具备开放整合资源、提供个性化解决方案的能力，可利用农业、物流、服务等行业资源，带动城市的资源流动与价值创造，更好地服务用户的美好生活。

同时，海尔自 2016 年起开始在全国发展医养健康产业，着力打造高中低端医养护康融合发展的生态圈。在上海，海尔基于人单合一模式创新，推出了医患合一的服务模式，以患者为中心，围绕患者提供全流程服务，实现医患共赢,并在上海盈康护理院(上海唯一集护理、康复、养老于一体的非营利性社会专业护理养老机构)和上海永慈康复医院(上海市第一家按三级标准建立的康复医院)得到了推广。海尔还搭建了网养平台,为线下的医疗机构赋能,让优质医疗资源进入更多社区、家庭,为更多居民的健康护航。

"创"是国家级双创示范基地,也是产业集群生态平台。迈克尔·波特指出产业集群是区域发展的核心推动力之一,而产业结构的优化和升级除了依靠自然禀赋之外,更需要通过产业内的自主创新,才能形成持续的竞争力。海尔双创示范平台为产业转型升级和新动能培育提供了支撑。

作为首批国家级双创示范基地,海尔双创平台具有专业、开放、共享三大特点,打造了创客学院、创客工厂、创客空间、创客资源、创客服务5个子平台,依托海尔自身的产品、服务、管理经验等大企业资源,为创业企业提供全流程、全生命周期的一站式创业服务,为创客提供共创共赢共享的"有根创业"平台。例如,海尔双创平台不仅提供创业培训、办公空间等基础服务,而且开放了国家级实验室、模具工厂等企业核心资源,解决创客创业难点,为社会培养创新型企业家,为城市发展、产业升级培育新动能。此外,海尔首创了一套创客激励机制——"创客所有制",通过用户付薪,创客薪酬同他创造的用户价值挂钩,让每一位创客都有公平、公开的创业机会。截至2017年8月海尔共享式创业平台上已聚集了4316家创新创业孵化资源、1333家风投机构以及120亿元创投基金,聚集了2246多个创业项目,海尔共享式创业平台上有超过100个小微企业年营收过亿元,18个小微企业估值过亿元。例如,海尔双创平台孵化的雷神科技,以游戏笔记本设计、研发和销售起家,经过3年时间,已发展成为集电竞硬件、游戏电竞娱乐产业、神游网等为一体的游戏共创平台,并在2017年9月在新三板挂牌上市。

海尔产城创模式下,三大平台三级联动,融合发展,形成了"1+1+1＞3"

的协同效应，以产业带动创业，以创业促进就业，同时配套智慧生活服务，成为集产业、创业、生活为一体的城市经济生态圈。

四、城市发展新生态

海尔产城创不仅具备传统的产业园功能，而且利用平台构建了物联网时代的共赢生态圈，满足了平台攸关方创业、就业、生活等全方位需求。

张瑞敏提出，"海尔"已经不再是"产品"品牌，而是"生态"品牌。海尔的战略是通过持续交互用户需求，围绕用户搭建生态圈，提供满足个性化需求的解决方案，实现生态各方的共赢增值。作为海尔构建生态品牌的重要载体，产城创通过模式、平台、服务等多方位创新，能有效降低企业经营成本、用户生活成本、城市环境成本等，推进产业、城市、双创融合发展，打造城市发展的新模式。

具体来看，海尔产城创实现了企业、创客、用户等多类攸关方的共创共享共赢。对企业而言，产城创提供了COSMOPlat的平台资源和大规模定制解决方案，能够帮助中小企业转型升级，提质增效；对创客而言，产城创通过搭建国家级双创示范平台，为创客提供了丰富的创业、就业机会，同时平台开放大企业资源，创新激励机制，有效提高创业成功率；对用户而言，产城创将打造宜居宜业、富有活力的生活环境，通过智慧生活平台为用户持续提供美好生活解决方案，提升居民幸福生活指数。此外，围绕国家智能制造、智慧城市、创业创新等战略的落实，海尔产城创形成了综合性的试点示范，为城市转型探索了新的模式和方案。

目前海尔产城创已在天津、上海、广州、济南、无锡等城市落户，结合城市定位和产业发展，打造城市转型的示范区。其中，在上海主要以中小企业的升级为切入点，打造先进制造业产业链；在天津主要以高端装备联合研发、孵化为切入点，打造高端装备产业链；在广州主要以高端制造和人工智能为切入点，打造从软件到硬件，从开放研发到制造、销售、服务全流程的工业互联网应用平台；在无锡结合物联网产业发展，以服装产业为切入点，打造领先的物联生态网示范基地。

综合来看，海尔产城创通过平台、产业、服务融合发展，"做乘法"而不是"做加法"，为城市发展提供了一套有方案、可应用的转型模式和创新机制，将充分发挥平台辐射效应，带动区域转型升级。正如中国区域经济学会秘书长陈耀所说："从 1.0 工业园模式到 2.0 产业园模式再到 3.0 产城创模式，海尔开创了产业转型升级、城市创新发展的新范式。海尔产城创致力于打造城市发展的'中国模式'，已成为新旧动能转换、实体经济转型升级的名片。"

（作者：新望系中制智库研究院院长；曹仰锋系香港创业创新研究院联合创始人、院长）

人工智能+制造、出行、物流、商业

吴甘沙

我想就人工智能的发展现状,人工智能与制造业、出行、物流以及商业有一些什么样的结合,未来传统企业如何去拥抱新技术等方面,做一下大众化的介绍和展望。

一、人工智能

什么是人工智能?人工智能区分于生物智能(自然智能),但它又跟生物智能(自然智能)展现出来的行为相似。相似点在于它们表现出来的智能行为,不同点在于生物智能是由生物大脑和生物躯体来实现的,而人工智能是用机器展现出来的。

人类能不能复制一个生物的大脑,去展现人类的智能呢?现在看起来还是比较困难,因为理解大脑、理解生物智能太难了。国外做过一个科学研究,试图让大脑的结构可视化,但是人类有近1000亿个神经元,是以万亿计的神经元之间的连接,单纯用肉眼看清楚,然后进一步理解,太困难了。即使如此,理解生物智能还是很有意义的。理解生物智能不仅能够为设计下一代人工智能提供借鉴,而且能够解决当下很多棘手的人类疾病——比如帕金森病等很多与大脑相关的疾病。

现在的科研水平有了很大进步，科学家做大脑研究用斑马鱼而不是小白鼠作为载体。因为斑马鱼经过变异以后，皮肤是透明的，因此我们可以通过高速摄影机把它的大脑活动记录下来。它的大脑有二三十万个神经元，不算太复杂，而小白鼠作为哺乳动物大脑太复杂了。但斑马鱼大脑又不是特别简单，一些昆虫只有几千个神经元，研究昆虫的大脑没有太大意义，所以以斑马鱼大脑为研究的载体是我们现在试图去理解大脑的一种手段。

其实，人工智能未必需要通过生物智能的方式来获得智能。那人工智能通过什么样的方式呢？它是通过博闻强识和暴力计算。因为机器的特点就是它一秒钟能够计算几十亿亿次。而我们的大脑一秒钟能够算多少次呢？神经脉冲一秒钟大概最多只有1000次。所以机器与人类的大脑相比，机器的记忆是可以无限的，当然前提是拥有足够大的内存，而人脑记忆则是有限的。

最近10年，我们在人工智能领域取得了很多突破。翻译被认为是机器不可能完成的任务，现在，机器翻译逐渐发展起来，这得益于大数据的出现。谷歌怎么做翻译？机器把各种大量的语料凑在一起，比如联合国任何一份文件都有三种语言，英语、法语、中文，这三种语言在说同一件事情，它就找到了语言之间的一种映射关系。机器翻译不是靠理解语言，而是靠大量的数据来映射，所以它一旦解决了大数据的问题，就能够在几十种、上百种语言之间进行相互翻译。通过大数据来解决智能化的问题，这也是机器擅长的。

但是如果只是通过博闻强识和暴力计算，那么机器也不是最优的，所以人工智能科学家开始试图在宏观层面理解生物智能。有人在20世纪90年代做过一个试验：把听觉神经跟耳朵之间的连接断开，把听觉神经连到视网膜上面。过了一段时间，这段神经具备了视觉能力，也就是说这段神经本来是做听觉的，现在变成了做视觉。这给我们的启示是什么？就是大脑其实只有一套程序，给大脑不同的输入、不同的奖励机制，它就具备了不同的能力，包括听觉、视觉和触觉等能力。

这也很容易理解，例如：为什么盲人的听觉、触觉特别灵敏？因为人类大脑皮层的 1/4 是处理视觉的，但是盲人不用处理视觉，所以这些神经元都被释放出来可以去处理听觉和触觉。人类大脑就是一套程序。基于这个启示，科学家发明了一种新的人工智能的方法——"深度学习"。

现在，人工智能体现在三个方面：语音识别，比如对着手机里的某个语言软件跟它说话，语音变成了文字，这就是语音识别；语音合成，即对机器输入一段文字，机器能够产生相应的语音；机器视觉，就是使计算机能够看懂我们这个世界。当一个人开车的时候，每经过一个摄像头，都会有大量信息被记录下来，包括这辆车的车型、颜色、车牌等，正副驾驶座位上的人脸会被抓拍下来，有没有系安全带、车内的挂坠、纸巾盒、年检标志等全部都会被抓拍下来，这就是真正的"天罗地网"。

二、理解技术的发展规律

技术发展是有规律的，我们要理解技术的发展规律。有一种指数叫"吓尿指数"，大致含义是把一个生活在若干年前的人带到我们现在的生活环境，他如果被现在交通、科技、生活状况"吓尿"，那么这个若干年就是我们这个世纪的"吓尿指数"。设想一下，20世纪70年代的人"穿越"到今天，他会不会被"吓尿"？他可能会觉得很不一样，但也不一定会被"吓尿"，因为汽车还是汽车，飞机还是飞机。再设想一下在1750年之前，也就是第一次工业革命之前的人"穿越"到现在，应该确实会被"吓尿"了。但是1500年的人"穿越"到1750年会不会被"吓尿"呢？不会。差不多要到12000年以前，石器时代的人"穿越"到1750年会被"吓尿"。更往前可能还是处在人猿向人类进化的时候，或者是处在人类文明曙光之前的人会被石器时代的生活状况"吓尿"。由此可见，被"吓尿"所需的年代间隔会缩短，我们今天的人可能"穿越"到2030—2040年就会被"吓尿"。这反映了一个变化,叫非线性变化或者指数增长,反映到对技术的判断中叫作"Amara 法则",就是人们往往会高估技术的短期影响力,而低估技术的长期影响力。

那么,在指数式增长的世界里我们要注意的是什么?只有快是不够的,必须越来越快,这是痛苦的领悟。创业不易,我们创业前 10 年特别辛苦,就希望 10 年以后可以过安稳日子。但是创业 10 年后我们若是贪图安逸,就离被淘汰非常近了,因为这个世界变化是越来越快的。

还有一种规律叫"默顿定律",什么叫"默顿定律"?就是一开始我们有了一种预言,预言什么时间,什么东西都会发生,这种预言变成了一种群体信念,有一群人都相信你了,这种信念会对他们的行为产生牵引和反馈,然后这个预言就自我实现了。比如人工智能,有人预言人工智能在哪一年就会做到什么程度,很多人相信了,其中有做技术的人、有愿意投资的人,于是人才和资本都会进入这个领域,预言就自我实现了,这就是现代世界在不断重演的现象。这种现象叫"变革性思维"。变革性思维听起来很普遍,但事实上绝大多数人都是连续性思维。什么是连续性思维?就是站在时代的当下,思考我们接下来要做什么。最直观的一种想法是我们过去做过什么,我们会做什么,那么我们就接着做什么。显而易见,这条轨迹是连续的,是线性的,未来是被过去束缚住的。什么是变革性思维?就是我们站在时间的原点不是想过去做过什么,而是想未来是什么样子,想象自己活在未来,再从未来"穿越"回来。到达这个未来还有一段很长的路要走,这意味着要到达这个未来,需要我们从现在的舒适区中跳出来,获得一次突破。这种方法论叫"遇见未来,以终为始",默顿定律其实就是"以终为始"。"以终为始"的一个典型案例就是登月计划。在 20 世纪 50 年代末,苏联成功发射了世界上第一颗人造卫星;20 世纪 60 年代初,苏联成功完成了世界首次载人太空飞行。这对美国的冲击是非常大的,因为第二次世界大战以后美国无论在科技方面还是经济方面都毫无疑问是世界的领跑者，面对苏联在此领域的冲击，美国怎么去应对？连续性思维就是苏联发射了一颗卫星，美国发射两颗卫星；苏联发射小卫星，美国发射大卫星。但美国没有这样做，他们想的是能不能在10年之内把人安全送到月球上，再把他接回来，实现一种跨越。于是，不到10年，美国宇航员就踏上了月球。就是这样一种终局观极大地促进了美国的现代发展，包括教育、科技、经济以及整个制造业、航空航天业等都有了极迅速的发展。可以想象一下，人类登月直到现在都是一件非常困难的事情，20世纪60年代美国计算机的计算能力还不如现在的一个智能手机，然而他们却成功了，这就是"以终为始"。

阿里研究院中心主任梁春晓说过一句非常有哲理的话："为了抵达明天，必须远望后天。"做制造业也一样，后天是什么？我们不想后天只想明天，那明天将是又一个明天，没什么变化。从今天到明天很难，从后天到明天反而比较容易，所以我们需要转变思维方式。

2018年，无论是对于创业公司还是传统产业来说都很困难，回望历史，基本上每10年都会有一次困难。1987年黑色星期一，1997年亚洲金融危机，2008年全球金融危机，2018年中国经济下行压力明显。但是每一次的金融危机，都揭开了一个新的时代。1987年金融危机以后，1990年个人电脑时代开始，个人电脑真正进入家家户户。1997年很困难，但是2002年以后互联网蓬勃发展起来。2008年全球金融危机，2010年以后移动互联网发展了起来。每次经济危机都意味着旧的生产力走到了尽头，需要科技推动一种新的生产力发展，社会需要进行一次转型。

根据现在的观察，每20年有一次大的科技革命，2016—2036年会是人工智能，往前推20年，1996—2016年是互联网，再往前推20年，1976—1996年是个人电脑。新科技自诞生之日起就肩负着自己的使命，每一次，它都完成了自己的使命。个人电脑完成的使命是生产资料的数字化，很多生产资料、劳动工具数字化了。互联网完成了生产关系、社会关系的网络化，生产关系、社会关系发生了一次变革。人工智能提升的是生产力。由此可见，过去科技革命的对象，是从生产资料到生产关系再到生产力。再往后 20 年到底是什么？我们也不知道，有人说是开拓宇宙的新疆界，有人说是人类与机器融合变成新人类，这是未来的事情。

那么过去的 20 年，互联网解决了什么问题、没有解决什么问题呢？

互联网解决了三个问题。第一，它重构了信息不对称的情况。第二，它使交易成本变得非常低，每天 24 小时，交易随时可以发生，时间成本很低，金钱成本也很低。最典型的一个例子就是余额宝，蚂蚁金服推出余额宝时人们都心怀疑问：买基金不是要手续费吗？不是只能在工作日的交易时间才能买吗？不是必须有 10000 元的交易额才能买吗？现在随时可以买，10 块钱都能买。第三，惠及长尾人群，原来的金融服务可能只为 VIP 服务，现在普通消费者也能享受这种服务。

互联网还没有解决的一些问题有：第一，它改变了生产关系，但是没有改变生产力，它建立了连接，但是生产力还是旧的生产力。第二，它使得交易成本最小化，但是生产成本并没有发生变化。比如滴滴刚上线的时候，打车很便宜。但是后来价格又涨上去了，原因是车要折旧，加油要有油费，司机要有工资，生产成本并没有发生变化。第三，它惠及了长尾人群，但是社会整体利益不一定实现了最大化。滴滴刚上线的时候，开车的人觉得路上更堵了，高峰时间突然多出几十万辆车，每个人打车都变得更容易了，但是社会的整体利益受损了。这几个问题互联网都解决不了，通过什么解决呢？就要通过人工智能来解决。

第一，利用机器的众多能力，人工智能真正能够使生产力发生数量级变化。

第二，人工智能在历史上第一次模糊了生产资料与劳动力的边界，机器原来是生产资料，现在变成劳动力了，所以生产成本的结构改变了。

第三，机器没有利己之心，用一个机器集群，在城市范围内做全局优化，那么社会的整体利益将实现最大化。

如果说传统产业是白面包，人工智能是葡萄干，必须把葡萄干放到面包里面，变成一种新品种——葡萄干面包，去放大产业的价值。所以，如果一个做人工智能的人说自己能够解决一切问题，那一定是骗子，人工智能必然要依托于传统产业。

当然，人工智能的成功需要一种生态。第一，人工智能有 To B 和 To C，但是以 To B 为主，至少在这个阶段是以 To B 为主，To B 有好处也有坏处。绝大多数互联网是 To C 的，To C 有个现象叫赢家通吃，但 To B 的企业很少赢家通吃，To B 的企业生长周期更长。在中国，做 To B 其实不好做，在美国，To B 与 To C 的企业比例大概是 2∶3，但中国的 To B 与 To C 的企业比例是 1∶20，其中涉及很多问题。比如 To B 是不是要有关系；如果做中小企业，中小企业的付费意愿是不是足够强烈，等等。第二，人工智能必须与传统产业结合，当然，这里涉及一个经常出现的问题，就是出现鸡同鸭讲的情况。第三，人工智能一定要找到"反人性"的地方，因为只有找到"反人性"的地方，我们的企业主才有动力、动机去用人工智能。不适合人做的事情，可能是因为劳动力成本过高，可能是因为这里工作条件太恶劣，可能是因为人员流动程度非常高。第四，先天不足不行。例如，人工智能需要大量的数据，如果没有数据，人工智能就做不好，要为人工智能准备好充足的资源。第五，要处理好期望差的问题，虽然人们都希望人工智能一夜之间改造好传统产业，但实际上并没有那么快，尤其是人工智能与传统产业的结合，我们对此一定要有足够的耐心。

三、人工智能 + 制造、出行、物流和商业

（一）人工智能 + 制造

进入一个行业要先对它有所了解。汽车制造业曾经是一个鲜有新企业

进入的行业。20世纪，美国市场上最后一家上市的汽车企业是福特，于1956年在美国上市。换言之，1956—2000年美国就没有新的汽车企业上市了。在20世纪创建并且生存到2000年的最后一家汽车企业是克莱斯勒，是1925年创建的，1925年以后就没有新的企业生存到了2000年。这就是一个对后来者不利的、鲜有新企业进入的市场。人工智能也是一个这样的市场，我们首先要想好，自己到底能不能进入这样的市场并生存下来。

最近几年发生了一些变化，刚开始时，大家觉得这些都是小变化，但这些变化聚集起来，形成了百年以来汽车产业翻天覆地的变化。这几个变化主要体现在4个方面：一是电动化，现在我们大力宣传新造车势力，电动汽车就是趁着这一趋势发展起来的。其实早在1834年就出现了电动化的汽车形态。1900年美国有300家车厂，很多都是做电动汽车的，一直到1920年美国石油开发，内燃机出现了，才变成现在这种主流的内燃机汽车形态。现在，电动化重新带来了汽车行业的新变化。这种变化其实也很容易理解，传统汽车的竞争力在发动机、动力总成、变速箱等。中国企业在这些方面做了几十年还是不如某些外国企业，但突然动力变成电池了，驱动变成电机了，它的门槛就降低了。另外，一辆传统汽车有3万个零件，电动汽车比传统内燃机汽车少了1万多个零件。显然，传统的供应链优势不存在了，价值链缩短了，所以这对于后来者更加有利。二是共享化，共享化也很容易理解，我们原来要买车，现在很多人对于能否拥有一辆车并不在乎，短暂的使用已经能够满足他们的生活需求。三是智能化。四是网联化。

这"四化"给汽车行业带来了翻天覆地的变化，一个最大的变化就是"玩家"更加复杂了。传统的秩序，传统的"游戏规则"被破坏了。由于电动化，做电池的人进入了这个领域；由于智能化，科技公司进入了这个领域；由于网联化，电信公司进入了这个领域，这些不同领域的人在一个竞技场里进行博弈。

未来一辆无人车是什么样子？首先，在外表上比较拟人化，因为它是有生命的东西。其次，它的内部构造也会发生变化，内部其实就是一个移动的包厢、贵宾休息室。可以想象，一旦变成无人驾驶了，车的整个设计会发生很大的变化。

（二）人工智能+出行

共享化对出行带来的影响，可以用共享单车来举例。2014年中国卖出7900万辆自行车，到2016年销量减到了5000万辆出头，两年的时间少了近3000万辆，为什么呢？就是因为共享自行车的出现。这对于传统的自行车制造商来说其实非常痛苦，因为他们失去了三样东西：第一，失去了品牌，以前消费者买自行车会想着买"飞鸽""永久""凤凰"，但是现在大家对自行车的品牌缺少了认知。第二，传统自行车制造商失去了对车的定价权。第三，传统自行车制造商失去了卖方渠道。在汽车领域，一旦发生这样的事情就会非常可怕。

再看滴滴出行，滴滴在2018年亏损了109亿元。由于2018年具体数据缺失，此处以2017年的数据为例。2017年用户使用滴滴出行打车约为74.3亿次，一天平均约为2000多万单，这其实并不多。程维说中国有11亿次有车的出行，2000多万单，也就是2%。每一单的平均客单价是23元。2017年，滴滴出行平台司机分成80%，所以74.3亿次×23元×0.8，约等于1000亿元，这1000亿元是司机所得的报酬。一旦实现了无人驾驶，通过上述模型计算，客单价可以低到8元，降低到原本价格的约1/3。同时，因为这个价格仅仅比乘坐地铁的价格贵一点点，所以，可以使每天用车的频次从2000万次增加到1亿次，占到每天的11亿次有车出行中的不到10%，但是这时候平台不用跟司机分成了，所以说365亿次×8元，一年约3000亿元自己拿。虽然平台要付车的折旧费、运营费，但是绝大多数利润都装在自己的口袋里。这就是无人驾驶给出行行业带来的变化。

(三)人工智能+物流

企业家都知道,物流的成本很高,一年大约12万亿元,占GDP的16%,每个公民一年承担8000多元的物流费用。但物流并没有创造新的商品,只是在搬运,而无人驾驶将会使物流的成本降到现在的1/3。人工智能还对末端物流产生影响,比如,中国有几百万辆类似京东、美团旗下做配送服务的车,这种车可以去家家户户送东西。末端配送的工作模式就像用母舰装运很多货物,将母舰开到一个地方以后,再用配送车去送货。这是在2019年国际消费类电子产品展览会上一家公司给出的一个概念。干线物流、末端配送都可以无人化,但是物流的想象空间远远不止这么大。

如何将无人驾驶与实际的产业结合,并让它创造价值?

无人驾驶行业不仅是个大舞台,还有很大的意义。做企业,最有挑战的一件事情就是管理员工,管理员工很重要的一点就是让他感受到工作的意义。彼得·德鲁克讲过一个经典的管理学故事,他去一个采石场采访那些工人在做什么。第一个工人愁眉苦脸地说在养家糊口,这个工人工作的意义就是赚钱。第二个工人很自豪地说在做全国最好的石匠手艺,他工作的意义就是实现个人的追求。第三个工人满脸幸福地说在建造一座大教堂,未来很多人能够在教堂里面得到灵魂的洗礼。同样在做采石这件事,不同的人感受是不一样的,也可以想象他们的工作状态是不一样的。无人驾驶的意义在哪里?第一,它能够减少90%的交通事故,因为无人驾驶车有1000亿公里的驾驶经验,相当于几百万年的驾龄,它不骄傲、不疲劳、不路怒、不酒驾、不药驾、不超速、不加塞,所以能够减少交通事故。第二,它能够减少交通拥堵,未来有了无人驾驶车以后,在十字路口不用停车,因为车跟车都按照特定的顺序通行。

目前北京的平均行车时速是20公里,但是有了无人驾驶技术以后,可以增加到60公里以上。传统的道路规划会随着无人驾驶时代的到来发生改变。第一,中间的隔离带不需要了,因为无人驾驶车不会开到对向车道去。

第二，每条车道可以变得更窄，车跟车之间距离近一点也无妨，因为每辆车始终行驶在车道中央。第三，停车道不需要了，未来无人驾驶出租车到了目的地以后，不用考虑停车的问题，即使是私家车，车也可以自动停车。车还可以进一步自动折叠起来，下一辆车开过来可以跟它排在一起，所以每辆车占地面积很小，因而停车道变成了上下客车道和自行车道。现在的道路两边有两条停车道，未来会变成专门的上下客车道，这意味着我们可以随时招手叫车、随时下车，变得非常方便和安全。到那时，还需要多出一条自行车道，因为城市需要健康的慢行生活。第四，双向四车道变成双向两车道。因为单车道的流量能够达到今天的3倍至4倍，所以不需要那么多车道。因此，大量的空间被释放出来变成绿地，变成人类活动的空间。城市中大量被汽车占用的空间会被释放出来，人、物和空间可以相对移动，使得三者之间距离更短了。据美国的某位科学家分析，由于以上几个因素的共同作用，无人驾驶技术会使房价降低。显然，无人驾驶技术可以给社会带来一系列的变化。

20世纪最后一家上市的汽车企业是福特，最后一家创建的汽车企业是克莱斯勒，21世纪又有新的玩家进入车企市场。以特斯拉为例，特斯拉在2017年年底的市值就已经超过了美国第一大汽车公司和第二大汽车公司的市值之和。通用汽车公司一年要产销接近1000万辆车，净利润达100亿美元，特斯拉一年产销大约仅为10万辆车，巨亏的一家公司，市值竟然超过了通用汽车公司，这种现象让人费解。而做共享出行的优步，其市值又超过了这些制造业公司。新出来的Waymo（从谷歌拆分出来的一家公司），做无人驾驶的共享出行，一分钱没赚到，但市值就达到了1750亿美元。这到底是为什么呢？其实原因很简单，现如今的商业模式发生了巨大改变。未来形成的新生态有点像我们的旧生态，车厂就像建筑队，车队管理商就像物业，出行服务商就像万达商城，出行服务商可以把车的商业空间外包给移动商业，就像商铺，形成了一种全新的生态。一种新技术的出现，将会给社会、商业带来巨大的变化,带来了新的商业模式和游戏规则,而在传统上领先的玩家,必定面临着巨大的冲击。

当然,无人驾驶的实现不可能一蹴而就。由于在美国人口很少,车也很少,Waymo 公司在美国可以顺利推行无人驾驶项目。而在我国做无人驾驶项目,人们第一反应就是汽车数量比较多,路况相对复杂,新技术的应用不会特别快,为此就要找到在短期内可以实现商业化的方向。现在有两个方向。(1)低速场景化。比如说京东的快递车、美团的外卖车,城市里的环卫清洁车、矿车,等等。(2)让驾驶员更轻松。比如,现在高速公路上的自动驾驶技术已经足够成熟。还有自动泊车,泊车完成后会给车主的手机 APP 上发一个泊车完成的信息,使车主放心。开车的时候可以用手机上的 APP 把这辆车再叫过来,汽车可以自己启动,从停车位开出来,开到电梯口,这种技术也已经比较成熟了。这种技术还可以用在分时租赁的场景,就是人们可以通过特定的 APP 查看附近是否有租赁汽车,若有的话,可以用手机解锁汽车,开启汽车临时租赁,然后自动计费。

(四)人工智能 + 商业

对于传统产业来说,不能被今天的视野所局限,必须有以终为始的变革思维,我们要将未来作为现在的起点,去看今天需要做什么样的改变,这是很重要的。

在我看过的有关商业史的图书中,有两本书非常重要,一本是《颠覆式创新》,另一本是《跨越鸿沟》。跨越鸿沟,就是新技术兴起,它的接受曲线是一条钟形的曲线,最早是一些创新者,接下来是一些早期接受者,然后是早期大众、后期大众,最后是一些落后分子。做新技术的一定要从创新者和早期接受者开始,他们对技术很敏感,对成本不敏感,对错误比较包容,他们愿意尝试新的技术,所以新兴的科技公司就要找这些人,这些人一定是最早去享受到最新技术的一批人。但是,如果只关注这些创新者和早期接受者，不去理解早期大众到底有什么样的需求，那么就跨不过这道鸿沟。

其实传统公司要推行新技术也是如此，公司里面一定有一些人是属于这两类的，比如说公司的技术中心、创新团队。但是如果这些传统公司不能跨过这道鸿沟，公司真正的运营部门不接受，那么所推行的新技术就会消失。所以我们要理解现在的大公司有什么弊病，总结出来大致有以下几种。

1. "近亲繁殖"。具有相同思维的人聚集在一起，大家的思维是一样的，这样就会出现思维盲区。我以前工作的英特尔公司，是一家非常厉害的互联网公司，却没能把移动互联网做起来，原因就在于公司内部都是一帮具有 PC 思维的人，所以做不好手机。

2. "营养不良"。创新业务"营养不良"，这种情况在很多公司都会出现，尤其是上市公司。上市公司被股东和市场驱动，每个季度大家都看公司的财务报表、利润率、现金流，但创新业务早期一定是高投入、低回报的。主营业务如果做得好，那么就可以投入更多的钱到创新业务当中去，主营业务一旦糟糕，第一个"砍"的就是不赚钱的创新业务，这类创新业务是"营养不良"的。

3. "死于非命"。如果创新业务跟传统业务有冲突，在绝大多数情况下，创新业务会被传统业务"杀死"。

4. "腿脚不灵"。一些公司里面有一大批思维僵化的中层，一大批没有主人翁精神的基层，这样的公司在创新方面往往寸步难行。

以上就是很多传统企业存在的问题，那么如何解决呢？

第一，做企业，"一把手"至关重要。布局人才一定是"一把手工程"。在很多情况下，不是"一把手"去请人才，就请不动；没有"一把手"，很多反抗的声音不会消失；没有"一把手"拿出坚定的决心和魄力，新业务就推行不起来。

第二，重塑企业组织，建立二元体系。如果说，在总部做不出新产品，可以尝试到另外一个地方成立一家新公司，建立一个拥有不同企业文化、激励机制、分配体系的企业。

当然，也有很多具体的做法。比如并购，并购完成以后，独立运营；比如分拆，把公司的创新业务分拆出来；比如投资，投资一些新兴公司，然后让这些公司逐步去改变自己，等等。但很多传统产业在推进新技术上走偏了，他们仅仅用新技术去"装点门面"，并没有发现真实的需求。

总的来说，人工智能与传统产业结合是大势所趋，但是未来要走的路还很长，也非常崎岖，这需要决策层的智慧，需要我们"曲径通幽"，具有"范其至难，图其至远"的工作智慧，需要我们有战略定力和耐心。

（作者系驭势科技联合创始人、董事长，英特尔中国研究院原院长）

中国制造供应链进入防守战：国家供应链安全保卫战

林雪萍

中美经贸摩擦无论谈判到何种地步，它产生的一个巨大后果已经不可逆转。"地球是平的"正在经受从未有过的严厉质疑，全球化分工带来的集中式制造也在受到挑战。中国成为"世界工厂"是最为典型的时代性标志，工厂贡献了全球近1/3的制造产能。然而，正在发生漂移的制造版图，将不可避免地涂上了浓厚的经济、安全和民族保护主义的色彩。组合式、分散化的本地制造或将成为全球制造的新趋势。中国工业正在面临前所未有的制造供应链危机。

一、中国制造业转移速度有多快？

富士康的一举一动，无疑是最为显著的标杆。苹果—富士康—中国供应链所形成的铁三角，在过去的10年中一直"闪闪发亮"。苹果高端产品，中国制造，已经成为不可动摇的惯例。

然而，富士康在印度钦奈附近的工厂已开始全面生产 iPhoneXR。

这是一个划时代的象征。

就在2018年之前，苹果的小号代工商纬创 Wistron 在这里还只能生产老产品 iPhone SE 和 iPhone 6s，都已经让当地媒体激动。2019年年初，纬创已经开始生产 iPhone 7。而如今一号选手已经就位了。也就是说，2018 年 7 月，印度的媒体还在为 iPhone 6s 在本地生产而欢呼；而 2019 年，全新上市的 iPhone 11 马上就要在印度本地生产了，而 iPhone 11 的生产工艺要复杂得多。

二、CNBC 认为越南不能替代中国——然而越南只是一角

2019 年 10 月越南总理宣布，在强劲的出口和外国投资的支持下，越南的 GDP 增长预计将超过 6.8%，而且外汇储备达到创历史纪录的 730 亿美元。越南统计局也在 2019 年 8 月高调调整，将 2011—2017 年 GDP 总增长调整为 25.4%，而这还没有反映出 2018 年以来更加迅猛的发展。

根据中金公司 2019 年 9 月的调研报告，近一年的投资热火箭般上升。2018 年中美经贸摩擦导致了企业集中转移。中国企业，一马当先跑在最前列，仅上半年就落地 426 家企业，投资额超过 25 亿美元。这也导致了原来空置的厂房、熟练的员工及土地异常走俏，成本上涨很快。

中美经贸摩擦加速了企业把在中国的工厂向越南转移的趋势，一方面是因为中国不断上升的人力成本，另一方面也是为了降低风险。毫无疑问，这个时刻以"中国为师"的邻居，填补了中国在对美出口方面所失去的市场份额。各家跨国企业（也包括中国）采用了娴熟的方式，通过制造转移的方式，完成了避税的操作。

那么越南到底有一个什么样的家底呢？

越南约有 9000 万人口，人均 GDP 为 2600 美元，中金公司的一篇报告的看法是，这非常接近中国 2005 年腾飞的起点，而且在城镇化率、人口红利、对外开放、吸引外资等方面与中国极为相似——彼时的中国已经经历过加入世界贸易组织 4 年的初步洗礼。

而就越南是否可以取代中国的问题，2019 年 10 月 28 日美国 CNBC 频

道列举了几项数据进行了详细的分析。

首先，尽管越南在追赶，但两国在体量上的差异实在是巨大，达到了100倍！

其次，越南的产能问题限制了它的发展，包括基础设施不发达、缺乏熟练劳动力和迫在眉睫的电力短缺。土地私有化也让新开工业园区的热情降低。

最后，劳动力方面也是越南的弱项。虽然劳动力大军非常年轻且不断增长，但在规模上，它仍然远远小于中国。越南只有1亿左右的人口，这个缺口并不容易补上。

CNBC最后做出一个很肯定的结论，那就是越南在经济体量上比全球第二大经济体的中国要小得多，越南并不能取代中国成为下一个全球制造业中心。这也意味着，任何一个东南亚国家要想复制"中国制造崛起"的成功经验，可能性都很低。

CNBC提供的数据非常准确，让我们见识了迅速崛起的越南，也确认了越南这个国家是不可能全面替代中国的。而且按照中金公司研究报告的说法，越南在工业基础和产业链方面很差。2005年中国国产品牌在轻工、纺织、家电和机械装备领域已经崛起，而目前越南民族品牌出头尚待时日。

从越南来看这些结论是对的，但从中国来看，则存在着巨大的风险。中国制造不可能只跟越南交锋，我们需要一个全新的视角来看待全球分散化制造的问题。

CNBC结论背后的一个重要范式假设，仍然是"全球化经济＋集中化制造"。然而，这种假设本身是可能存在重大缺陷的，全球制造再也不会挤在一个"拥挤的世界工厂"之中，数字化技术从技术角度助推了分散式制造，小世界工厂将分布各地。

经济学人智库在2019年10月的报告中也表示，尽管跨国公司暂时不会大规模撤离中国，但分散业务将成为重要战略，以减轻中美经贸摩擦的不利影响。东南亚也有成熟的劳动力和市场。一切都会变化。越南人口不过中国的 1/14，而印度这头大象，就跟中国人口相当了。这里又会发生什么？几年前印度很少有女工，现在各个地方法院纷纷打开口子。大量代工厂本来就更愿意雇用女性工人，因为女性工人更细致、更有耐心。富士康印度工厂里的女性工人比例有的高达 90%，而无论是在郑州还是太原都不可能有这样的比例。

三、苹果公司才是这场大戏的主角

目前来看，苹果公司采用了一种"鸭子凫水"的战术，表面上苹果公司的许多表态都是向中国示好，但各个代工商正在按部就班地做加快迁移行动的准备。这种可能性已经不知道探讨过多少次了，每一次探讨都意味着可能性加大一分。

美国市场占据了 iPhone 全球销量的 1/4，iPhone 制造占了富士康在中国制造业务的很大一部分。将最后的组装环节移出中国是比较简单的，如果将零部件和整个手机的全面生产移出中国，就很难了。这件事情当然很难，但也不是不可想象的。这取决于中国制造即将采取的对策。

贸易战打乱了一条复杂的全球供应链，这条供应链涉及中国和美国以外的许多国家。惠誉评级机构 Pitch 分析师认为，没有哪个国家"真正能够吸收所有的生产"，而贸易战的结果正是让这些生产退出中国。用本地化生产来应对贸易战，就像富士康要在美国威斯康星州建立生产基地。尽管进展不顺利，但中国制造供应链的一部分显然正在被"挤出"体外。

由于印度有许多厂商提供低端、更实惠的手机，目前苹果只占印度智能手机市场的 3%。苹果一直梦想在印度拥有自己的旗舰商店，但即使是 CEO 库克见了莫迪总理，也无济于事。印度要求苹果必须在这里生产其 30% 的产品，才能获许建立旗舰店。

苹果看上去半是妥协半是有全新的考虑，它已经开始逐步将其最新产品的生产转移到印度，从而助力印度成为全球制造枢纽。

目前印度还有很多政策，让印度制造像颗豌豆苗一样曲折向上。这种弯曲跟中国制造形成一种攻防博弈的状态。只要印度放开一个口子，那么中国承受的压力，马上就会变得很大。

鸿海并没有收到将生产移出中国的指令，而转移生产线则是代工商根据客户需求做出的决定。

富士康的一个高管在2019年6月表示，富士康在中国之外有25%的产能，并且正在对印度进行投资，它有能力把所有美国所需要的iPhone的生产移出中国。除了越南和印度外，墨西哥、印度尼西亚和马来西亚也正在考虑中。此言一出，行业一片震惊。很多人都以为这只是气话，或者是鼓劲儿的话。然而，余音却震荡强烈。而苹果公司不动声色地在暗地里巨额处罚了这位高管。真实的实力和意图都不能摆在桌面上。

目前可以肯定的是，印度完全可以成为苹果公司大型设备的主要生产基地。富士康正在印度进行iPhone XR系列的质量测试，并计划在钦奈郊区的一家工厂开始批量生产。这与纬创在班加罗尔工厂生产较旧型号的手机，完全不可同日而语。

四、让印度制造发亮

苹果在印度没有自己的工厂。然而，它与许多将印度视为制造业中心的公司打交道。苹果最近与供应商探讨将它们的制造业移出中国的可能性。

在苹果公司同意纬创在印度制造iPhone 7前，后者在印度买地建厂的计划刚刚获得政府批准，其购买的地块距印度科技中心班加罗尔约65公里。纬创将投资1亿美元左右来开发这块土地，用于生产"智能手机、物联网设备和更多高端苹果设备"。

苹果公司已经改变策略，一是停止销售低端产品，二是将印度作为一个制造业基地。这当然依赖于印度的政策，尽管目前它与中国和越南还差得很远。制造策略，正是为了减少对中国制造业基地的依赖。

苹果公司一再请求印度政府，重新考虑其制造业政策。降低进口税，这些部件被装配后将再度出口。而印度政府目前正在考虑，对这些零部件征收"微不足道的零关税"，这将使在班加鲁工厂生产iPhone的苹果公司受益。

苹果公司能否让"印度制造"闪闪发亮？这取决于苹果公司的决心、印度政府的决心，而不取决于其他因素——供应商完全可以快速到位。

iPhone 11不久将在印度上市，可能也会在印度生产。苹果公司正在花费10亿美元来扩大其在印度的生产能力，而且会持续不断。资深伙伴富士康自然是主要受益者，富士康这方面的专业知识也就随之被带到印度，而其他零部件制造商也会随之将业务转移到印度。龙头一动，万马随行。自由摆线，不分国籍。

2019年6月《日经新闻》报道，苹果公司正在探索将其15%~30%的硬件产品移出中国市场。该公司有一个不断壮大的团队正在研究转移生产，并要求富士康、和硕、纬创等关键的生产合作伙伴对现有的选择进行评估。

苹果公司在中国直接雇用了大约1万名员工。将苹果制造放在中国，则创造了大约500万个工作岗位。目前尚不清楚在这些工作中，有多少会受到苹果将近30%的产品外迁的影响。但这也意味着，中国供应链的攻防必须快速进入一个量化阶段：只有这样，防守才能得法。

是的，这些工作并没有转移到美国，但却离开了中国。

如果认为导致这一转变的因素，仅仅是因为中美之间正在进行的贸易战，那么这种认识也未免过于简单，没有意识到全球大趋势的转变。无论中美经贸摩擦是否得到解决，苹果公司等跨国企业都可能会转移它们的生产。将生产过度集中在一个国家，已经被证明是一种不可控的风险。所有的企业家都会着眼风险的控制，征税只是其中的一种手段。而中国的低出生率、高劳动力成本也都标志着中国必须考虑一种防守的策略。

中国已经在苹果公司周围建立了一个庞大的物流和零部件供应商生态系统，将生产转移出去将是一个"痛苦和困难"的过程。中国拥有庞大的熟练工人队伍，其基础设施更具弹性，不太容易出现电力短缺等问题，这些都是大型制造商喜欢中国的地方。因此，生产转移将不会是一个快速的过程。不过，估计在 18 个月，或者在 2 年至 3 年内就会逐渐产生显著的结果。

中美经贸摩擦，近期似乎出现了相对缓和的局面。时好时坏，但从供应链攻防的角度而言，这个结果已经不重要了。科技战不是贸易战的附属品。科技战是独立的，其背后则是全球供应链的急剧流动，像火山熔浆一般四散涌出，寻找新的秩序。

五、工业化可以重塑工人

东南亚有时候会被看成很难工业化的区域，东南亚的人被贴着"不够勤快、土地私有、基础设施落后"等诸多标签。他们似乎有着另外一个雅号——"热带惰民"，显得好像跟天气有关。这些都被看作难成工业大梁的内在基因。

然而，工业化本身就会重塑工人。工业化带来的财富，可以让本土的人民都脱胎换骨。

占中国智能手机市场不足 1% 的三星，2019 年 10 月正式关闭了在大陆的最后一个工厂。而巅峰时期，三星在中国拥有 13 个手机工厂、7 个研发中心。在某种意义上，三星工厂在中国的黯然退场，是本土品牌崛起的一个标志。然而，三星在全球仍然是最大的手机制造商，它的产能跑到哪里去了呢？

越南！三星打算继续投资一个新的工厂。迄今为止，三星在越南已拥有8个工厂及研发中心，投资超过173亿美元。它是越南最大的外国投资者，雇用了大约16万名当地人。2018年三星从越南出口的商品价值达600亿美元，在越南整个出口总额中四分天下有其一。

这个时间有多快？2014年三星就与越南政府合作，加大对一级供应商的培养。在当年举办的"三星采购交易会"上，200多家越南本地商跃跃欲试，响应三星的91种零件本土化的计划。结果呢，无一合格。为此，三星开始提供技术咨询计划，将韩国专家派往越南，改善制造流程。韩国的配套供应商也开始培养越南本地制造商。在宁波早就拥有一家独资工厂的韩国领先注塑机厂商宇进Woojin，通过大量的培训和有力的机器维护，帮助位于西贡的本土制造商Ninh Nguyen，进入三星的全球价值链。随着工业文化的强势导入，工业土壤正在改变，越南工人也会改变。

这里当然也有中国本土制造商的炽热烙铁。以管路连接件为主营业务的济南玫德集团，收购了昔日泰国的竞争对手——SA阀门铸造厂。不到一年，泰国工厂就发生了翻天覆地的变化。新建车间的员工数不足老车间的1/3，全厂1300人精减到300人，但产量却是原来老车间的2倍。泰国员工勤快多了。在泰国厂房的墙上挂着两行字，"成功其实是一种方法""创新其实是一种习惯"，这些点滴的工业文化，改变了当地的工业土壤。

而印度的一些州政府连法律都可以修改，以便为苹果制造让路。在日本，即使是在明治维新之后，工人仍很懒惰。后来，日本工厂采用了终身制等一系列变革，日本工人才慢慢变成我们如今钦佩的勤奋、专注、忍耐的劳动榜样。

一切都会改变。有工业化的流水线，没有改造不了的土壤。工业化无法改变骨骼，但却能改变思维，进而改变行动。

六、富士康带来什么：一个工厂进出口额占全省70%

我们都知道富士康，它带来的不是只有电子产品。

郑州富士康从2010年开始建设，2012年，富士康的进出口额就达到了294亿美元，占河南省机电产品进出口额的57%。而到了2017年，富士康贡献了河南省70%的进出口额。

一个工厂独占全省进出口额的2/3以上，如果不到本地去看，很难想象一家企业对于一个省的影响作用有那么大。如今的郑州富士康已拥有25万名员工，是世界上最大的iPhone组装厂，全球大约有一半的苹果手机是在郑州生产的，而且还能间接提供七八十万个就业岗位。对于河南这样一个劳动力输出大省，这是一个在家门口就能端着饭碗吃饭的大事。

还要看到，这仅仅是蛋糕的底座，更是河南制造的一个支点，撬动了河南工业行业的转型升级。

许多智能终端及信息技术产业，如平板、智能穿戴等，都在围绕着富士康提供的制造能力和人才资源层层辐射。依托于富士康的巨大带动作用，河南将电子信息产业列为郑州航空港的支柱产业，而全球大型的机床厂商诸如友嘉等也都入驻郑州航空港。这是一个巨大的旋涡，活力四射。

而高效物流体系也促进了一个航空港口的大力发展。美国孟菲斯航空港的崛起，正是得益于当年的制造商戴尔电脑的维修策略。美国各地有故障的电脑，都用快递寄到戴尔电脑在孟菲斯设立的维修大本营，修好后直接寄回各处。借助航空港的优势，戴尔公司将一般维修电脑的周期，从至少需要半个月压缩到一个星期，大幅度提高了售后满意度。后来耐克、医疗设备商Smith&Nephew（施乐辉）都在这里购买了土地，建立分拨中心。郑州航空港也同样借鉴了这一经验，建立了物料仓储分拨中心。全球苹果手机的维修都可以在新郑保税区直接完成，同样带动了机场航空货运量和货值。这背后又有大量的就业机会。

七、搬迁从中国带走什么

豪华的搬迁。

富士康有大量人因工程博士，他们考虑的重点就是生产高效、克服人的弱点，甚至替代人的工作。这一点令人印象深刻。

同样是富士康的工厂，许多在太原工厂的岗位，在郑州工厂已经看不到了。这背后既有科技的力量，也有强大的人因工程作用，这些都会削弱对劳动力的依赖。而各个国家的制造商也在重新聚集，合力打造一个新的制造供应链基地。

谷歌从 2019 年起打算把 Pixel 智能手机生产从中国转移到越南，在东南亚建立廉价供应链。这家美国互联网巨头计划将其大部分面向美国的硬件移出中国，包括 Pixel 3a 手机和 Home 智能扬声器。谷歌的智能手机虽然不显眼，但出货量也已经达上千万，较一年前翻了一番。而越南也因此即将成为谷歌推动智能手机市场增长的关键部分。至于智能扬声器，这部分产品可能会转移到泰国。

中国也在其列。许多手机品牌如一加（OnePlus）、OPPO 和 vivo，也在印度拥有大型制造设施。小米手机作为印度出货量最大的中国手机品牌，这里的工厂提供了 1/3 产能，每年是 4000 万到 5000 万的产量。不要小瞧制造商对分散式制造的适应能力。供应链的群体移动，就像被炸了的蜂窝，尽管四散开来，但也会很快重新集聚奔向新目标。而印度则计划用 5 年的时间，到 2024 年将目前 250 亿美元的手机制造业，扩大近 20 倍，达到惊人的 4000 亿美元。

对于中国而言，全球供应链攻防战正在打响。如果说过去 20 年中国供应链一直处于扩张状态，那么现在，中国供应链开始处于防守阶段了。

这意味着全世界的品牌制造商，当然包括中国制造商，在中国以外的地方，将合力打造一个全新的供应链体系。

八、护城河可以挡多久

尽管富士康表示，它可以满足美国 iPhone 在中国以外工厂的要求，但英国路透社分析了苹果公司过去 5 年的供应链数据，发现结果表明并非如此。为各种苹果产品生产零部件的合同工厂集中在中国，47.6% 的工厂位于中国。虽然一些零部件制造商确实在巴西和印度设有工厂，但它们只是为了满足当地需求。这背后的原因是多方面的，包括中国成熟的劳动力供应、更先进的工厂以及紧密的供应链整合。

然而，全球分散式制造则有着不同的角度。

这里有一个苦涩的笑话。两个人在遇到大熊的袭击之后拼命奔跑，跑在后面的人对前面的人说，其实你跑再快也跑不赢大熊。前面的人说，我不需要跑赢大熊，我只需要跑过你就可以了。同样，苹果的合作伙伴不需要有能力从中国以外的工厂生产所有的 iPhone，它们只需确保自己生产的 iPhone 足以满足美国的需求，中国工厂就能满足世界其他地区的需求。iPhone 的关税上调定于 2019 年 12 月 15 日开始，这让苹果公司有充足的时间储备 iPhone，以满足美国至少 1/4 的需求。这就是以时间换空间的供应商换挡术，这也正是中国制造供应链攻防战的转换窗口期。

作为研究中国的资深智库，美国国家亚洲研究局（The National Bureau of Asian Research）日前发布了《部分脱钩：应对中国经济竞争的美国新战略》报告，它建议美国政府要抓住两党和精英们对遏制中国难得一见的"短暂共识期"，赶紧出台系统性国家战略，将共识化为法案，实现对中国的遏制策略长期化。例如，通过立法以永久限制中国在美国敏感领域的投资。人才的学术交流也要加以限制，部分行业经济要进行隔离。同时，加强与部分全球伙伴的合作，实现科技一致性行动。这意味着美国正在决心与中国"半脱钩"——美国要针对中国的部分封闭，采取同样的战术组合，从而重塑美国对华战略的方式。

这是贸易战之上的整体战略。

但美国共识变成法律之前,中国还有一点时间。而潜在新对手的实力,也需要时间来壮大。

例如,在劳动力人口上,中国是越南的15倍,有压倒性优势。

而且根据招聘公司Manpower Group的数据来看,在越南目前5750万劳动力中,只有12%是高技能人才。在18岁至29岁的越南年龄组中,大约有28%上过大学,而在泰国和马来西亚,上过大学的比例分别为43%和48%。就基础设施来看,越南也多有不完备之处。根据世界银行(World Bank)的数据,2016年至2030年,越南平均每年需要花费67亿美元,才能将年发电量增加10%。这对于饱受缺电之苦的越南,速度实在太慢了。

同样,在全球最大自贸区即将签署的最后一刻退出RCEP的印度,似乎放弃了当下地区经济再分工的浪头。这与印度工业发展一直不理想也有关系,它与11个RCEP成员国都是贸易逆差,而"将工业生产值从16%提高到25%"的振兴梦想,一直未实现。显然,印度也未能对高速启动工业引擎做好准备。

然而,全球分散式制造的格局正走在路上。不知道越南、印度等国家受当下如此形势大好的激励,是否会加速赶上?这个追赶的时间,正是中国攻防战中建立坚实防御堡垒的时间差。

而且,各路厂商也不太可能完全退出中国。因为中国有着庞大的制造业和经济体量,这能够让企业更加高效地运营。就这一点,韩国三星顾问安铉镐也曾指出,"企业在行业的竞争力跟它能产生的规模效应密切相关,既然最大的市场在中国,那就应该去中国构建起自己的规模效应"。再加上,"中国的本地供应链极其完善,所以企业只要把自己挤进去就可以了"。

跨国企业当然不会都离开中国,因为这里有全球数一数二的用户市场，自然会继续有大量公司前来落地的。特斯拉在上海50亿美元的投资，就说明了这一点。然而，特斯拉工厂与富士康工厂并不具备对照性。富士康工厂是一个全球化经济+集中制造的集大成者，而特斯拉恰好是反其道而行之：它更多看重的是中国庞大的市场，而美国市场并不是它的中心。

尽管特斯拉的行动令中国人大受鼓舞，但它代表的供应链攻防战的方向却是相反的。

九、小记：转攻为守

可以说，我国从2001年加入世界贸易组织以来，中国制造的供应链一直呈现出强烈的扩张态势。我国在过去的几十年，一直处于扩张期。仅仅富士康在中国的工厂，就从2015年的19个变成了2019年的29个。

有的人认为，东南亚制造的崛起，是中国制造业向东南亚外溢的过程，是民间经济自发的结果。但这种看法，恐怕低估了制造业在全球深刻变革的结果。印度、越南中的任何一个国家，都不会替代中国制造的供应链。但全球制造正在完成重新组合，"特朗普阴影"般的恫吓也起到了很多催化的作用。就像你看完一部恐怖片，所受到的震撼会持续很久很久。它在心理上形成一个似乎很难抹去的烙印。不经意间恐怖的意识会突然飘出来，甚至会让人下意识地躲避一些类似的场景。它会永久性地投射在一代企业家的头上。

中国制造供应链的发展进程已经发生了根本性改变，从几十年来一直处于扩张期，到现在进入防守期的拐点。中国制造供应链需要重新建立一种全新的"防守范式"，无论是对外资的吸引，还是对本土品牌走出国门的扶持，都需要重新设计中国制造在全球版图中的位置。

攻有攻的章法，守有守的套路。全新设计攻防体系，打好制造供应链的防御战，才能有效避免中国制造根基土壤的流失。这是事关国家供应链安全的一场保卫战。

（作者系南山工业书院创始人）

高附加制造：超越追赶的中国制造创新战略

陈 劲

一、中国制造业超越追赶的时代背景

毫无疑问，创新已成为当今世界经济与社会可持续发展的重要主题。"创新驱动是国家命运所系。国家力量的核心支撑是科技创新能力。"党的十八大报告明确提出，"科技创新是提高社会生产力和综合国力的战略支撑，必须摆在国家发展全局的核心位置"。党的十九大报告进一步提出，创新是引领发展的第一动力，是建设现代化经济体系的战略支撑。制造业是经济发展的基础，要成功实现中国经济转型升级和创新驱动发展目标，必须做强"中国制造"。目前中国是世界第一制造业大国，但是"大而不强"的问题依然十分突出。中国制造业在产业创新体系、核心技术能力、质量效益和产业结构等方面与发达国家相比仍有显著差距，由中低端向中高端的转变尚未呈现。习近平总书记在党的十九大报告中强调，"加快建设制造强国，加快发展先进制造业，推动互联网、大数据、人工智能和实体经济深度融合"，从而"促进我国产业迈向全球价值链中高端"。

首先，中国创新驱动发展亟须突破全球价值链的"低端锁定"。

当前国际竞争突出表现为全球价值链竞争，突破全球价值链的"低端锁定"，对于提升中国在全球价值链竞争中的地位具有重要意义。随着国家创新驱动发展战略的实施，中国高端制造业的重大科技创新不断取得突破，"天宫"系列载人飞船、"蛟龙"号载人潜水器、中国天眼世界最大射电望远镜、"悟空"号暗物质粒子探测卫星、"墨子"号世界首颗量子科学实验卫星和C919大型商用客机等重大科技成果相继问世，中国的科技创新实力与主要发达国家的差距在迅速缩小。2018年2月15日《经济学人》杂志的封面文章《中国科技比拼美国科技》指出，"虽然中国的科技目前整体上还是落后于美国的，不过上升势头很快也很猛，双方各有优势。中国目前的整体科技水平达到了美国的42%左右，快接近一半了，要知道在2012年，也就是仅仅在6年前，中国的科技水平只有美国的15%"。

然而，中国制造业存在明显的"大而不强"的问题，主要表现在相当数量的企业处于全球价值链的低端环节，处于被主导和低附加值地位，高产值、低附加值的结果是"勤劳而不富裕"。随着中国经济发展进入新常态，发挥创新对制造业升级和结构性改革的核心驱动作用，以战略设计引领自主创新和开放式创新，推动制造业转型升级，改变中国制造业在全球价值链中的从属地位，并朝着全球价值链中高端持续攀升，是新时代实现产业现代化的重要内容，也是推动建立以"一带一路"为代表、由中国主导的新型全球价值链的重要途径。

其次，对外开放新阶段重塑中国制造业的竞争优势刻不容缓。

改革开放40多年来，中国充分利用全球范围内第四次大规模制造业转移的战略机遇期，借助由人口红利和资源禀赋红利构成的"成本结构"比较优势，主动承接了欧洲、美国、日本等发达国家和地区以及"亚洲四小龙"等新兴工业化国家的劳动密集型产业和低技术高消耗产业的转移，成为第四次世界产业转移的最大承接地和受益者，也逐渐形成了全球范围内独具竞争力的工业体系和高效的生产供应链体系，实现了历史性、整体性和格局性的重大变化。2018年4月8日第一财经研究院发布的《中国与全球制造业全球竞争力》报告显示，中国在21世纪以来引领了全球制造业版图的巨变，并重塑了全球制造业：中国制造业总产出在2005年、2008年和2010年分别超越了德国、日本和美国，截至2016年中国制造业实际增加值约是2000年的7倍，占全球制造业总产出的比重从2000年的8.5%提高到2016年的30.9%，中国制造业的劳动生产率水平跻身全球前16名。与此同时，虽然中国单位劳动力成本的竞争优势排名从2000年的第8位上升到2016年的第4位，但是绝对竞争优势却出现了下滑，主要表现为以机械、电子通信设备、汽车制造业、其他交通设备（除汽车）制造业为代表的"高技术"制造业的劳动成本竞争力下降。2014—2016年，虽然中国在电子和通信领域的全球市场占有率迅速提升，但是高度技术密集型制造业的全球市场占有率都较低，如汽车制造占有率16%，半导体占有率14%，消费电子占有率11%，航空航天占有率7%，电脑硬件占有率6%，医疗设备占有率5%，半导体设备占有率3%。在对外开放新阶段，在坚持开放式创新的同时，亟须通过新的制造业发展战略和政策，加快培育世界一流制造业企业，重塑中国制造业竞争优势。

最后，新技术革命背景下中国从制造大国迈向制造强国是大势所趋。

中国工程院周济院士指出，实现由制造大国向制造强国的转变，已成为新时期中国经济发展面临的重大课题，其中，制造业数字化、网络化和智能化等技术是新一轮工业革命的核心技术，应作为"中国制造2025"的制高点、突破口和主攻方向。随着工业化、信息化融合战略和"互联网＋"战略的实施，中国在推进新型工业化和"两化融合"方面取得了突出进展，涌现了徐工、海尔、华为、美的、富士康和小米等具有代表性的两化融合制造业创新企业案例。以纳米科技、无人驾驶汽车、工业机器人、人工智能、区块链和5G通信技术为代表的制造业共性技术的集群式发展，为中国制造业向智能制造转型、实现制造大国向制造强国的转型提供了重要动力引擎。

以人工智能为例，在移动互联网、大数据、云计算、人机交互、深度学习和区块链等新理论、新技术的推动下，人工智能将重构生产、分配、交换和消费等经济活动环节，以及包括研发、设计、加工、销售和售后服务的制造业全产业链，从而成为新一轮产业变革的核心驱动力，催生新技术、新产品、新产业和新模式，解决人口红利和资源禀赋红利下降带来的制造业成本上升和结构失衡问题，充分释放中国科技创新的技术红利，为中国制造业升级和新常态下经济持续发展注入新动能。由于认识到人工智能对国家经济发展和国际竞争力的颠覆性重大价值，美国率先于2016年10月发布《为人工智能的未来做准备》，将人工智能纳入国家战略；日本紧随其后，于2017年3月在《人工智能科技战略》中将之提升至国家战略；德国于2017年6月将以自动互联驾驶为代表的人工智能应用与治理纳入国家战略。2017年7月《国务院关于印发新一代人工智能发展规划的通知》的发布，标志着中国将人工智能这一代表性、战略性技术发展上升为国家战略。英国和阿拉伯联合酋长国紧接着发布了《2017年英国人工智能产业发展建议》和《阿联酋人工智能战略》。加拿大、新加坡、芬兰、丹麦、韩国和印度等世界主要国家和地区也相继加入人工智能国家级战略竞争行列，力争抢占这一新的技术和产业制高点。

面对已到来的全球制造业数字化、网络化和智能化的激烈竞争，中国的智能制造虽然取得了突出进展，但是仍然存在关键零部件和核心技术受制于人、高端市场面临外资围困、制造业创新体系效率较低等诸多发展瓶颈，人工智能等新技术革命也面临工程科技人才供给结构性矛盾、先进制造业新技术应用型人才缺失等挑战。与此同时，区块链、人工智能和云计算等技术的大规模应用还存在诸多不确定性问题，面临一系列创新治理和伦理风险。如何加强新技术革命时代的全球创新治理，加快科技成果转移转化和新技术安全性应用？如何通过顶层设计推动新兴科技创新与教育、管理、金融和社会中介等其他创新要素的有机融合，加速科技创新对中国制造业整体跃升的牵引作用，推动新兴技术与制造业深度融合发展，提升制造业单位增加值？这些都是建设制造强国面临的重要而紧迫的议题。

在全球从知识经济时代迈向人工智能时代、中国进入扩大开放新阶段的背景下，面对新技术革命的快速推进，创新驱动早已不是依靠单一的技术创新就能实现的，只有立足全局、面向全球来加强战略谋划，才能解决关键技术上面临的"卡脖子"问题，从总体上扭转中国制造业以跟踪追赶为主的局面，在若干战略性新兴领域达到与世界主要创新强国"并行"甚至"领跑"的水平。以此为背景，本文引入"高附加制造"（High Value-Manufacturing，HVM）这一具有战略意义的制造业创新战略，结合制造业最佳创新实践案例，论述面向中国制造业强国建设的"高附加制造"战略的关键着眼点与实施路径，最后从建设创新型国家的全局出发，提出将"高附加制造"战略与"高附加产业"战略相结合，加速科技创新强国建设从需求驱动向研发设计驱动的核心技术引致路径转型，并通过贯彻全面创新和整合式创新政策，实现三次产业融合发展和城乡融合发展，加快解决产业、区域和城乡发展不平衡等结构性问题，全面提升国家创新体系的整体效能，培育世界一流制造业创新企业，建设面向未来的科技创新强国，实现经济社会的可持续发展，不断提升人民的幸福感、获得感和安全感。

二、高附加制造：超越追赶实现引领的中国制造新战略

（一）高附加制造概念的内涵

高附加制造概念最早由剑桥大学制造研究中心的 Livesey 教授于 2006 年在报告《定义高附加制造》（*Defining High Value Manufacturing*）中正式提出，他认为"制造业是英国的未来，这一未来基于获得高附加值——对企业如此，对利益相关者和国家亦然"。他认为，高附加制造的企业是指那些"依靠高技能人才和知识密集型制造过程获得独特价值和创新的企业"，高

附加制造企业不但有着卓越的经济绩效,而且具有重要的战略价值,且能够产生积极的社会影响力。但是,他并未对之给出明确的定义,而是强调"高附加制造没有简单的定义",因为"高附加制造业创造价值的方式多种多样"。

英国政府认识到高附加制造对英国重塑其全球制造业竞争优势具有至关重要的作用,于2012年出台了《高附加制造战略2012—2015》(*High-Value Manufacturing Strategy* 2012-2015),正式将高附加制造上升为英国的国家战略,明确了这一战略"旨在确保高附加制造成为英国经济成功转型的关键驱动力",并承诺通过"将每年投资于高附加制造的政府财政支出翻倍、将投资聚焦于有潜力使英国获得全球市场优势的核心科技、全力支持22个高附加制造领域、扶持高附加制造研发中心以及提供开源的高附加制造知识转移和共享平台"5个核心战略支持英国高附加制造的发展、加速高附加制造技术和企业的创新,为未来15~20年英国赢得并保持在全球价值链中的高端领先优势做战略支撑。在《高附加制造战略2012—2015》中,英国政府正式定义了高附加制造:"高附加制造是指将领先的技术知识和专业知识应用于产品的设计、生产过程和相关服务的过程,有极大潜力带动英国可持续发展和高经济价值。高附加制造的活动覆盖了从研发到服务的整个循环制造过程。这一促进经济增长和可持续发展的巨大引擎的核心特征是高研发强度和高增长的有机组合。"

与《高附加制造战略2012—2015》相配套,英国政府与剑桥大学制造研究中心联合发布了《英国高附加制造未来展望》(*AL and scape for the Future of High Value Manufacturing in the UK*)。该报告通过深入分析产业界、学术界和科研机构,识别出有潜力成功运用高附加制造战略、促进英国跨行业创新和制造业升级的国家级竞争力促进机构,旨在使英国的企业、公共部门和其他核心利益相关者就英国在全球制造业竞争版图中如何通过实施高附加制造战略在未来15~20年内持续获得和提升国家竞争优势达成广泛的共识。其中,国家竞争力(National Competency)是指重塑国家制造业未来所具备的能够快速应对全球趋势并采取相应策略创造价值的关键特征。该报告识别出包括"提升资源效率的技术,提升全球竞争力的制造系统技术,提升产品设计的材料集成技术,稳定、低成本的新制造过程模式,释放和提升制造业系统价值的商业模式"五大关键高附加制造技术领域,以"新能源、设计制造、智能制造、敏捷增材制造、新商业模式、新制造业人才"为代表的22个"国家竞争力"核心支撑,以及以"3D打印、机器人自动化、集成技术、信息技术、纳米科技、工业机器人、低碳科技"为代表的下一代重点研发科技领域,并指出未来将持续扶持这些领域的相关重大创新和高附加制造创新。

与英国的《高附加制造战略2012—2015》相对应,德国政府于2010年推出了《2020高技术战略》,2011年正式推出了《工业4.0战略》,2015年推出了《智能化网络战略》,2016年推出了《数字化战略2025》。同时,美国政府于2015年推出了新的《美国创新战略》,日本于2016年推出了《第五期科技基本计划(2016—2020)》,印度于2010年推出了《印度十年创新路线图2010—2020》。这些大国的创新战略均凸显了政府战略引领制造业集群发展和新技术应用的竞争焦点。在中国科技创新理论和实践探索的过程中,我发现,无论是改革开放取得的巨大成就,还是航天、高速列车、纳米技术和大飞机等领域重大科技创新的实现,均离不开体制的优势和基于东方智慧的整体性、全局性思维。因此,在创新驱动发展战略的背景下,面对日益激烈的国际制造业竞争以及新技术革命的颠覆性影响,中国制造业企业必须与时间赛跑,加速关键核心技术创新和成果应用。为应对欧美各国重塑制造业全球优势的举国战略与行动,加快推进"中国制造2025",突破制造业"低端锁定",推动中国制造业向全球价值链中高端加速迈进,亟须提出和实施基于中国国情的"高附加制造"战略,也即通过面向制造业全价值链的整合式创新战略规划,提升国家创新体系和企业创新体系的整体效能，将研发设计驱动和新技术跨界应用相结合，综合应用技术创新、商业模式创新和知识管理推动关键核心技术突破和成果转化应用，打造制造业企业的核心竞争力，提升制造业附加值，加快培育世界一流制造业企业，加速制造业强国建设，实现可持续发展。

（二）高附加制造的价值意义

习近平总书记在博鳌亚洲论坛 2018 年年会开幕式上表示，"中国开放的大门不会关闭，只会越开越大"。然而，中国高端制造业的核心技术严重依赖美国等发达国家，在进入对外开放新阶段，"卡脖子"的核心技术问题将是制造业可持续发展和国家安全的重大制约，集成芯片、汽车、飞机和重型机械等高端装备制造相关的企业必然面临市场准入大幅放宽带来的全球化激烈竞争。因此，一方面，打造中国制造业企业基于动态核心技术能力的综合竞争力，提升中国制造的全球竞争力、重塑制造业的竞争优势变得更加刻不容缓。另一方面，在继续推进开放式创新、学习和借鉴发达国家制造业创新经验的同时，要结合中国企业的发展实际，采取新的制造业创新战略，同时在新创新范式的指导下，通过制度创新和管理模式创新最大化技术创新的经济和社会价值，有组织地推动创新及其应用，实现中国制造业企业从追赶式创新到引领式创新的转型。

根据美国国家科学委员会于 2018 年 1 月发布的《科学与工程指标 2018》，虽然中国的研发经费已在 2014 年超过欧盟并直逼美国，中国的科技论文发文量于 2016 年首次超过美国位居世界第一，中国科技人才数量大幅攀升，技术和知识密集型产业全球占比仅次于美国（31%）并位居世界第二（24%），但是中国依旧面临科技论文平均引用率低、技术密集型产业占 GDP 比重较低、研发人员密度远低于发达国家、人工智能等新兴技术人才紧缺等严峻挑战，这将成为"中国制造 2025"目标实现的重大挑战。聂名华和夏庆杰等的研究也表明，虽然中国成功实现了从计划经济向市场经济的第一次转型，但是在从追赶型工业化国家向自主创新型国家转型升级的过程中，将面临制造业转型的重大挑战。为了应对挑战、突破困境，中国亟须通过顶层设计和战略引领，利用体制机制优势和创新驱动发展整体战略优势，加快中国在战略性科技领域的创新，加快构建和完善以企业为主体、以"政府—产业—大学—研究机构—中介—金融—服务"协同创新的国家创新体系、国家技术转移体系和企业创新体系，从而提升制造业行业研发创新能力，实现关键重大核心技术突破，加快科技成果转移转化，创造高附加值的潜力，培育世界一流制造业企业。

此外，德勤全球发布的《2016全球制造业竞争力指数》报告显示，虽然目前中国仍是最具竞争力的制造业国家，但是美国有望在2020年以前取代中国而成为最具竞争力的制造业国家。尤其是在由技术实力确定的各国/地区全球制造业竞争力指数排名中，中国高技术密集型制造业出口额在制造业总出口额中所占比例仅为42%，远低于美国（58%）、英国（58%）、日本（55%）和德国（53%）等发达国家，甚至低于印度，中国低端技术密集型制造业出口占比仍然较大。这更加凸显了在对外开放新阶段，中国需要积极主动地采取能够有效推动制造业升级和加速制造业企业创新发展、提高制造业附加值和推动制造业向全球价值链中高端迈进的国家整体战略和整合式创新政策，从而加快新兴技术、商业模式和制造业模式的应用，加快制造业企业创新和央企转型，加速制造强国建设，应对甚至引领正在到来的全球高附加制造竞争。

三、基于整合式创新理论的高附加制造关键要素

（一）战略创新引领：科学谋划加快建设世界科技强国

中国科学院院长白春礼在《科学谋划和加快建设世界科技强国》一文

中指出:"集中力量办大事始终是我国独特的制度优势,'两弹一星'、载人航天工程和超级计算机、量子通信等领域的成功充分证明了这一点。"在事关制造业创新升级的关键科技创新领域,包括新一代信息技术、高端装备制造技术、新能源新材料技术、生物医药技术和人工智能技术等事关国家全局和长远发展的重大创新领域,不仅仅需要单纯的技术创新,更需国家集中全国优势科技资源,通过中长期发展战略的引领和指导,实现科技战略、教育战略和产业战略与金融、人才乃至外交战略的有机整合,通过战略设计和制度创新、商业模式创新,构建强大的产业创新体系,激励企业、高校、科研院所和社会机构开展面向高附加制造的科技创新,加速领先科技成果在制造业的创新应用。

以中国高铁产业和企业为例。为了支撑中国新型工业化和城镇化发展,中国于2004年制订并发布了《中长期铁路网规划》,历经了2008年和2016年的两次调整,通过顶层战略设计和中长期规划,极大地促进了中国高速铁路建设,带动了轨道交通制造业的发展和升级以及全球竞争力的提升。中国中车股份有限公司(以下简称"中车")在国家推进"引进国外先进技术,联合设计生产,打造中国品牌"的高铁发展战略的引领下,坚持"国家需要至上、行业发展至上"的战略原则,采取自主创新、集成创新和协同创新相结合的策略,经过"技术引进、联合设计","消化吸收、集成创新"和"系统提升、整合创新"三个阶段的跨越式发展,建立了先进的轨道交通装备、重要系统和核心部件三级产品技术平台,形成了拥有自主知识产权、达到国际先进水平的铁路重载及快速货运技术平台。2014年以来,中车保持了研发经费投入年均增幅8%、专利申请量年均增幅70%的增长速度,对中国轨道交通装备制造业向产业链和价值链中高端迈进、助推制造业重大共性技术平台建设具有重要的引领和示范效应。例如,2017年9月,中车在京沪高铁实现350公里时速运营的"复兴号"动车组,拥有完全自主知识产权,"是中国走向制造强国、迈向全球价值链中高端的重要标志性成果",且全球80%以上拥有铁路的国家和地区都在使用中车的相关产品和服务。2018年3月,中车"20+20>40的等寿命模块化设计理念"方案赢得美国纽约大都会交通局发起的旨在改善纽约地铁现状的"天才挑战赛"的冠军,中车向世界证明了战略引领和科学谋划引致的中国轨道交通设计和制造创新能力。

(二)研发设计驱动:打造基于核心能力的企业创新系统

高附加制造的核心是通过高研发强度驱动高增长,尤其是在战略性新兴产业和关键技术领域,依靠单纯的技术进口和开放式创新不可能获得核心技术和领先优势,必须依靠研发驱动的自主创新。近10年来,中国研发投入增速领先全球,年均增长率超过20%,2016年中国研发投入量超越欧盟24个国家研发投入总和,研发增量占全球研发增量的31.4%,2018年研发投入在全球的占比预计达到21.68%,仅次于美国的25.25%。按照目前年均7%的研发投入增速,预计中国的研发总量将在2026年超越美国。然而,虽然2015年中国研发投入占GDP比例虽然达到了2.66%,超过了欧盟国家的平均水平(2.01%),但是当年研发密度(总投入占GDP比重)仅为2.07%,远低于韩国(4.23%)、日本(3.29%)和美国(2.74%)等制造业研发大国,与"十三五"规划中提出的2020年实现研发强度2.5%的目标仍有很大差距。同时,中国研发经费投入结构仍有待优化,基础研发经费占总研发经费的比例刚达到5.3%,远低于日本的12.6%、英国的15.5%和美国的16.5%。对基础研发长期投入不足导致中国制造业产业和企业的源头创新能力不足,缺乏重大颠覆性创新,长此以往会严重制约中国企业自主创新能力和高端制造业全球竞争力的提升。对此,要充分调动大型企业在科技创新方面的引领示范作用,发挥国有企业和民营企业的战略互补性、大型企业与中小企业的能力互补性,巩固和完善研发和设计驱动、国企民企联动、大中小企业协同的整合式企业创新系统。只有通过研发投入打造制造业企业的自主知识产权、实现关键技术和关键零部件的突破，应用设计思维将研发战略与产品战略和用户战略相结合，巩固基于技术核心能力的企业创新生态系统，才能加快制造业从价值链"微笑曲线"的底端向设计和研发驱动的中高端提升，为用户、利益相关者乃至整个行业带来变革性的产品和服务。

以华为技术有限公司为例。自1987年成立以来，华为经过30多年的技术积累和发展，从一家民营通信科技公司成长为全球最大的电信网络解决方案提供商、全球规模第二的电信基站设备供应商。这一切都离不开华为基于研发驱动和设计驱动的创新以及借助分工明确、协同高效的研发管理体系打造的企业核心技术创新能力。为了应对公司快速扩张带来的客户需求与开发效率的矛盾，华为围绕"以客户为中心"这一核心管理理念，自1999年引入和应用了集成产品开发（Integrated Product Development，IPD）系统框架，依据"客户需求分析—优化投资组合—异步开发模式—跨部研发团队—结构化研发流程—项目和管道管理—基于战略和市场绩效的评价体系"这一核心框架，重组了华为的研发管理体系。在实施IPD变革前，虽然华为每年投入销售额的10%以上用于产品开发，但是研发费用浪费比例和产品开发周期仍是世界最佳水平的两倍以上，产品毛利率不升反降。IPD变革有效保障了华为持续研发投入的高效产出，通过结构化研发流程提前识别关键技术，华为的新产品研发周期缩短了50%，研发成本减少了40%，产品故障率由原来的17%下降到1.3%。此外，华为通过集成财经服务变革和集成供应链变革进一步强化了IPD变革的绩效，IPD变革成为华为向世界级公司转变的系列变革的开端。根据欧盟委员会发布的《2017全球企业研发投入排行榜》，2017年华为的研发投入达到104亿欧元，占其销售收入的14.9%，研发投入增速为17.4%，研发投入及其增速均超过苹果公司，排名为全球第六，中国第一，华为成为唯一一个进入全球企业研发投入前50名的中国企业。为了推动颠覆性和关键性技术突破，2011年华为成立"2012实验室"，将研发投入的15%投入基础研究，并承诺将该比例持续提升至30%。正是研发与设计驱动的企业核心能力构建，使得华为的自主创新研发出了全球首个6赫兹频段下的5G原型样机，实现了与高通、英特尔等国际ICT巨头公司同台竞争的卓越创新绩效。由华为引领的5G技术创新，将极大地推动我国在移动互联网、工业互联网、人工智能等先进制造领域的共性技术进步，为制造业升级带来革命性变革。

（三）互联网+新技术应用：加速智能制造发展

当前全球制造业数字化和服务化的趋势日益明显，且成为高附加制造的新焦点。借助"互联网+"战略实现互联网与先进制造业和现代服务业的深度融合，实现制造业的数字化、网络化和智能化，是新一轮工业革命的核心，也是"中国制造2025"的制高点、突破口和主攻方向。德国"工业4.0"和美国工业互联网的发展经验表明，互联网带来的新工业模式在提高企业、行业甚至国家的整体竞争力方面具有很大价值。在经济新常态下，借助人工智能、工业互联网和区块链等新兴技术、用户创新、开放式创新以及大规模定制化等商业模式，提升互联网和新兴技术与制造业融合的深度和广度，大力发展智能制造，不但是中国产业转型升级的突破口，而且是实施高附加制造战略、提升制造业附加值、重塑制造业竞争优势的新引擎。

以海尔集团为例。创立于1984年的海尔，是全球大型家电第一品牌，目前已从制造业企业转型为以先进制造为核心的开放创新创业平台。在互联网时代，海尔于2013年正式上线"海尔开放合作伙伴生态系统平台"（Haier Open Partnership Ecosystem，HOPE），通过人单合一双赢模式和自主经营体模式，将战略变革与组织变革相结合，打造以社群经济为中心、以用户价值交互为基础、以诚信为核心竞争力的后电商时代共创共赢生态圈，成为物联网和智能制造时代的引领者。2014年6月，HOPE平台改版升级，遵循开放、合作、创新和分享的理念，通过整合各类优秀的解决方案、智慧和创意，实现技术知识的众包和整合，与全球研发机构和个人合作，为平台用户提供前沿科技资讯和创新解决方案。2015年5月，HOPE平台进一步与跨界客户合作，全球最大汽车工程解决方案和零部件供应之一的佛吉亚公司与海尔就区域性创新资源整合与共享达成战略合作，旨在促进跨领域的技术创新合作。2015年和2016年，海尔分别启动和升级了"创新合伙人计划"，引领创新合伙人社群模式的探索趋势。HOPE平台逐步成为海尔主要的创意开发和外部技术获取渠道，海尔获取用户和市场需求、连接外部优质创新资源的能力都有了质的提升，且以每年20%~30%的速度提升，新产品开发速度提升50%。这些推动了海尔利润率的增长，大大增强了海尔的创新能力，也使得海尔切实受益——基于HOPE平台支持的产品创新每年为海尔带来至少500亿元人民币的营业收入，HOPE平台每年支撑上市新产品超过60个，年创新增加值超过20亿元人民币。海尔的制造业转型案例已被国内外实践界和学术领域广泛关注和探讨，并入选哈佛商学院和沃顿商学院教学案例库。例如，2017年在德国出版的数字化转型畅销书《商业的未来传奇》中，海尔是唯一入选的诞生在传统时代并成功向数字时代转型的中国企业创新案例。2018年美国管理大师罗莎贝斯·莫斯·坎特围绕海尔转型撰写的哈佛商学院最新案例更是对海尔借助互联网实现新技术应用和向创业型企业转型给予了高度评价，认为海尔是实现巨无霸企业持续转型、通过平台和组织创新赋能中小企业创新创业的典型案例。

（四）知识管理：面向复杂产品系统管理，实现核心能力提升

理论研究和实践发展都表明，核心能力是企业保持持续竞争优势的关键所在，但是，如何构建面向复杂产品系统管理的核心能力是企业在实践中的难题。Hobday最早将复杂产品系统作为与传统大规模制造产品有重大差异的产品类型进行单独研究，开创了复杂产品系统创新研究的新领域。复杂产品系统是指研发开发投入大、技术含量高、单件或小批量定制生产的大型产品、系统或基础设施，包括大型电信通信系统、大型计算机、航空航天系统、电力网络控制系统、高速列车、半导体生产线和信息系统等，与现代工业休戚相关。虽然它们的生产量小，但是其规模大、单价高，因此整个复杂产品系统产业的总产值占 GDP 的份额较高，在现代经济发展中发挥着非常重要的作用。英国萨塞克斯大学教授 Miller 和 Hobday 通过调查英国各种产品数据资料发现，复杂产品系统的产值至少占 GDP 的 11%，至少提供了 140 万~430 万个工作岗位。他们进一步指出，英国能够维持其在世界经济中的地位，复杂产品系统创新功不可没。由于复杂产品系统的综合程度高，由众多子系统和零部件组成，因此其开发成功能够推动其他产业发展，进而带动其他普通大规模制造产品的发展，如更为先进的大规模制造产品生产线的研制和应用。复杂产品系统创新通常是由不同单位参与和组织的，常被划分为多个模块或子系统，由集成商和参与开发的供应商共同研制推进。同时，复杂产品系统创新需要用户高度参与。面向复杂产品系统的管理，需要应用复杂科学管理的思想，运用系统思维和整体观，从组织设计和复杂产品系统的知识管理入手，实现信息化、工业化和智能化制造的系统集成，通过管理创新，加速企业内外部显性知识和隐性知识的创造、吸收和转化应用，打造核心能力，实现核心产品、核心零部件和核心系统模块的突破。

以中国商用飞机有限责任公司（以下简称"中国商飞"）为例。中国商飞是实施国家大型飞机重大专项中大型客机项目的主体，主要从事民用飞机及相关产品的科研、生产和试验试飞，以及民用飞机销售及服务、租赁和运营等。作为中国民用飞机产业的核心企业和骨干央企，中国商飞肩负着自主发展中国民用航空产业、参与世界市场竞争和整体拉动中国科技水平提升的重要使命。大型客机是复杂产品系统的典型代表。复杂产品系统的创新是一个巨大、复杂且技术密集的系统工程。例如，在新型飞机的研制过程中，飞机零件数目多达数百万，新机研制的大量工作就是解决零件之间、零部件之间的位置关系和装配关系以及机载成品与机体的连接关系等。

中国商飞基于"第二块屏幕建设"的"双屏创新"建设中所体现的知识管理模式，为核心能力建设提供了新的视角和思路。"第二块屏幕"是中国商飞在技术中心、管理部门和生产车间等全面推广，旨在构建员工专业能力的知识管理工程，包括"建立电子图书馆、打造场景化知识应用平台、推进知识智能化服务"3个步骤。"第二块屏幕"形象地描述了公司员工在自己日常工作的电脑之外，再增加一块新的电脑屏幕作为正常工作的信息参考、数据支撑和知识借鉴媒介，对改善员工的工作绩效、完善公司的知识体系、打造学习型组织都有重要作用，为构建公司的核心能力和持续竞争力奠定了良好的基础。"双屏创新"是对"第二块屏幕"的全面"武装"，它不仅仅是一块工作屏幕的增加和一种工作形式的丰富，更是企业重视知识管理和优化学习能力的一种机制创新，在微观上能让每位员工都从"第二块屏幕"中受益，更科学、更高效地解决在实践中遇到的问题，同时让员工具有知识体系构建的参与感，进而获得创新绩效提升的获得感。企业的技术创新本质上是知识转化为经济价值和社会价值的过程，企业的创新能力也体现为将科技知识和商业知识有效结合并转化为价值的能力。基于这种全员参与的共享和创新，"双屏创新"在宏观上优化了企业的学习氛围与组织学习机制，营造了创新的文化氛围，提高了企业作为创新主体的核心能力。得益于以"双屏创新"为代表的自主创新、系统集成创新和整合式创新管理，中国商飞在成立不到10年的时间里成功研制并试飞了中国改革开放以来首个拥有自主知识产权的市场化大型干线客机项目C919，是中国推进商用飞机高端制造领域自主创新的一次重大突破。

借助面向复杂产品系统的知识管理，实现重大技术突破和价值创新的另一典型案例，是中国国际海运集装箱（集团）股份有限公司（以下简称"中集集团"）。中集集团自 1980 年在深圳蛇口成立以来，经过近 40 年的快速发展，迄今已成为全球唯一能够提供干货集装箱、冷藏集装箱、罐式集装箱和特种集装箱等系列产品的规模最大、品种最齐全的物流装备和能源供应商。以大型复合型集装箱为代表的高端物流装备，是典型的超复杂产品系统，对企业的技术知识和非技术知识管理能力要求极高，对企业员工的知识创新能力以及流程和工艺知识应用也是极大挑战。为了提高企业的知识管理水平、提升复杂产品系统设计和应用绩效，中集集团从 2005 年开始积极推动"3+1 技术创新工程"，要求管理人员和全体技术人员结合集团业务的发展目标，每年提出 3 项有效创新提案、完成 1 项有价值的创新成果，并设立"卓越中心"，以各集团部门和子公司在技术知识和管理知识方面持续表现优秀且有共性价值的"点"，带动全集团企业改善的"面"，将知识管理与企业战略相结合，变粗放式研发管理为精细化的流程和运营管理，并通过将科学知识学习与经验知识学习相结合的协同管理模式，大大提升了集团内外结合的知识管理创新绩效和经济效益。多年来，中集集团通过"全球运营，地方智慧"的商业思路整合全球资源，借助面向复杂系统的知识管理提升技术与服务创新能力，基本实现了从单品制造到系统集成高端制造的产业升级和由单一产业向多元化产业的成功转型；从单一的集装箱业务扩大到集装箱、车辆、能化、海工、金融、空港设备、现代物流和产城八大业务板块，并在道路运输车辆、登机桥等 20 个细分设备领域成为世界第一。中集集团 2017 年全年营收为 763 亿元人民币，同比增长约 50%，营收总额创历史新高，净利润同比增长 365%。此外，中集集团借助面向复杂产品系统的知识管理，成功将高附加制造战略应用于深海工程业务，打造了"蓝鲸 1 号"海工平台，助力国家在南海试采可燃冰成功，一举成为知名的大国重器。美国企业新闻通信也发专文评论了这一突破："这座全球钻井深度最深的'海上巨无霸'将中集敢于挑战国际尖端制造的实力和勇气充分展现出来。"

（五）整合式创新战略：双"核"驱动助力世界一流制造企业

建设面向未来的科技创新强国的一个重要议题，是提升国家创新体系绩效，完善企业创新体系，培育世界一流创新领军企业。高附加制造战略下的制造业转型升级，不但要依靠战略设计、自主创新和互联网新兴技术跨界应用，而且必须借助制造管理模式变革，将"战略引领、组织设计、资源配置和文化营造"4个方面相结合，充分发挥科学规划、组织效能释放、资源优化和人文红利对制造业企业创新效率和创新绩效的杠杆驱动力。制造业企业通过实施整合式创新战略，能够将国家创新驱动发展战略与行业转型升级趋势相结合，超越传统管理模式，突破传统企业的组织边界，打造高效、开放、协同的企业技术创新生态系统。整合式创新理论启发企业通过战略视野引领，整合与企业创新发展密切相关的外部资源供给端、政策与制度支持端以及创新成果应用端的各类主体与要素，调动创新所需的技术知识（研发、制造、人力和资本等）和非技术知识（组织、流程、制度和文化等），打造企业的技术核心能力和管理核心能力。实施整合式创新战略，提升企业技术创新生态系统的整体效能，能够加快实现从知识管理到价值创造的提升和变现，培育世界一流制造业企业，助推世界科技创新强国建设。

以徐州工程机械集团有限公司（以下简称"徐工集团"）为例。徐工集团前身始于1943年的兵工厂，自1989年成立集团以来，连续30年保持工程机械行业排名中国第一，目前在全球工程机械行业位居第六位，是目前唯一进入全球前十的中国工程机械企业，也是党的十九大以后习近平总书记首个考察的企业。徐工集团在坚持自主创新与引进消化创新相结合的探索中形成了整合式企业创新体系，该体系包括"一线"（国家创新驱动发展战略和制造业升级趋势下由企业使命引领的创新）、"双核"（核心技术能力和核心管理能力）、"三支撑"（国际化、信息化和开放创新平台）。这一基于"双核"驱动的企业创新体系，助力徐工集团实现了有质量、有效益、有规模且可持续的"三有一可"企业创新成效。徐工集团的产品设计周期缩短了 20% 以上，产品数据准确率提高了 30% 以上，生产计划协同由原来的两天缩短为 40 分钟，装载机典型产品生产周期由原来的 18 天减少为 7 天，市场快速响应能力提高了 30%，采购和交付周期从 4 个月缩短到 3 个月，缩短了 25%。借助整合式创新战略打造的核心竞争力，2010 年徐工集团成功打开国际市场，目前产品出口 178 个国家和地区，"徐工"成为"一带一路"沿线 65 个国家中的 57 个国家首选的重大工程施工装备品牌。随着集团创新体系效率的不断提升，徐工集团的营业收入从成立时的 3.86 亿元增至 2012 年的 1000 亿元，徐工集团一直保持了较高的复合增长率，在核心技术创新上拥有 5669 项专利，在全地面起重机、履带起重机等七大类高端工程机械领域实现了重大技术突破，成功研制了世界最大的全地面起重机和履带式起重机，其制造创新能力达到世界一流水平。2017 年徐工集团的营业收入和出口额分别增长 23.4% 和 109%，实现了"从濒临破产到世界第七"这一举世瞩目的阶段性成就。

四、结论与启示

创新驱动发展是中国新时代新发展理念的核心要素，创新驱动制造强国建设是建设创新型国家的重要支撑。进入中国特色社会主义新时代，在创新驱动发展战略的背景下，面对日益激烈的国际制造业竞争以及新技术革命的颠覆性影响，面对欧美各国重塑制造业全球优势的举国战略，要加快推进"中国制造 2025"，保持和提高中国制造业的全球竞争优势、突破"低端锁定"、迈向全球价值链中高端，亟须实施基于整合式创新理论、适合中国国情和引领未来发展的高附加制造战略，也即通过面向制造业全价值链的整合式创新政策体系，将自主研发、设计驱动和新技术跨界应用相结合，综合推动技术创新、体制机制创新、商业模式创新和知识管理，打造制造业企业核心竞争力与动态综摄能力，提高制造业附加值。这一战略的有效实施，对加速制造业强国建设、加快中国由制造大国向制造强国转型、由追赶型创新向引领型创新转变、迈向全球产业链和价值链中高端具有重要的战略意义。同时，实施高附加制造战略也将大大提高国家创新体系的整体效率，可为中国进一步实施高附加产业战略、加快三大产业融合发展、城乡融合发展和区域协调发展提供重要的产业支撑，从而助推精准扶贫、乡村振兴和经济社会的可持续发展。

展望未来，中国亟须加强举国体制下的战略引领和科学谋划，从而以体制机制创新促进研发投入和设计驱动的创新活动，借助互联网和新兴科技力量加速智能制造的发展，并运用整合式创新策略和政策思维，实现工程技术创新与哲学和人文思想的有机融合，促进军民融合创新、颠覆性创新的技术突破和应用；加强面向复杂系统创新的知识管理体系建设，推进制造业企业尤其是作为企业创新主力军的中央企业的创新转型；构建更为科学和强大的产业和企业创新体系，保持和提升制造业的全球竞争力、提高制造业的附加值，培育世界一流的中国制造业创新领军企业和国家高附加制造品牌，在此基础上进一步建设和完善以"一带一路"为代表、以中国为主导的新型全球价值链和全球创新体系，加快建设面向未来的科技创新强国。

（作者系清华大学经管学院创新创业与战略系教授、清华大学技术创新研究中心主任）